现代教育原理丛书

教育研究方法导论

裴娣娜 著

安徽教育出版社

图书在版编目（CIP）数据

教育研究方法导论/裴娣娜著. —合肥：安徽教育出版社，1995.8(2024.7重印)

（现代教育原理丛书）

ISBN 978-7-5336-1603-8

Ⅰ.教… Ⅱ.裴… Ⅲ.教育科学-研究方法 Ⅳ.G40-03

中国版本图书馆 CIP 数据核字(1999)第 25280 号

教育研究方法导论

JIAOYU YANJIU FANGFA DAOLUN

出 版 人：费世平
责任编辑：殷振群
装帧设计：应梦莺
责任印制：陈善军

出版发行：安徽教育出版社
地　　址：合肥市经开区繁华大道西路 398 号　邮编：230601
网　　址：http://www.ahep.com.cn
营销电话：(0551)63683012,63683013
排　　版：安徽时代华印出版服务有限责任公司
印　　刷：安徽新华印刷股份有限公司

开　　本：850 mm×1168 mm　1/32
印　　张：13.50
字　　数：350 千字
版　　次：1995 年 10 月第 1 版
印　　次：2024 年 7 月第 51 次印刷
定　　价：28.00 元

(如发现印装质量问题，影响阅读，请与本社营销部联系调换)

目 录

序 言 ·· (1)
前 言 ·· (4)

第一编 教育研究方法的一般原理

第一章 教育研究方法概述 ································ (3)
第一节 教育科学研究方法的界说 ····················· (3)
 一、教育研究与教育研究方法 ························· (3)
 二、教育研究方法学科的研究对象和理论体系 ······· (6)
第二节 教育研究方法的分类 ···························· (7)
 一、四种研究水平 ·· (7)
 二、教育研究方法的基本类型 ························· (9)
第三节 教育研究与教育科学的发展 ···················· (13)
 一、促进教育改革的活力 ······························· (14)
 二、发展和完善教育科学理论的基础 ·················· (15)
 三、培养未来教育改革家的重要战略措施 ············ (16)

第二章 教育研究方法的历史发展 ························· (18)
第一节 教育研究方法发展的历史阶段及基本特征 ······ (18)
 一、直觉观察时期 ·· (19)
 二、分析为主的方法论时期 ····························· (22)
 三、形成独立学科时期 ·································· (26)
 四、现代教育与现代教育研究方法论的变革 ·········· (29)
第二节 影响教育研究及其方法发展的基本因素 ········ (32)
 一、哲学认识论与教育研究 ····························· (32)

1

二、科学技术发展与教育研究 …………………………………… (34)
三、教育理论和实践的发展与教育研究 ………………………… (37)
四、相关学科的发展与教育研究 ………………………………… (39)
五、社会文化传统与教育研究 …………………………………… (41)

第三章 现代教育科学研究的基本思路及方法论原则 …… (45)
　第一节 现代教育科学研究的基本思路 ………………………… (45)
　　一、提高理论的构造性、清晰性、预见性 ……………………… (45)
　　二、教育研究方法的统一性与多元性 ………………………… (46)
　　三、现代科学研究成果及其研究方法的移植 ………………… (48)
　　四、关注教育研究的价值标准 ………………………………… (50)
　　五、教育研究的可操作性 ……………………………………… (51)
　第二节 教育科学研究应遵循的方法论原则 …………………… (52)
　　一、马克思主义哲学是现代教育科学研究的方法论基础 …… (53)
　　二、自然科学、社会科学、思维科学方法论的合理移植和借鉴 ……
　　　………………………………………………………………… (60)
　　三、数学方法的合理应用,定性与定量研究结合 …………… (61)
　　四、从国情出发,批判、继承与创新 …………………………… (63)

第二编 教育研究的构思与设计

第四章 研究课题的选定 ……………………………………… (71)
　第一节 正确选定研究课题的重要意义 ………………………… (71)
　　一、科学研究始于问题 ………………………………………… (71)
　　二、选题决定教育研究的方向和水平 ………………………… (73)
　　三、正确选题是教育研究工作者进行科学研究的基本功 …… (73)
　第二节 一个好的研究课题应有的特点 ………………………… (74)
　　一、问题必须有价值 …………………………………………… (74)
　　二、问题必须有科学的现实性 ………………………………… (75)
　　三、问题必须具体明确 ………………………………………… (75)
　　四、问题要新颖,有独创性 …………………………………… (76)
　　五、问题要有可行性 …………………………………………… (76)

第三节　教育研究课题的类型及来源 (78)
    一、教育研究课题的基本类型 (78)
    二、教育研究课题的主要来源 (80)
  第四节　选题的过程及方法 (83)
    一、要有明确的、相对稳定的研究方向 (83)
    二、要善于对问题进行分解 (84)
    三、要善于转换问题的提法，并使问题形成系列 (85)
    四、要对选定的课题进行论证 (85)

第五章　文献检索 (88)
  第一节　文献检索概述 (88)
    一、教育科学文献的基本概念 (88)
    二、文献检索在教育研究中的作用 (89)
  第二节　教育文献的种类及主要分布 (91)
    一、文献的三种等级 (91)
    二、教育文献的主要分布 (92)
  第三节　文献检索的过程和方法 (97)
    一、文献检索的过程 (97)
    二、文献检索的基本方法 (98)
    三、教育文献的利用以及检索文献的要求 (101)

第六章　理论构思　形成研究假设 (105)
  第一节　研究假设概述 (105)
    一、什么是研究假设 (105)
    二、假设在教育科学研究中的作用 (106)
    三、好的研究假设的基本特点 (107)
  第二节　教育研究假设的基本类型及假设的检验 (109)
    一、两种不同的分类法 (109)
    二、研究假设的形成与检验 (113)

第七章　教育研究的设计 (115)
  第一节　确定研究类型和方法 (115)
    一、根据研究课题的目的要求选择方法 (115)

二、注意各种方法的独立性及相互联系 ………………(116)
　第二节　选择研究对象 ……………………………………(116)
　　一、总体、样本、取样的基本概念 ………………………(117)
　　二、选择样本的基本要求 …………………………………(118)
　　三、取样的基本方法 ………………………………………(123)
　第三节　分析研究变量 ……………………………………(126)
　　一、初步判断自变量与因变量的关系状态 ………………(126)
　　二、选择自变量 ……………………………………………(127)
　　三、确定因变量 ……………………………………………(128)
　　四、辨别无关变量 …………………………………………(129)
　第四节　形成研究计划 ……………………………………(129)
　　一、研究计划的基本内容 …………………………………(130)
　　二、研究计划的基本格式 …………………………………(132)

第三编　教育研究的基本方法

第八章　教育科学的历史研究法 ……………………………(137)
　第一节　教育科学的历史研究法基本概念 ………………(137)
　　一、什么是教育科学的历史研究法 ………………………(137)
　　二、历史研究法的基本特点 ………………………………(140)
　　三、历史研究法在教育科学研究中的适用范围 …………(142)
　第二节　历史研究法的一般步骤及方法结构体系 ………(144)
　　一、历史研究的一般程序 …………………………………(144)
　　二、历史研究法的结构体系分析 …………………………(145)
　第三节　历史研究法运用中的几个问题 …………………(152)
　　一、注意历史研究中资料来源及分析鉴别 ………………(152)
　　二、坚持唯物史观，正确处理历史研究中的几个关系 …(154)
　　三、研究者应具有历史感和现实感 ………………………(158)

第九章　教育科学的调查研究法 ……………………………(160)
　第一节　教育调查研究法的一般原理 ……………………(160)
　　一、定义与分类 ……………………………………………(160)

二、教育调查研究法的主要功能 ……………………（163）
　　三、教育调查研究的一般步骤 ……………………（164）
　第二节　调查表、问卷及访谈 ………………………（164）
　　一、调查表 …………………………………………（165）
　　二、问卷调查 ………………………………………（169）
　　三、访谈 ……………………………………………（182）
　第三节　教育的观察研究 ……………………………（185）
　　一、什么是教育的观察研究 ………………………（185）
　　二、观察研究的记录 ………………………………（192）
　　三、观察研究应遵循的基本原则 …………………（196）
　第四节　教育的测验调查 ……………………………（198）
　　一、测验调查及其在教育研究中的适用范围 ……（198）
　　二、测验调查的施行步骤 …………………………（203）
　　三、测验的编制 ……………………………………（205）
　　四、测验调查应用案例 ……………………………（211）
　　附：国内常用的教育测验 …………………………（215）

第十章　教育科学的比较研究法 …………………………（224）
　第一节　教育比较研究法的基本认识 ………………（224）
　　一、什么是教育比较研究方法 ……………………（224）
　　二、教育比较研究的历史发展 ……………………（225）
　　三、比较研究在教育科学发展中的作用 …………（227）
　第二节　教育比较研究方法的种类 …………………（230）
　　一、同类比较研究与异类比较研究 ………………（230）
　　二、纵向比较研究与横向比较研究 ………………（231）
　　三、定性分析比较与定量分析比较 ………………（233）
　第三节　教育比较研究的方法要求 …………………（234）
　　一、运用比较研究法的步骤 ………………………（234）
　　二、运用比较研究法的基本要求 …………………（235）

第十一章　教育科学的实验研究法 ………………………（238）
　第一节　教育实验研究法概述 ………………………（239）

一、教育实验研究法的历史发展 ·················· (239)
　　二、教育实验研究法的性质和基本特点 ············ (246)
　　三、教育实验研究法的基本类型 ·················· (254)
　　四、实验研究在教育科学发展中的主要功能及局限 ·· (262)
　　五、教育实验研究法的一般程序 ·················· (266)
　第二节　教育实验的设计 ·························· (268)
　　一、教育实验设计的效度 ························ (268)
　　二、教育实验设计的一般步骤 ···················· (279)
　　三、教育实验分组设计的基本类型 ················ (282)
　第三节　教育实验科学水平的评价 ·················· (304)
　　一、教育实验课题的效益性 ······················ (304)
　　二、教育实验假设的科学性 ······················ (308)
　　三、教育实验设计、程序与方法的合理性 ·········· (312)

第十二章　教育科学的理论研究 ························ (317)
　第一节　教育科学理论研究的一般原理 ·············· (317)
　　一、什么是教育科学的理论研究 ·················· (317)
　　二、教育科学理论研究的主要功能 ················ (321)
　　三、教育科学理论研究的基本过程及理论模型的建构方式 ··· (322)
　第二节　教育科学理论研究的基本方法 ·············· (330)
　　一、发生学方法 ································ (330)
　　二、基本的逻辑思维方法 ························ (331)
　　三、从抽象上升到具体 ·························· (333)
　　四、历史—逻辑方法 ···························· (336)
　　五、系统科学方法 ······························ (337)

第四编　教育研究结果的分析与评价

第十三章　教育研究数据资料的分析 ·················· (343)
　第一节　定性分析 ································ (343)
　　一、定性分析的特点及适用范围 ·················· (343)
　　二、定性分析的过程及方法 ······················ (345)

  三、对定性分析可靠性的检验 …………………………………(347)
  第二节　定量分析 ………………………………………………(348)
  一、统计分析方法在教育研究中的应用 …………………………(348)
  二、教育研究与元分析 ……………………………………………(354)
  三、模糊数学与教育的定量分析 …………………………………(355)
  附：各种统计公式 …………………………………………………(357)

第十四章　教育研究成果的表述及评价 ………………………(360)
  第一节　教育研究成果的表述 …………………………………(360)
  一、教育研究成果表述的一般概念 ………………………………(360)
  二、教育研究成果的主要表现形式 ………………………………(362)
  三、教育研究成果表述的要求 ……………………………………(372)
  第二节　教育科学研究的质量评价 ……………………………(375)
  一、教育科学研究质量评价的功能 ………………………………(376)
  二、教育科学研究质量评价的内容 ………………………………(377)
  三、教育科学研究质量评价的指标体系 …………………………(380)
  四、教育科学研究质量评价的方法 ………………………………(381)

第十五章　教育科学研究的组织及其效能 ……………………(384)
  第一节　科研群体的类型及其优化组合的原则 ………………(384)
  一、优势互补、群体攻关，是现代教育研究发展的要求 …………(384)
  二、群体科研的基本类型 …………………………………………(385)
  三、科研群体优化组合的基本原则 ………………………………(386)
  第二节　研究者个体科研能力结构及其培养 …………………(389)
  一、教育研究能力的基本结构 ……………………………………(389)
  二、研究者教育科研能力的发展 …………………………………(391)

教育研究的基础术语 ……………………………………………(394)
主要参考书目 ……………………………………………………(410)

序 言

教育要改革,教育要发展,就必须加强教育科学研究。要进行教育科学研究,就要有正确的、科学的、现代化的教育研究方法。裴娣娜教授的专著《教育研究方法导论》,为开展教育科学研究提供了比较全面、系统的理论和方法。

从教育科学发展的历史来看,有不同的科研方法(特别是方法论基础),就会有不同的教育理论和实践效果。在古代,当教育研究尚处在萌芽阶段,还缺乏系统的理论指导时,对教育问题的认识必然限于直觉观察和经验描述的水平。在西方近代,当经验论和唯理论成为认识论的主导思想的时候,分析、比较、归纳、演绎方法得到广泛的应用,这时教育学不但成为一门独立学科,而且产生了如夸美纽斯、洛克、康德、赫尔巴特、裴斯泰洛齐、斯宾塞等教育大师及其有关的教育名著,其中形式教育与实质教育之争,正是经验论和唯理论在教育理论上不同程度的反映(当然这其中还有心理学和社会学等的影响)。当马克思主义哲学、辩证唯物主义认识论确立之后,在世界观方法论方面实现了革命性的变革,它赋予了教育研究以科学的方法论基础,使教育科学的发展进入了一个完全崭新的历史时期。目前新的科学方法层出不穷,特别是系统科学方法的运用,使教育科学的发展又步入了一个大发展的新阶段,教育研究方法也开始作为一门独立学科,越来越被人们所重视,而且还不断向着分科的方向发展。由此可见,教育研究方法,尤其是方法论的发展,对于教育科学的发展是何等重要。

此外,心理学、脑科学、社会学、人类学等对教育科学发展的影响也不可低估,因此在教育科学研究中,也必须充分考虑有关学科发展影响和有关研究方法的移植。当前教育科学研究方法正朝着多元化和综合化的方向发展,其结果将会使教育科学的发展产生重大的突破。

裴娣娜教授的《教育研究方法导论》一书,就是在博采众长的基础上,为推进教育科学的新发展而写成的。这本专著,是她的长期教学经验的积累,并广泛地吸取了我国和西方教育科学研究的丰硕成果,全书对教育研究方法的一般原理,教育研究的构思和设计,教育研究的基本方法,教育研究结果的分析与评价,进行了全面系统的论述。在坚持以马克思主义方法论为指导的前提下,又广泛地吸收了当代自然科学、社会科学、思维科学方法论方面的成果;还将数学方法应用于教育科研,把定性分析与定量分析结合起来。这样既提高了教育研究方法的科学性,又反映出教育研究方法的时代特点。

历史与现实结合,理论与实际结合,中外结合,也是本书的一大特点。本书对教育研究的发展历史,作了比较系统的回顾,做到了历史与逻辑的统一。全书不仅有理论的阐述,而且有具体科研方法的说明和现代化科研手段的运用,增强了科研方法的可操作性。本书既重视从中国实际出发，广泛收集我国教育科研的成功经验；又注意吸取国外新的科研成果，增强了本书的时代感。总之，这本专著的问世，对推动教育科学研究，提高教育科研水平，推动教育科学的发展，无疑将会起到积极的促进作用。

本书提出了教育科学研究方法论方面的几个主要问题：马克思主义哲学与其他方法论的关系，社会科学研究方法与自然科学研究方法的异同，教育科学研究中的定性分析与定量分析的关系，一般方法与具体方法的关系，中外古今的关系等，这些问题都是教育科研中的重要问题。这些问题涉及马克思主义的指导地位及其坚持与发展问题，教育科学的性质及其研究方法的特点问题，关于教育对象——人的研究的复杂性和随机性问题，对历史遗产和外国经验的批判继承和借鉴问题，以及方法论与具体研究方法的联系与区别问题等，所有这些问题都是当前正确地认识和选择、应用教育科研方法所必须解决的一些重要问题，希望今后能够对这些问题继续加深研究。

我对于教育研究方法研究很少，以上所述，只是粗读后的一些感想，权作本书的弁言，也作为我个人今后继续学习和研究的一点思考。

黄 济

1993年7月20日

于北京师大

前　言

教育科学研究方法,不仅是方法论范畴中的一个分支学科,而且是教育科学体系中一个十分重要的领域。近几十年来,随着新技术革命的兴起和对人才研究的重视,世界范围内的教育改革广泛深入地发展,带来了教育领域一系列的根本变革,从而也引起了方法论上的深刻变革。它标志着研究方法的发展正在进入一个新的阶段——从经验科学向理论科学的转化,无论在研究方法的理论基础、研究范围的深度和广度、研究的方法手段还是所采用的思维方式等方面,都正在发生着深刻变化。变革的中心问题是:教育科学研究的方法必须科学化、现代化。

任何科学都有一个方法问题,而且随着科学的发展,方法问题越来越显示出它的重要性。在我国,如何加速教育科学的发展,尽快建立具有中国特色的科学的教育体系,是目前教育界十分关注的问题。要发展教育科学,就必须加强对教育研究方法的探讨,革新原有的研究方法和技术。这一点已成为我国广大教育工作者的共识。

科学史告诉我们,每一项重要科学成果的取得总是伴随着科学方法的突破与创新,一门科学的发展,不仅表现在理论上的意义,而且表现在方法论上的意义。科学的发展必然会产生新的方法论和方法,新的方法论的产生又反过来推动科学的新发展。一个学科的进步与发展,正是有赖于对它的研究对象和方法理论的深化。某一门学科研究方法的发展水平也正是这门学科发展水平的重要标志。我们应该把方法理论单独抽出来,进行概括总结和理论上的系统化,以建立方法论学科,作为一般的思维方式和行为方式,研究问题的一般程序和准则。

经过长期的教育实践,我国教育科学研究方法已初步形成一套体系,但是应该看到,其中不少方法是从其他学科移植而来的,尽管这是必要的,但缺乏自身的规范和标准,特别是研究方法的理论基础薄弱。从研究方法的科学性、理论的解释能力和预测能力看,都存在很大差距,因而也就难以很好地指导教育研究实践。当前在教育科学研究的实际中,存在这样几个问题:

一、重思辨分析,忽视对教育实践的研究,不重视搞典型实验;而在思辨分析中,又往往把教育问题套入某种既定的公式,或者以一定结论为前提,通过推论得出结论;或者从某种固有的经典模式理论出发,到实际中找例证。其结果,由于未深入地研究教育实践,缺乏对教育活动规律的深刻揭示而使教育理论显得十分贫乏。

二、在进行教育研究时,往往采取直线式、绝对化、形而上学的思维方式。新中国成立以来,教育领域内的学术研究有不少经验教训,其中一个问题是没有很好地坚持以唯物辩证法作指导,要么肯定一切,要么否定一切,在纠正某一种片面时又出现另一种片面。

三、对丰富的教育实践经验,缺乏理论的概括总结。我国广大教育工作者,在教育第一线勇于开拓,积极改革,取得了显著成效,创造了极其丰富生动的经验,这是我们发展教育科学的重要基础。可是由于不善于把实践问题提炼成科学研究问题进而转化为理论课题,导致研究成果停留在一般经验总结和感性认识阶段。

四、对外国教育理论及学派观点鉴别、批判不够。由于不能很好地用马克思主义立场、观点和方法去研究分析当代西方的学术理论思潮,往往走两个极端:或者因循守旧,拒绝接受,一概排斥;或者不加分析,全盘照搬,奉为经典。

应该看到,我国目前教育科学研究水平远远落后于现代社会现代教育发展的要求。现代心理学和思维科学的研究成果在教育领域中的渗透,系统科学原理和方法在教育领域中的应用,给教育科学研究方法的发展带来了许多新的问题。与此同时,我国教育改革实践的深入发展,也提出了许多新课题。这些都要求我们必须对原有的研究方法体系认真加以反思,通过方法论的变革,进一步促进教育科学的发展。

《教育研究方法导论》一书,是试图在总结我国丰富的教育研究实践经验和借鉴国内外有关研究成果基础上,建立符合中国实际的教育研究方法学科体系的一种尝试和探索。

本书内容共分四编十五章。第一、二、三章为第一编:教育研究方法的一般原理。这一部分主要论述了教育研究方法的基本概念、方法的历史发展以及方法应遵循的基本原则等有关理论问题。第四、五、六、七章为第二编:教育研究的构思与设计。这几章介绍了科研课题的选择和研究、文献检索、形成研究假设和制订研究计划等基本原则及常用方法。第八、九、十、十一、十二章为第三编:教育研究的基本方法。这一部分较系统详细地介绍了历史研究、调查研究、比较研究、实验研究以及理论研究五种基本研究方法,每种方法的特点、分类及运用的具体要求。第十三、十四、十五章为第四编:教育研究结果的分析与评价。该编简要介绍了定性分析与定量分析方法,教育研究报告的撰写与研究成果的评定,以及研究队伍的组织与研究者基本素质。教育科学的研究方法十分丰富,本书仅作为学习教育研究方法入门的一个导论,提供进一步深入学习的基础。

在编写本书过程中,作者努力遵循以下原则:

(一)坚持以马克思主义辩证唯物论作为教育研究方法的理论基础。

(二)注意方法的理论与实际结合。方法理论的阐述尽可能提高到方法论高度,以便掌握方法的实质;在介绍具体方法时,又使它尽可能具有较强的针对性和可操作性,并力求形成一个有内在联系的完整的体系。

（三）既认真总结我国教育科学研究的实践经验，又注意吸收国内外有关的研究成果，并在此基础上有所新的探索。

（四）既挖掘传统研究方法的精华，同时又尽可能地介绍教育研究方法在新的历史条件下的新发展。

探索是一种寻求真理的活动，"畏惧错误就是毁灭进步"（怀特海）。为了推动我国教育科学研究方法这门学科研究的深入，尽快提高教育研究方法的科学化水平，诚挚地希望各位同仁及读者就本书涉及的一些共同性课题进行探讨，不吝指教，对书中的不妥之处予以指正。

这本书稿是在本人多年来为本科生、研究生讲授教育研究方法课的讲稿基础上，整理修改而成的，既是教学的一个小结，也是向师长们及各位同仁学习的结果，特别是得到黄济、王策三、许择基等先生的热忱指导。近年来，我国学者在教育研究方法领域里取得的长足进展，在深入教育改革的过程中取得的丰富经验，使我得到很多启示和教益。在成书过程中，还得到了张定璋、李秉德、侯惠勤、孟庆茂等先生的帮助，吸收和借鉴了国内外已有的研究成果。这本著作的出版，责任编辑殷振群同志付出了艰辛的劳动。在此一并致谢。

作　者

1993年7月

第一编 教育研究方法的一般原理

第一章 教育研究方法概述

教育研究方法属于社会科学研究方法范畴,探讨教育研究方法的基本概念,是构建教育研究方法体系的基础。学习和探讨教育研究方法的基本概念,可以帮助我们了解教育研究方法的基本特点、研究领域及涉及的范围;了解教育研究方法的体系结构及分类;明确教育科学研究在发展教育科学中的重要作用以及建立科学的教育研究方法体系的重要意义。

第一节 教育科学研究方法的界说

科学,是由一系列概念、判断构成的具有严密逻辑性的包含规律性知识的理论体系,是人类认识世界的成果。教育科学正是正确反映教育领域内客观事物的关系和规律的知识体系,是人类教育实践经验的总结和概括,并将随着教育实践的发展而不断发展。那么,什么是教育科学的研究方法呢?它的实质和特点是什么呢?

一、教育研究与教育研究方法

所谓方法,语义学的解释是"按照某种途径"(沿自希腊文"沿着"和"道路"),指的是为了达到一定的目的而必须遵循的调节原则的说明。我国中文大辞典中注解为:行事之条理和判定方形之标准。《墨子·天志中》言:"中吾矩者,谓之方,不中吾矩者,谓之不方,是以方与不方,皆可得而知之,此其故何,则方法明也。"①方法,是对研究活动本身的反思,不仅是一种技巧技术,也是一门艺术,其实质在于规律的运用,遵循规律就成了方法。方法(Method)是作为一般的思维方式和行为方式,研究问题的一般程序和准则。而方法论(Methodology)则是关于认识世界和改造世界的方法的理论,是方法的体系。

那么,什么是教育研究?教育研究,与所有科学研究一样,同样由三个基本要素组成,这就是:客观事实、科学理论和方法技术,同样执行着解释、预测和控制的功能,只不过是研究对象的特点不同。教育研究是以发现或发展科学知识体系为导向,通过对教育现象的解释、预测和控制,以促进一般化原理、原则的发展。教育研究作为科学研究的一种形式,它的突出特点是富有创造性。作为一种人类认识活动,但又不同于一般日常生活中的认识活动,它具有很强的目的性和计划性,其宗旨是为了解决一定的教育科学问题。

在我们建造教育科学理论体系过程中,采用什么样的方法才可以发现教育规律?创立理论时应当遵循什么样的方法?教育研究方法正是按照某种途径,有组织、有计划、系统地进行教育研究和构建教育理论的方式,是以教育现象为对象、以科学方法为手段,遵循一定的研究程序,以获得教育科学规律性知识为目标的一整套系统研究过程。它同样是一个认识过程,其结果是解释或预测、发现或发展一定的教育原理、原则和理论。它既是一种知识的体系(思维方式),又是一种行为规则(行为方式)。教育研究与一般的经验总结、消息报道有区别。经验中含有规律,经验经过反复

---

① 《墨子闲诂》卷之七《天志中》,《诸子集成》四,中华书局,1986年版,第129页。

筛选可以找到本质的规律性东西。如科学史话中关于毛地黄草治心脏病的传说(讲一个巫婆用马尾巴上的毛、天落水、毛地黄草等六种东西配成药,多次治愈了心脏病人。后来人们在偶然的机会发现,这六种东西中,有时少了某一样——毛地黄草除外,仍旧能治好病,最终证实治病靠的是毛地黄草)。但仅凭经验,不仅花的时间长,而且有时费了很大周折仍不能发现规律。教育研究也不同于权威专断,如亚里士多德认为苍蝇有五条腿(其实他碰巧抓了一只丢了一条腿的苍蝇),但多少年来人们似乎未曾置疑。不管你是否相信这些故事,大量事实说明,仅依靠经验和权威作为知识来源具有很大的局限性。

教育科学的研究方法具有一般研究方法的特点,这就是:

1. 研究的目的在于探索教育规律,以解决重要的教育理论与实践问题为导向。无论是以发现或发展一定的原理、原则、方法或理论为目的的探索性研究,还是以寻求解决现实问题答案的对策性研究,都要求作出理论的说明和进行逻辑的论证,而不是简单的资料收集或言论的罗列。

2. 要有科学假设和对研究问题的陈述,研究的问题有明确的目标和可供检查的指标。

3. 有科学的研究设计,准确系统的观察记录和分析,并收集可靠的资料数据。也就是说,要以充分的科学事实和一定的数据作为依据形成结论,防止胡乱抽取个别的典型例子下结论,做判断。

4. 强调方法的科学性。作为一种科学研究,是运用一定的科学方法,遵循一定的科学研究程序,有目的、有计划的认识活动。因此,方法本身是可辨认的,运用过程和研究结果是可检验的,研究结果要回到实践中检验。

5. 创造性。对原有理论体系、思维方式及研究方法有所突破,这是研究最重要的特点。

教育科学研究还有它区别于自然科学、思维科学的独特特点。

主要表现在：(1)带有很强的综合性和整体性；(2)研究的周期较长；(3)针对性、实践性强；(4)教育科研工作者与实践工作者的积极参与,有广泛的群众基础。

教育研究的基本特点将在以后各章的论述中得到具体体现,这里就不详细展开分析。之所以有这些特点,其根本原因在于,要解释、预测和控制以人为对象的教育现象,要探求教育内部各要素之间和其他事物之间的关系,以及教育的质和量之间的变化和规律,是很复杂很困难的,很难在周密控制的实验室中进行,另外,观察因受观察者主观因素影响而常常带有偶然性。尽管如此,需要强调指出的是,教育研究方法存在于教育科学本身之中,对教育科学的一般规律和特殊规律的认识,都可以转化为对教育领域的研究方法。我们所认识的规律越普遍,其所对应的方法的适用范围也就越广泛。

二、教育研究方法学科的研究对象和理论体系

教育科学研究方法作为一门相对独立的学科,它必然有自己的研究对象,有自己的概念范畴和理论体系,而概念范畴和理论体系取决于该学科的研究对象。那么,什么是教育研究方法学科的研究对象呢？

教育研究方法的研究对象,就方法这个大领域,它涉及两个基本层次：一是教育研究方法学,二是教育研究方法论。

所谓教育研究方法学,是关于研究教育现象和过程的一般方法原则的知识体系,是将观察问题、分析和解决问题的具体手段、形式、方式加以理论化、系统化。而教育研究方法论则是从哲学观、世界观的应用中概括出来的一般方法原则,是方法的理论表现形态。列宁所讲的"认识工具",毛泽东指出的唯物辩证法是马克思主义的科学方法论,是认识的方法,是论理的方法,然而它就是世界观,指的都是以方法为研究对象的科学方法论。教育科学研

究方法论,正是以建立一套理论以及相应的方法体系来研究教育发生、发展的规律,而各种具体的教育研究方法,正是方法论在实际研究工作中的具体应用和转化形态。

方法学、方法论两个层次的区分和界定,其意义在于明确教育研究方法学科的研究对象,并且防止绝对化和片面性。一种片面是以哲学观取代具体方法的研究,不懂得马克思主义科学世界观提供的是进一步研究的出发点而不是教条。另一种片面则是忽视方法论指导,陷入就具体方法论具体方法,烦琐、机械,看不到研究者在运用各种方法时表现出来的高度的主动性、创造性。

教育科学研究方法和方法论所涉及的主要课题是:

1.教育科学研究的基本原理,基本过程,结构模式,研究程序、方法、手段以及应遵循的逻辑或方法论规则。

2.现代教育科学研究方法体系的建立,各类方法的含义、理论基础、操作步骤、适用范围以及使用时应考虑的条件。在此基础上揭示方法间的相互联系、相互渗透的辩证关系及其机制。

3.教育理论的形式化、证明和评价的一般认识论原理。

4.现代教育科学研究方法的发展,新方法的内容、特点以及在教育研究中的应用。

第二节 教育研究方法的分类

作为研究教育现象所采用的方式、手段或遵循的途径、程序、格式和规则,研究方法具有不同层次、水平和不同类型。

一、四种研究水平

1.直觉观察水平(资料收集水平 Data Collection)

回答的问题是"发生了什么"(What's happening)?

例如:小学一、二年级学生一节课能识多少字?男女学生识字方面有什么不同特点?

2.探索原因水平(内在效度 Internal Validity)

回答的问题是"为什么会发生这种现象"(What is causing this to happen)?这是什么原因引起的?属于探究因果关系水平的研究。

例如:学生识字能力的增强是因为采用了新的识字方法,还是由于学生从小在日常生活中,从父母那里学习了部分词汇。

3.迁移推广水平(外在效度 External Validity)

回答的问题是"在不同环境条件下将发生同样现象吗"(Will the same thing happen under different circumstances)?

例如:新的识字教学方法在城市重点小学可行,在农村小学也可以采用吗?在正常儿童中可行,在特殊儿童中也可行吗?

4.理论研究水平(Theoretical Research)

回答的问题是"研究中有哪些潜在的基础理论原则"(Is there some underlying principle at work)?

例如:新教学法之所以有效,是由于它符合汉字结构特点,符合儿童识字的认识特点以及强化的日程安排,并通过对集中识字与传统识字法的特点与不足的对比分析,找到各自的适用范围和条件。

我国一些学者从认识方式和认识途径的不同,将教育科学研究分为两大类。一类是经验认识的方法,经验性的认识所收集的事实材料是反映教育领域的各种事实;一类是理论认识的方法,理论认识所发现的是教育规律、原理原则,是反映教育现象的本质与因果性。前者按方法的不同,又可以分为自然条件下进行的经验水平直觉观察研究、采用标准化或非标准化测验的测验研究和在控制条件下的实验研究。

二、教育研究方法的基本类型

对教育研究方法进行比较合理的分类,对于提高研究的科学水平是十分重要的。

如何进行相对科学的分类,学者们进行了各种尝试。目前所使用的较有效的教育研究方法分类方式基本上有三种:

(一)按适用范围和概括程度分(Classification of Research by Applicability and Generality)

可划分为三个层次。第一层次是适用于某一科学研究领域的特殊方法,是具体的科学方法论。第二层次是适用于各门科学的一般的研究方法,如:社会科学的一般方法,自然科学的一般方法,教育科学的一般方法,是带有一定普遍意义、适用于许多有关领域的方法理论,这是现代科学,包括自然科学、社会科学和思维科学共同适用的科学研究方法论,如归纳法、演绎法、系统科学方法等。第三层次是关于认识世界、改造世界、探索实现主客观世界相一致的最一般的方法理论,这就是更具有概括性、适用于一切科学领域的哲学方法论,即唯物论和辩证法。马克思主义唯物辩证法、历史唯物主义和认识论是唯一科学的世界观和方法论。三者之间的关系是互相依存、互相补充的对立统一关系,而哲学方法论的概括和总结是最一般的方法论,它对一般的科学方法和具体科学方法有重要的指导意义。

教育科学研究方法论是属于哲学方法论指导下的具体分科方法论,它必须自觉遵守哲学方法论的基本原则,同时它又接受一般科学方法论的支配。

(二)按研究目的、功能、作用分(Classification of Research by Purpose)

1.基础研究(Basic Research)

基础研究的主要目的在于发展和完善理论。通过研究,寻找新的事实,阐明新的理论或重新评价原有理论,它回答的是"为什么"的问题,与建立教育科学的一般原理有关。

例如:关于教育本质、教学过程规律(揭示内在一系列关系)、德育过程、教育目的论等的研究,宗旨在于如何建立具有中国特色的现代教育科学理论体系。

2.应用研究(Applied Research)

用于应用或检验理论,评价它在解决教育实际问题中的作用。应用研究具有直接的实际应用价值,解决某些特定的实际问题或提供直接有用的知识,回答"是什么"的问题。目前绝大多数教育研究是应用性研究。例如,当前我国关于教育体制改革的研究,中小学生流失状况的分析,独生子女家庭教育现状的研究,中小学生道德认识、道德情感、道德意志发展状况的研究,等等。

基础研究与应用研究的划分有时是相对的,常常互为补充。基础研究提供解决教育问题的理论,应用研究提供事实材料去支持和完善理论,或促进新理论的产生。在应用研究过程中,往往需要基础理论研究补充现有知识的缺陷。如果应用研究只限于解决当前具体问题,而不企图从基础研究角度探究其根本原理,则所得到的结果,可能只会解决局部问题,而不能得到广泛应用。

3.发展研究(Development Research)

发展研究的主要目的在于发展用于学校的有效的策略,回答的问题是"如何改进"。例如:教育法问题,教育发展战略规划问题,教育经费问题,教师培训问题,教材建设问题,教学管理问题,社会力量办学问题,贫困地区义务教育实施策略问题等。

4.评价研究(Evaluation Research)

评价研究是通过收集和分析资料数据,对一定教育目标和教育活动的相关价值做出判断的过程,回答的问题是"怎么样"。例如:对中小学课程改革实验成效的评价,某个新的实验教材与原传统教材的比较分析,两种教学方法的对比研究,一项具体计划的价值判断等。

5.预测研究(Prediction Research)

预测研究主要目的在于分析事物未来发展的前景和趋势,回答"将会怎么样"的问题。例如:关于面向 21 世纪教育的若干思考,未来的学习化社会与当今的师范教育改革,21 世纪的教育目标,未来十年教育教学改革政策的展望,等等。

(三)按研究方法分(Classification of Research by Method)

由于回答问题的不同而产生不同方法,不同的研究策略。

1.历史研究(Historical Research)

历史研究涉及对过去发生事件的了解和解释。历史研究的目的在于通过对以往事件的原因、结果或趋向的研究,有助于解释目前事件和预测未来事件。如:对我国古代教育家教育思想的评述研究,分析对今天教育观的影响;传统文化的消极因素对当前教育思想的影响;健康人格教育思想与重建中国文化精神;杜威教育思想对我国 20 世纪 20 年代教育改革的影响;从我国古代的科举考试制度考察教育评价的历史,等等。

2.描述研究(Descriptive Research)

描述研究是通过问卷、调查、访谈、观察以及测验等手段搜集资料以验证假设或回答有关现时研究的问题。例如,二年级教师如何支配他们的教学时间? 通过一段时期的观察、调查,可能是得出这样的资料:60％时间用于讲授,20％时间回答问题,15％时间学生练习,5％时间用于执行管理职责(如通知有关事项、维持纪律等)。又如:独生子女家庭教育现状调查;大学生学习动机兴趣调查;城市市区中小学生源高峰对策问题,等等。

3.相关与比较研究(Correlational and Comparative Research)

相关研究是对两个或更多数量的变量间是否存在相关以及相关程度进行判定,研究目的在于建立相关或用于预测。例如:关于中小学生学习兴趣与学习成绩之间关系的研究。

比较研究是按一定标准对彼此有联系的事物加以对照分析，以确定它们的共同点和差异点，共同规律和特殊本质，从而得出符合客观实际的结论。例如：集中识字与分散识字的比较研究；探究学习与接受学习的比较研究；不同教材编排体系的比较研究；自学辅导教学与常规教学在解应用题中的分析能力的比较研究；不同国家或东西方教育制度、社区文化等比较研究，等等。

4.实验研究(Experimental Research)

实验研究主要目的在于：根据一定的假设在教育活动中创造能验证实验假设的系统和环境，主动控制研究对象，排除无关因素的干扰，从而探索事物的因果联系。例如：上海育才学校着眼于学生"学"，改革教法的实验；马芯兰的改进知识结构，加强能力培养的小学数学教材教法改革实验；上海青浦县的尝试指导，效果回授的数学教改实验；上海师大教科所的中小学教育体系整体改革实验(探索常态儿童超常发展的途径)；卢仲衡的中学数学自学辅导实验；赵宋光的综合构建教育体系的实验，等等。

5.理论研究(Theoretical Research)

理论研究是对复杂的教育问题的性质和相互关系，从理论上加以分析和综合，抽象和概括，以发现其内在规律或一般性结论。关于教育研究方法的分类问题，有两点必须明确：

一是如何对方法进行分类，标准在于要有助于我们对研究方法的理解应用。分类不是目的，分类的目的在于探索每一类方法的基本特点、适用条件和范围。

二是随着教育科学和方法论的发展，很难设计出一个单一的分类方案来囊括全部方法，而一项研究往往是多方面的，综合的，可以归入好几种一般方法。例如：关于青少年主体性问题，理论上的研究涉及教育的目的论，什么是主体性，青少年主体结构以及在教育过程中主体性的行为表现等问题研究。而如何让学生真正成为教育主体，如何构建教育的主体性原则，如何培养学生的主动性、独立性和创造性以及主体意识、参与能力等,则分别属于应用研究、发展研究和实验研究。这里,研究者如何充分发挥主体性进行创造性劳动就很重要了。

第三节 教育研究与教育科学的发展

当教育经验有一定积累之后就开始了对教育这一社会现象的研究。教育发展历史说明,教育科学的所有进展都与研究方法论进展有关。通过探讨人类自身发展的规律,讨论教育本身原理、原则、方法体系及其发展的内在机制,从而促进教育的不断发展。如果说没有教育研究就不会有今天的教育,那么现代教育的发展更需要教育研究。我们必须立足于现代社会、现代教育发展的高度来讨论教育科学研究及其方法意义。

所谓现代教育,是指朝着与生产劳动相结合,培养全面发展的个人这条道路前进的教育。现代教育是相对传统教育而言的。现代社会的发展给现代教育提出了一系列新的问题,诸如:(1)要求更深入地研究人类自身发展和教育发展的规律,尽快提高和改善人口质量。(2)要求拓展教育的功能。面向市场经济和科学技术的发展,教育的内容、形式及结构正在发生深刻的变化,教育不仅担负人类自身发展的功能,还有经济功能、文化功能、保护生态环境的功能等。(3)现代社会发展的整体性、开放性,要求教育也必须改革调整自身的内部系统结构和外部关系,加强学校与社会、家庭的联系,加强国家间教育、文化的对比研究。通过研究,不断地进行自我调整,保持相对平衡,等等。面对未来社会发展的挑战,必须通过科学研究寻求问题的答案,这个过程正是现代教育发展的过程。

具体而言,教育研究在教育科学发展中的主要作用,表现在:

一、促进教育改革的活力

有了教育的科学,才会有科学的教育。教育要现代化,要建立具有中国特色的教育体制,就必须通过教育研究,在转变教育观念,改革教育结构体系、内容方法等方面进行积极探索。尤其是80年代以来我国在教育改革和教育科学事业发展方面取得的成效,充分显示了教育科学研究的巨大作用。

1.通过教育科学研究,转变教育观念。

观念的转变为教育改革和教育理论研究的深入发展起着清道和开路作用。比如对教育本质问题的研究,实质是教育在社会中起什么作用,为什么服务的问题。长期以来,由于"左"的思想影响,人们的认识被禁锢在形而上学的片面中,没有找到正确的答案。面对伟大的历史性转折,我们需要立足于现代社会、现代科技发展,以新的观念、新的思路考察教育。通过近年来的教育研究,逐渐确立了以下观念:一是增强教育的科技意识,明确教育必须以发展社会主义经济建设为中心;二是确立了新的人才观,根据现代社会、现代科技发展对人才的规格、层次、数量、质量提出的要求及时调整教育体制结构,高质量地培养能适应21世纪挑战的人才;三是全面发展教育观,使学生在德、智、体诸方面生动活泼主动地发展。当然,观念的转变是要经过一个过程的,随着改革实践的深入,新情况、新问题还会大量涌现,观念的变革将始终伴随着教育改革的进程而不断赋予新的内容。

2.通过教育科学研究,探索教育体制、教育内容、教育方法改革的途径、手段,并为教育行政部门制定教育政策、提高教育质量与办学效益提供决策依据。

比如近年来关于教育、经济、社会协调发展的宏观研究,广泛涉及高等教育、普通教育、职业教育等不同层次,沿海、内地、城市、农村等不同区域的教育发展战略研究。教育结构,尤其是高等教育层次、种类、形式及管理体制的调整与改革研究,教育投资问题等。在深化教育改革方面,教学体制、学制、课程、教材及教法的改革及卓有成效的教学实验研究,为学校提高教学质量、培养和提高教师队伍素质,为教育思想的创新起了重要作用。而德育问题的研究,直接促进了学校德育工作的系统化、规范化和科学化。

二、发展和完善教育科学理论的基础

所谓教育科学的理论,是具有某种逻辑结构的并经过教育实践检验的教育概念系统。这一概念系统的核心是教育规律,它是经验事实的本质概括。教育科学理论发展的过程表现为一个逻辑的上升过程,认识的发展过程,同时也是一个研究方法的应用过程。如下图所示:

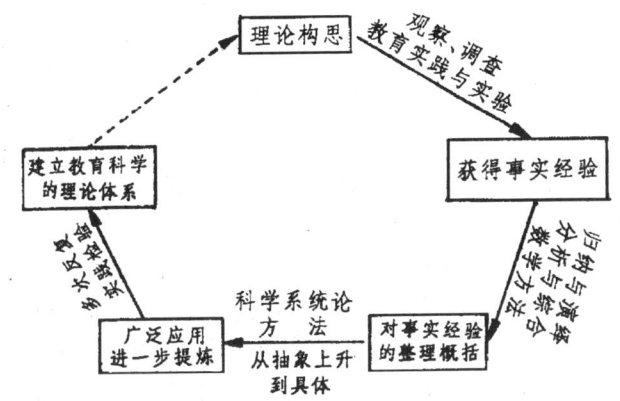

教育科学理论的产生,正是经过了这样一个基本过程:首先提出一定理论构思,通过观察、调查和实验研究,对教育实践经验进行分析和综合,抽象和概括,类比和推理,从而发现规律,得出结论。科学研究促使人类的认识从具体到抽象,再到思维的具体,达到对事物本质的把握。因此,要建立具有中国特色的教育科学理论体系,相应地必须建立一套科学的教育研究方法体系。

近年来,教育科学研究在理论开拓与学科建设方面同样发挥了重要作用。在深入调查研究的基础上,全方位地进行历史的回顾和理论的反思,通过对教育理论和实践基本问题的深入研究,促进了教育科学领域各个学科的建设和发展,同时开拓了若干新的学科,构建了新的研究体系。既有与哲学、社会科学和自然科学交叉渗透进行综合研究产生的教育控制论、教育信息论、教学认识论、教学活动论,也有与相关学科进行跨学科研究产生的教育社会学、教育文化学、教育生态学、教育生物学、教育病理学、教育法学、教育美学、教育未来学等学科。事实证明,如果新的学科方向是建立在长期进行科学研究的基础上,那么这学科方向就有比较坚实的基础和自己的特色,就有很强的生命力。

三、培养未来教育改革家的重要战略措施

为适应21世纪教育的发展,我们必须尽快造就一代未来教育的改革家。他们不仅有科学哲学家的理论思维头脑,而且具有从事科学研究的实际动手能力,会进行教育实验,有强烈的改革意识,他们应是具有独立思考和创造革新精神的开拓型人才。科学研究是培养未来教育改革家的主要途径。

科研过程,是教师重新学习的过程,是使教师知识不断更新,知识结构不断改善并趋向合理的过程。近年来,正是通过科研,我国广大的教育工作者在教育实践中勇于探索,由单凭经验向依靠理论过渡,认识、学习和运用教育规律,提高了教育质量,树立了科研意识,掌握了科研理论和方法,成为学者型的实践工作者。正是通过科学研究,培养了一批学科带头人,既填补了教师队伍结构的断层,又以其精力充沛、知识较新、善于科研而提高了教师队伍的整体素质。也正是从培养未来教育改革家这一战略高度出发,近年来各个师范院校先后开设了教育研究方法课,以使年轻的未来

教育工作者掌握研究方法的知识和培养相应的能力。

正确的研究方法论指导,有助于提高自己的科学素养,增长才干,提高科学的鉴识力,认识教育科学发展的主流和趋势,不失时机地抓住前沿课题进行卓有成效的研究。正如恩格斯指出的:"从歪曲的、片面的、错误的前提出发,循着错误的、弯曲的、不可靠的途径前进,往往当真理碰到鼻尖上的时候还是没有得到真理。"①许多著名科学家和学者,从自己治学科研的经历中深感方法论的重要。法国生理学家贝尔纳强调:"良好的方法能使我们更好地发挥运用天赋的才能,而拙劣的方法则可能阻难才能的发挥。因此,科学中难能可贵的创造性才华,由于方法拙劣可能被削弱,甚至被扼杀;而良好的方法则会增长、促进各种才华。"由此,笛卡儿得出"最有价值的知识是方法的知识"的结论。

另外,通过教育研究,有助于我们科学地总结自己和优秀教师的教育经验,使之上升为理论,以丰富、充实和发展教育科学,并且帮助我们去鉴别自己或他人成果的正确与谬误、价值和水平。

对于青年教育工作者来说,通过系统的研究方法论指导,可以避免盲目探索,少走弯路,早出成果,多出成果,尽快成长。英国剑桥大学动物病理学教授威廉·贝弗里奇指出:"对于一个科学家来说,姑且假定他迟早会懂得怎样最好地进行研究工作,但如果完全靠自己摸索,到他学会这种方法时,他最富有创造力的年华或许已经逝去。因此,如果在实践中有可能通过研究方法的指导来缩短科学工作者不出成果的学习阶段,那么,不仅可以节省训练的时间,而且科学家做出的成果也会比一个用较慢方法培养出的科学家所能做的多。"②

---

① 恩格斯:《自然辩证法》,《马克思恩格斯选集》第3卷,人民出版社,1972年版,第555页。
② W.I.B.贝弗里奇:《科学研究的艺术》,科学出版社,1979年版,序言。

第二章 教育研究方法的历史发展

教育研究方法及方法论经历了一个孕育、发展和成熟的过程，它始终伴随着人类教育的发展全过程。对这一过程发展变化的考察，将有助于我们进一步历史地把握教育研究方法基本概念及多方面的联系，从而具体揭示教育研究方法发展的基本规律。原因在于，"熟知人的思维的历史发展过程，熟知各个不同的时代所出现的关于外在世界的普遍联系的见解，这对理论自然科学来说是必要的，因为这为理论自然科学本身所建立起来的理论提供了一个准则"①。恩格斯这一论述，不仅对理论自然科学，而且对各门科学的研究都具有普遍的指导意义。

第一节 教育研究方法发展的历史阶段及基本特征

如何对研究方法历史发展进行考察，同样需要有科学方法论指导。各国的科学家对科学史发展过程中的方法论形态进行了大量研究，并提出了各自的观点。其中苏联学者尤金提出的见解值

---

① 恩格斯：《自然辩证法》，《马克思恩格斯选集》第3卷，人民出版社，1972年版，第466页。

得我们注意。他认为科学史上可以区分三种方法论认识形式,这就是:(1)19世纪中叶之前的古典科学时期的本体论主义,特点是旨在反映"知识—客体"的联系;(2)19世纪中至20世纪,认识论时期,集中反映"主体—客体"的联系;(3)当代科学的方法论主要特点是十分重视"主体—知识"的联系,即强调主体和知识的相互决定性。尤金还提出了对方法论研究的方向和形式作分类的几个方面因素,这些因素是:科学研究及其阶段和结构;科学研究的程序、方法和手段;研究的原理、途径和概念;科学史的具体情况和分期;科学的逻辑研究。①

从教育整个历史发展看,两千多年来教育研究方法的发展,大体上经历了三个大的历史发展阶段。基本线索是:从古代、近代到现代,从经验与定性分析到定量分析与实验研究,再到现代系统科学方法研究的发展过程。

一、直觉观察时期

从古希腊至16世纪,在近代科学产生以前,教育研究方法论是在朴素唯物论基础上的直觉观察时期。

古代,科学认识水平低下,人们将世界看作一个混沌的整体,哲学、政治、教育、方法的知识混为一体。人们极力寻求认识世界的一般原理,回答的问题是:"世界是什么?"对方法的追求是笼统的和模糊的。在这个漫长的历史时期中,教育研究方法的思想开始萌芽,它是随教育实践活动的产生发展而产生发展的,主要是依靠不充分的观察,对教育实际经验的总结以及在直觉基础上的思辨方法。虽然有简单的逻辑推理,但总的分析是笼统、直观、综合地认识教育现象,带有显明的朴素性和自发性。该时期教育研究

---

① 《苏联社会科学》,《哲学科学》,1987年第4期。转引自《文摘》,1988年第6期,第46—47页。

方法论思想的最高成就体现在中国古代教育观以及亚里士多德的逻辑学中的方法论思想上。

古代中国,在两千多年发展过程中出现了一大批教育大师。从孔丘、墨翟、孟轲、荀况、董仲舒、王充、韩愈、朱熹直到王夫之,他们在总结教育实践经验基础上,不仅形成了中国古代丰富的教育理论,而且提出了他们研究教育的种种方法论观点。从总体上分析,反映出以下特点:

1.考察教育问题的立足点,即研究的起点,是从当时社会发展的要求和统治阶级的根本利益出发,在教育内容和教育方法上则以伦理道德教育为主。

2.采用观察法以及归纳、演绎和类比的思维方式对教育现象进行研究并形成理论。也就是说,是从观察事实材料出发加以概括总结从而得出结论。因此,教育理论观点的表达方法是以描述性的记述为主,较分散零碎,没有形成严谨的理论系统。

3.辩证法的初步运用以及朴素的系统观。这一特点突出表现在先哲们关于文与道、言与行、知与行、学与思、师与生等辩证关系的分析论述中。围绕当时认识论探讨的几个基本问题,如世界的本原问题,名实关系、知行关系、动静关系以及运动过程、运动方式、运动原因等提出不同观点。尽管有"知先行后""知行合一""行先知后"的不同看法,但都在反复阐明对立面相互依存和相互转化,对立面的相互作用引起发展变化的思想。与之相应的,对教育现象的研究偏重整体而忽视部分,偏重综合而忽视分析。

4.各种学派基于不同的哲学观、自然观、社会观和教育观,而形成不同的教育研究方法思想观点。应该看到,正是通过不同学派的学术争论,不同理论流派的相互碰撞、渗透、竞争和融合,从而促进了中国古代教育的发展,形成了丰富的多层次的教育思想的立体网络,而不是静态的、狭窄的、僵死的、直线式的线性结构。

古代西欧,主张神性,因此以主智为宗旨。亚里士多德(Aristoteles,公元前384—前322)及希腊哲学家们提出了系统的推理方法——逻辑法作为一种思维模式,并对以后的教育研究产生了深远影响。

亚里士多德在他的《工具论》中创立了形式逻辑,提出科学研究的"归纳—演绎"程序,并且研究了这个程序所要遵循的方法。基本途径是论证,从观察现象出发经过归纳建立一般原理,再从一般原理通过演绎而导出个别结论,并与观察结论相比较而接受经验的检验。如图2-1所示:

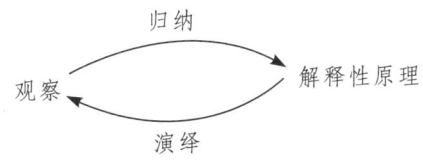

图2-1 亚里士多德的"归纳—演绎"程序

亚里士多德在研究当时诸多科学的基础上,探讨了辩证思维的最主要形式。他通过对一和多、整体和部分、个别和一般等对立范畴之间的关系的探索,提出了关于对立物相互联系和相互转化的思想,关于整个逻辑范畴都在对立中发展的思想等,被恩格斯称为"古代世界的黑格尔"。正是基于其方法论思想,亚里士多德建造了关于人的发展三阶段以及与之相应的三育教育(身体训练、品格教育、智力教育),通过对教育现象的思辨分析从而在整体上粗略地把握了教育。

中世纪的欧洲,宗教神学在世俗生活和精神生活各方面都占据了统治地位,阻滞了教育及其研究方法的发展。但是,西方哲学界唯名论(只承认感觉到的个别事物的真实性)与唯实论(某种精神实质是先于个别事物而独立存在)的分歧,孕育着近代经验论与唯理论的对立。经验哲学家们对逻辑方法论的发展,以及开始重视实验和数学方法,都为后来方法论研究的发展提供了一定的思维方式准备。

总体分析,这个时期是以直觉观察为主的方法论时期。由于当时科学发展水平和社会历史条件的限制,人们还不能对自然界、对社会、对教育进行解剖分析。他们把教育当作一个整体,从总体上进行观察研究。无论唯物论或辩证法思想都带有原始的、自发的、朴素的性质。先哲们的研究只是描述整个教育的一般变化,还不能对这种变化的具体过程、原因作出分析,因此也就不能对教育的一般性质作出完备和清楚的了解。

二、分析为主的方法论时期

17世纪至19世纪末20世纪初,在近代科学产生以后,教育研究进入了以分析为主的方法论时期。这是从以夸美纽斯《大教学论》教育原理的提出为标志的近代教育科学产生到"新进步主义"教育运动的兴起,以经验论和唯理论两个派别的形成以及实践中重思辨、逻辑和分析为基本特征的教育研究方法论时期。

15世纪以后,伴随着近代自然科学的发展,自然科学逐步从自然哲学中分化出来,相继产生了实验方法,分析、比较、归纳、演绎等逻辑方法,数学方法,假说法等科学方法。特别是实验方法的产生,是人类认识史上一个重大变革。科学方法的发展是这个时代的哲学家们在清除经院哲学影响的同时,企图寻找一种科学的认识方法的结果。人们探求认识的根源和结构,回答的问题是:"世界是怎样认识的?"并提出了基本的科学方法问题。哲学家们根据他们对科学认识中两个最重要方面(经验和理论)侧重面的不同,分裂为经验论和唯理论两大主要派别,并对教育研究方法论的发展产生了极其深远的影响。其代表人物是培根、笛卡儿和康德。

弗兰西斯·培根(Francis Bacon 1561—1626),作为英国唯物主义和整个现代实验科学的真正始祖,他反对中世纪的教条主义、形而上学的哲学,认为后天获得的对外部世界的感觉是认识的来源,感觉是完全可靠的,是一切知识的源泉,科学理论的发现是从经验事实出发逐步归纳上升到普遍性的理论知识,从而提出了经验论的归纳法。这是一种求现象间因果关系的归纳方法,由不同的事物中归纳出共同性的法则,并进而归纳出更具普遍性的共同法则,然后在新的情况下加以运用和检验。这种方法论突出了经验的积累和分析,强调科学方法的经验性质,力图用归纳逻辑来代替演绎逻辑,忽视理论方法的作用。F·培根的经验论为洛克所发展;捷克教育家夸美纽斯正是以经验论作为研究教育现象的方法论理论基础,形成了他的教育理论体系。夸美纽斯力图使人的发展过程遵循自然,基于感觉的作用先于理解,他提出了"感觉—记忆—理解—判断"的教学程序,并且十分强调直观教学的作用。

笛卡儿(René Descartes 1596—1650),被称为西方理性主义创始人,提出理性的演绎法。笛卡儿认为,一切真知都是由简单自明的观念演绎出来的,感觉经验常常导致错误,理性才是真实知识的唯一可靠来源。但理性必须借助正确的方法论规则,这就是:(1)只把那些引起十分清楚明白地呈现于我们心智之前的东西放进我们的判断之中;(2)把所考察的难题,尽可能分成细小部分,直到可以而且适于加以圆满解决的程度为止;(3)按照次序引导思想,从最简单、最容易的认识对象开始,逐步上升到对复杂对象的认识;(4)把一切情况尽量列举出来,普遍地加以审视,确信毫无遗漏。笛卡儿认为,数学是理性能够清楚明白地理解的,所以要以定量实验和数学演绎为主,强调科学方法的演绎性质,强调科学知识体系应建立在理性的直觉与演绎法基础上。笛卡儿的方法论否认可靠知识的感性来源和归纳法、实验法的作用而保持了思辨的倾向,是唯心主义唯理论。

18世纪末,随自然科学的新发展对僵化的自然观的冲击,康德(Immanuel Kant 1724—1804)站在唯理论立场上企图使经验论与唯理论结合,把世界统一在思维的基础上。他的哲学思想,特别是他的对形而上学思维方式的"批判"精神,不仅带来了德国教育研究的空前繁荣,而且给西方第一流教育家,诸如裴斯泰洛齐、赫尔巴特、福禄倍尔等以深刻的影响。康德对教育研究方法论发展的影响,集中体现在他的三大哲学著作中,这就是从哲学角度思考教育问题的"批判"精神。康德认为,对教育应该是革命而不是改良,必须对"理性"、对一切事物进行批判才能辨明真伪。正是基于对人的认识能力的批判研究,提出了他的由感性、知性、理性三个层次组成的认识发展过程理论。康德提倡教育实验,提倡整体观,提倡理性和自由,而他在论理学、伦理学和美学方面的论述则为教育科学的发展作了新的开拓。有的学者还就康德的《纯粹理性批判》对教育的影响,撰文作了较全面的分析。① 赫尔巴特正是以康德的哲学观、心理学观点为基础研究教育,以批判精神,"反常姿态"重新审查已有的教育观念和理论体系,从而提出了他的教学形式阶段理论,并对兴趣、道德等问题作了精辟的论述。

总括分析这个时期教育研究方法论发展的基本特点,主要表现为以下几个方面:

1.从经验的描述上升到理论的概括,把教育作为一个发展过程来研究,不仅描述现象的特点,而且着重揭露现象间的联系和发展历程。如卢梭、福禄倍尔,强调个性研究,强调教育的内在因素。而赫尔巴特,则强调社会的研究。作为研究成果的重要表现,教育学开始从哲学中分离出来成为一门独立的学科,并且不断发展完善,与此同时出现了一大批教育大师和杰出的教育理论著作。

2.教育研究方法论在很大程度上是同认识论糅合在一起的,并初步形成了以不同哲学理论指导的两种不同的研究方式和研究风格,这就是归纳法和演绎法。或重思辨轻实践经验,或重局部具体经验而轻理论思维,从哲学方法论角度分析,都是以分析为主的

---

① 陈元晖:《康德与近代西方教育思想》,《华东师范大学学报》(教育科学版),1987年第1期。

形而上学思维方式。二者的分歧反映了研究问题的深入,能否认识世界和如何认识世界的认识论和方法论问题成为研究的中心问题。正如有的学者指出的,"认识论上唯理主义和经验主义的对立起着推动认识论发展的作用。同样,方法论上的演绎主义和归纳主义的对立,也推动着方法论,尤其是逻辑方法论的发展,成为这种发展的一个重要规定。并且它们还相互促进着各自的发展"①。

3.心理学思想开始成为教育科学研究方法论的理论基础。尽管这时的心理学思想还局限在以经验论、联想论和感觉论为主要形式,方法上片面地以力学规律来解释心理现象等问题,但毕竟是使教育研究方法论在科学化方向前进了一步。无论是裴斯泰洛齐还是赫尔巴特,正是企图寻找心理根源来发现通过自然法则本身决定人类发展的形式,裴斯泰洛齐主张"教学的原则必须从人类心智发展的永恒不变的原始形式得来"②。赫尔巴特从"多方面兴趣"的原理论证教学任务、课程,从观念的运动统觉原理论证教学过程的形式阶段,使其教学论建立在心理学的基础上,这正是他对教育科学发展所作的重要贡献。

4.反对权威专断,主张教育要适应自然,并从自然科学中移植"实验方法"。当时,不少教育家开始进行教育实验,裴斯泰洛齐于1774年创办"新庄孤儿院",进行初等教育新方法的实验研究。其后,德国的梅伊曼和赖伊创立"实验教育学",首先把心理实验的方法直接应用于教育研究中。实验方法已不同于直觉的观察方法,它是变革现实的一种实践活动。实验方法的采用标志教育研究方法的长足发展,尽管当时的教育实验方法还是验证性的,教育家所提出的教育观点在教育实践中实施验证(假设—实验)是笼统的、

---

① 周昌忠:《西方科学方法论史》,上海人民出版社,1986年版,第148页。
② 张焕庭主编:《西方资产阶级教育论著选》,人民教育出版社,1964年版,第180页。

定性的,还没有严格的科学程序和分析手段。

19世纪中叶以后,在分析方法论有较大发展的同时,自然科学实现了两次大的理论综合,这就是由能量守恒和转化定律、细胞学说和进化论的建立导致的宏观领域自然科学的综合,以及后来由于相对论和量子力学理论的创立实现的宏观和微观领域的理论综合。经验的自然科学走向理论的综合,开始实现各学科之间的理论综合和方法渗透。正是在这样一个背景下,对研究方法论带来重要的革命性变革的是马克思主义的产生,马克思主义的理论在世界观和方法论上革命的变革,为科学方法论奠定了科学的哲学基础。正是在辩证唯物主义和历史唯物主义观点和方法指导下,教育科学及其研究进入科学的辩证法时代。

三、形成独立学科时期

20世纪以来,是现代教育科学的发展和教育研究方法成为独立学科的时期。

这个时期,新兴科学飞速发展,科学内部分工日益精密和专门化,数学和数理逻辑的广泛应用,对物质结构的愈来愈深入的研究以及更加重视理论的模式和结构的作用等,都要求对各门学科的共同问题,特别是科学的方法论问题进行专门的研究。正是随着时代的发展,教育科学研究也进入一个新的发展阶段。

20世纪初,随着西欧"新教育"运动的出现以及杜威教育理论的产生,形成了以实用主义研究方法为主的潮流。杜威在实用主义教育哲学理论基础上,对当时所谓的传统教育理论的概念、范畴和理论体系进行了全面改造。他强调必须从教育实验中构建理论,并亲自主持了长达八年之久的美国芝加哥实验学校的教育实验,从而形成了"传统派"与"进步派"的论争,并影响了几乎整整一个世纪。两种教育思潮围绕是以教师为中心还是以儿童为中心,是以系统书本知识为中心还是以个人直接经验为中心,是以课堂讲授为中心还是以活动为中心等问题展开。这一争论直接影响20世纪20年代世界性教育改革的形成,并推动教育研究的逐步深入。正是教育研究的深入发展直接推动了研究方法的发展,而作为发展的结果则集中表现在教育研究方法从哲学方法论中分化出来,并成为一门独立的专门研究领域,以教育研究方法本身为研究对象,它意味着人们认识的深化。

当时,不仅在一些国家的大学开设了教育研究方法课,而且相继出现了一批教育研究方法的专著。如美国芝加哥大学,1909年后开设"教育入门"与"教学法",以实际问题为材料,以研究方法为内容。八年后由古特(Juld)写出了《教育之科学的研究》(An Introduction to the Scientific Study of Education)一书。当时较有代表性的专著有:古德(Good)的《教育研究法》,柯斯(Koos)的《教育问卷法》,麦柯尔(Mecall)的《教育实验法》,土路特(Schluter)的《如何做研究工作》,特尔欧(Trow)的《教育之科学研究》,怀特(Whituty)的《教育研究的方法》等。[①] 其中部分专著先后翻译介绍到了中国。

我国最早的教育研究方法著作,有罗廷光的《教育科学研究大纲》,陈述了教育科学研究的历史和现状,列举了当时的通用方法。朱智贤的《教育研究法》,还有作为大学丛书的钟鲁斋的《教育之科学研究法》。仅从钟鲁斋一书体系结构看,表明教育研究法已初步形成了学科结构体系。[②]

关于这个时期教育研究方法论及方法的发展,以下几点是值

---

① 参见《云五社会科学大辞典》第八册《教育学》,台湾商务印书馆,1970年版,第277—281页。

② 该书目次:第一章,科学方法概论;第二章,教育科学研究的意义和方法;第三至九章分别为历史法、问题法、调查法、实验法、测量法、课程编制法、常模法及其他;第十章,论文之起稿与出版。

得注意的：

1.构成教育研究方法体系的大部分方法是从其他学科移植而来的。如社会科学研究方面的调查法、文献法、历史研究法，自然科学研究的归纳法、实验法、比较法、统计法，还有心理学的研究方法。一定程度上缺乏"教育化"，还未形成教育科学自身发展的内在逻辑结构体系。正如当时朱智贤先生指出的，"以过去成绩观之，真正当得起'研究'的，实在不多，一部分可以说是介绍，大部分是抄袭和模仿而已"①。

2.教育研究方法理论中的两个基本派别——进步派与传统派、实证的与思辨的、实用的与理论的进一步分道扬镳，各自的发展研究为方法论的发展开拓了新领域。一派强调要从社会发展对教育的要求来研究教育，重点研究教师怎么教；要根据理论的推导来研究教师的活动、教材的使用和学校工作的组织。另一派则强调要从儿童发展的本身来研究教育，通过实验研究儿童身心特点，用实验所得的结果与数据，作为确定教学内容与方法的依据。

3.考察这个时期研究方法的哲学基础，由于受西方哲学非理性主义、唯科学主义思潮及实用主义教育哲学影响，在研究方法的探讨中，明显地表现出实用主义倾向。有的学者认为，这一时期所提出的方法论的一般程序是："经验—理论—检验—扩充材料—新理论"。由于形成了共同的科学规范，从而保证了理论的自我改进机制，使理论具有逻辑结构性、清晰性以及一定的预见性的特点。② 但是，应该看到同时产生的局限性，这就是轻视理性，强调个人的意志、直觉、感受和内省，缺乏历史唯物主义的观点等问题。

4.在教育研究方法成为独立学科的同时，教育科学领域内分

---

① 朱智贤：《教育研究法》，汪懋祖校，正中书局，1934年版。
② 朱作仁：《小学语文教学研究的思维方式和科学方法》，《教育研究》，1986年第9期。

科的学科研究方法也同时取得显著进展。如比较教育学的研究,已从介绍外国教育状况的事实描述(报道—描述)发展到采用一定的研究方法说明其特征,目的是"借鉴—改善"。一些学者运用历史学方法、因素分析法,对决定教育的各种因素进行分析而提出各自不同的见解。当时不仅有通过参观访问、分析文件了解一个国家的教育制度和教育实践的区域研究,而且有国家与国家之间进行教育比较的问题研究。

5.教育研究方法的发展还受到两个方面因素的直接影响。一是马克思主义辩证唯物论的产生和广泛传播,为教育家们探讨教育的规律,研究教育现象提供了普遍有效的科学方法论指导。二是心理学及心理学研究方法的发展。以冯特实验心理学实验室的创立(1876年)为标志,心理学从哲学中分离出来,学科的独立首先是在研究方法方面取得的突出进展。心理学家们不仅采用问卷法调查青少年时代思想、兴趣,而且采用测量法,从对人体的测量、人体反应的测量发展到智力、学力、品格的测量,并相应编制了一系列量表。与此同时,实验心理学的发展以及对记忆、学习迁移理论,条件反射等进行的实验研究,不仅为教育、教学改革提供了科学依据,为探索青少年儿童心理特点积累了客观材料,而且心理研究所使用的方法进一步丰富了教育研究方法的体系。

四、现代教育与现代教育研究方法论的变革

20世纪50年代以来,西方科学哲学出现了一个新的发展趋势,主要表现在冲破了对科学理论的静态的逻辑分析,把对方法论的研究同科学发展的历史联系起来。

现代科学革命冲击着经验论和唯理论的传统划分。20世纪初发生的物理学革命以及20世纪中叶遍及全球的传统科学潮流,从整体上导致了机械观的衰弱。人们用动态的、多元互补的思维方式代替了过去那种静止的、单一的观念去把握复杂客体的运动过程。哲学家和教育家们转而从成功的科学认识实践中抽象出一般原理,力图寻求"人类的知识是怎样发展的"这一问题的答案,不仅是对科学认识活动的描述,而且包括对方法,特别是科学方法的探究。对此,有的学者提出了自己的见解,认为"当代科学活动的重大特点之一,是以方法论问题作为形成科学本身各种崭新思想的必要条件。例如在对数学原理、量子力学、宇宙学、分子生物学以及控制论等等代表现代科学面貌的学科的研究中,哲学反思不仅仅是刻画已有的科学形象,而且本身也参与实际科学活动,并且在某方面将实际加以改造。以方法论为核心的哲学反思是超越科学中现成思维模式的不可缺少的手段,是获取科学突破的重要条件"①。

那么,现代科学的发展所带来的方法论的深刻变革是什么呢?它又给教育科学研究方法论提出了哪些课题呢?

关于现代科学发展与方法论的关系,不少学者作了精辟分析。一般认为,现代科学发展的时代特点对方法论产生了深刻影响。主要表现在以下几方面。

1.科学对自然和社会的研究越来越广泛、深入,使科学研究中直观性的程度减少,抽象化的程度提高,产生了逻辑思维方法高度发展的必要性。

2.不同学科的相互渗透。应用一门学科的方法去研究另一门学科的现象,使不同的科学方法和不同的科学对象有机地结合起来,在原有学科的邻近领域产生了新学科的生长点,这已成为当代科学发展的一个重要方向。正是科学的进一步分化和综合产生了一些新兴学科和边缘学科,促使科学研究的整体性和综合性增强,产生了系统理论等具有方法论意义的新学科,与此同时促进了综合的思维方式的发展。

---

① 刘大椿:《比较方法论》,中国文化书院,1987年版,第12页。

3.现代科学发现了一系列原有科学理论体系不能解释和说明的新事实,出现了一些佯谬,破坏了科学体系原有的原则和思维前后一贯的逻辑严密性,产生了现代科学范畴体系的许多根本性的变化,同时也促使逻辑方法向前发展。

4.科学研究课题的复杂性、综合性在日益加强,随之而来的科学研究手段日益复杂、精密,科学研究日益成为集体的、综合的事业。由此产生了科研课题的各个不同方面、不同层次的相互配合、相互协调的必要,从而也产生了协调科学研究的不同层次和不同方面的方法论。

现代科学方法论的产生和发展,是在传统方法论基础上,完整地把握方法论发展史上几个历史阶段的经验教训,吸收其中合理因素又避免了以往的片面性。

正是由于科学的发展和方法论的深刻变革,给现代教育科学研究方法论提出了一系列新的需要解决和回答的问题。这些问题包括:

当代科学走着既分化又综合的发展道路,在方法论方面产生了共性与个性的不同要求,如何处理好一般方法与具体方法、共性与个性的关系。

科学的发展,自然科学、社会科学和技术科学的相互作用以及社会科学研究方法的相对独立性,促使教育科学的分化,特别是边缘和交叉学科的不断出现,教育科学研究方法日趋复杂,呈现多元化发展趋势。这就提出了教育科学方法论科学体系的重新建构的要求,涉及方法论中历史与逻辑的统一、理论与实践的统一、多元化与整体性的统一等根本问题。

现代系统科学观点及方法在教育研究中的初步应用,在教育这个科学系统中,如何处理系统与结构、结构与功能、系统和要素、控制和信息以及规律和预测的关系。

随着现代科学数学方法的广泛应用,教育研究中不仅要采用定性分析研究,而且要使用定量分析研究手段,随之而来的是如何处理质与量、观察与实验、科学事实与因果性解释、归纳和演绎、类推与概括、假设和理论等的关系。

另外,还有关于教育科学理论的形式结构分析,教育科学理论的形成发展和它们的逻辑有效性的条件等。

第二节 影响教育研究及其方法发展的基本因素

教育研究方法论的发展受到多方面因素的影响。

一、哲学认识论与教育研究

哲学是从客观世界的普遍联系中去研究事物,提供研究自然界、社会和人类思维一般规律的方法论原理。任何教育研究方法论都脱离不了一定的哲学认识论,问题在于是否自觉运用以及依据何种哲学认识论。教育研究方法论总是与哲学认识论相互渗透、融合为一体的。而我们研究教育,必须把教育问题放在总体哲学思想背景下加以考虑,才能做出比较合理的解释。从孔子、亚里士多德到培根、洛克、赫尔巴特、杜威,一直到当今世界上的各种教育流派的代表人物,他们正是从各自哲学理论的高度去分析研究教育问题,从而建造起他们各自的教育理论大厦。正如爱因斯坦指出的:"如果把哲学理解为在最普遍和最广泛的形式中对知识的追求,那么,显然,哲学就可以被认为是全部科学研究之母。"原因在于,"科学要是没有认识论——只要这真是可以设想的——就是原始的混乱的东西"①。

不同的哲学认识论基础,决定不同的方法论特点。19世纪末20世纪初物理学革命之后,各门科学有了迅猛的发展,人们对科学认识论基础重新审查并产生了种种不同的哲学思潮。其中有代表性的,如自然主义的(Naturalistic)、实验主义的(Positivistic)、结构主义的(Constructivistic)、存在主义—现象学的(Existentialism-phenomenological)理论。与此相应的形成了种种不同的教育哲学流派并分别以他们的哲学认识论和方法论来研究教育。如果把纷繁复杂的学派加以简单化的综合分析,我们可以看到,基本上是沿袭历史发展下来的两个主要范式(paradigm)而形成当今的两大基本阵营。这就是:历史上从柏拉图的逻辑结构到笛卡儿的唯理论,从亚里士多德的经验观察到培根的经验论,牛顿把实验方法和数学方法结合起来形成假说演绎方法。在现代,一派是科学主义(分析、经验论)的实证主义观点,强调用量表进行实验,模仿自然科学,强调适用于用数学工具来分析的、经验的、可定量化的现象,目的在于确定事物间的因果关系。另一派是人文主义(现象学、解释学)的反实证主义的观点,强调定性的、理解的、解释的方法,它是从人文学科推衍而来,注重整体和定性的信息以及说明的方法。两派观点各有一定合理性,同时又有一定的局限性。

要使研究方法论科学化,必须以马克思主义的辩证唯物主义和历史唯物主义为指导。因为马克思主义哲学提供的正是人类的"认识工具",作为认识世界、改造世界的一般方法原则。如果离开了科学认识论,教育科学研究方法论只会变成肤浅的、琐碎的具体技巧和经验,而不能构成科学的研究方法论完整的理论体系。

我国哲学界近年来围绕一系列重大问题进行了认真的讨论和理论反思,对教育研究的发展有着重要的启示。比如,关于认识论

---

① 《爱因斯坦文集》第1卷,商务印书馆,1979年版,第480、519页。

问题的探讨,广泛涉及:(1)认识的本质问题。认识是人脑对客观世界的反映,还是反映与选择基础上的建构?如何真正理解马克思主义反映论?(2)关于认识的发展阶段问题。划分认识阶段的依据,如何理解知性范畴,以及从具体到抽象和从抽象到思维具体的飞跃过程。(3)关于认识的源泉问题。(4)主客体关系及主体性问题。主体构成要素,主体层次,主体的认识能力,主体的非理性因素及作用考察。(5)实践以及活动的概念、系统、结构与功能、实践与认识关系以及实践检验理论的复杂性。正是随着现代科学的发展,自然科学概念向哲学范畴转化,如有序与无序、系统与要素、信息与控制、结构与功能,以及主客体中介、认识系统、认识图式、思维操作等概念和范畴引入哲学认识论,导致对认识论中某些范畴和原理进行新的探索和哲学分析,从而促进了认识论的发展。这不仅为我们提供了新的视角来分析教育现象,而且开拓了研究领域,促进教育界对主体(主体性)、活动与实践、非理性因素等问题的研究,较充分体现了方法论的规范、调节、预测的职能。

二、科学技术发展与教育研究

科学技术发展对教育科学研究方法论的影响作用,一方面表现为在一定科学技术发展水平上所建立的自然科学和社会科学研究方法对教育研究的直接渗透、移植,并为教育研究手段的变革提供了必要的可能条件。比如,16世纪实验方法的引入,比之过去直觉观察情况就大不一样了,而现代电子计算机的应用使人工智能的研究成为可能。另一方面,更重要的是表现为科学技术发展所引起的思维方式的变革对教育科学研究方法论发展所产生的深刻影响。

思维方式是科学方法的基本要素之一,基本思维形式和方法在思维过程中不同的结合(如分析、归纳、抽象相结合形成的分析为主的方法,综合、演绎、抽象上升为具体相结合形成的综合为主的方法)以及每一种基本思维形式和方法在这种结合中所占有的不同地位就形成了具有不同特点的科学研究方法。而思维加工的基本形式正是随着一定时代科学技术的发展而不断发展演变的。

考察自然科学发展史,与古代萌芽状态的自然科学和技术水平相适应的是直观猜测的思维方式,是对事物的整体观察,描述自然现象以及对生产经验的总结。到中世纪,形而上学的思辨的思维方式正是反映了人们对自然界认识的不足,"是自然科学突进到新的领域,旧的理论和概念发生急剧变化的时候。人们认识上的迷乱的反映,是人们对自然科学成果的片面的、绝对化的、歪曲的理解的反映"①。

近现代科学技术的发展,自然科学的两次大分化,使思维方式经历了从分析到综合,再到分析与综合相统一的变革。16世纪至19世纪,出现了自然科学的第一次大分化。哥白尼的日心说,宣告了神学的破产,重视观察和经验的作用,为唯物主义认识论和自然观奠定了基础,科学实验从生产实践中分化出来并作为一项相对独立的实践活动。这个时期又可分为两个相互衔接的阶段:(1) 15世纪下半叶至18世纪上半叶,自然科学从"自然哲学"中分化出来,进入了系统的实验科学阶段,在科学认识的方法论上主要以搜集经验材料方法和分析方法为主。(2)18世纪下半叶至19世纪,"自然科学本质上是整理材料的科学,关于过程、关于这些事物的发生和发展以及关于把这些自然过程结合为一个伟大整体的联系的科学"②。方法论上集中表现为分析事物内部联系并对整体进行综合研究。应该看到,正是经过16世纪至19世纪科学技术的发展,相应的思维方式的变革,从经验的描述上升到理论的概

---

① 龚育之:《关于自然科学发展规律的几个问题》,上海人民出版社,1978年第2版,第115—116页。

② 《马克思恩格斯选集》第4卷,人民出版社,1972年版,第241页。

括，从以搜集经验材料方法、分析方法为主到分析事物的内部联系并对整体进行综合研究，才有可能出现赫尔巴特对教学过程内在规律、教学过程认识发生、发展的研究以及斯宾塞的课程理论。

19世纪末20世纪初，由于物理学革命而使自然科学进入到现代科学阶段，尤其是在20世纪四五十年代后，以电子计算机为代表的电子技术、原子能技术、遗传工程和空间技术的发展，标志着当代新的科技革命的到来。科学的高度分化和深入发展，要完整地认识现实的各个领域，就不能仅仅局限于揭示个别种类的事物或局部领域的事物所具有的性质、功能和规律，而是要说明事物的整体结构、事物与事物之间的系统关系。也就是说，要求揭示事物的层次和结构、事物与事物之间的联系和发展。发展的结果，科学研究的对象由单一的客体变为系统的客体，同时填补了因以往分化使科学单向纵深发展余留下来的间隙地带，产生了大量的边缘学科和综合学科，推动了科学朝着整体化方向运动和发展。这就是自然科学技术发展的第二次大分化。与之相对应，形成的是当代整体的、动态的、多维的思维方式，从而更完整、深刻地认识现实的各个领域。

事实证明，每次重大的科学革命，不仅仅是用一种新理论代替陈旧理论，而且随之而来的是人们的科学研究又获得了新的认识方法和工具，从而不断使人们的认识方法和认识手段程序化、规律化和科学化。所以，在一定意义上说，方法论的变革实际上是思维方式的变革。

为简要说明科技发展与思维方式变革以及引起的教育研究方法的相应发展，我们以表2-1示意。

表2-1　不同时代的科技发展与教育研究

时代	生产及科技发展特点	哲学认识论	思维方式	教育研究方法论
古代至16世纪初	手工生产方式	朴素的唯物主义和辩证法思想（从具体到抽象，从个别到一般的开创阶段）	直观猜测	笼统、直观、综合地认识教育现象。重观察、经验性地模仿自然科学方法
16世纪中期至19世纪中期	大工业生产和自然科学的发展（处于搜集资料阶段，只有数学和力学得到充分发展）	培根的经验归纳法、笛卡儿的理性演绎法、康德的批判的方法论、黑格尔的客观唯心主义辩证法	机械论、形而上学的思维方式占统治地位	演绎推理法。实验方法的采用
19世纪末20世纪初至20世纪四五十年代	现代科学技术的发展	马克思主义哲学认识论、现代科学方法论	整体的、辩证的、动态的、多维的思维方式	辩证思维和科学实验成为现代教育科学研究的两大武器。系统科学方法。数学方法

三、教育理论和实践的发展与教育研究

教育科学发展的历程也是科学探究的历程，教育理论和实践的历史发展正是教育科学研究方法发展的基础和根本动力。

教育科学发展水平对研究方法论的决定作用,不仅在于从教育实践中提出的问题和新的理论解释是研究方法论发展中最活跃的因素,更重要的在于教育作为研究的对象,它的特点规定和制约着教育研究方法的性质和特点。第一,由于教育是社会现象,从教育科学的总体基本性质看,它属于社会科学。因此,对教育现象的研究和社会现象一样,同样具有情况复杂、偶然因素较多、不易控制、不易预测以及不能完全重演等特殊性。第二,教育是培养人的活动,是为一定社会培养一定类型的人。人,作为研究对象,既是自然的人,又是社会的人,具有复杂的思维意识和主观能动性,兼有自然实体和社会实体两方面的属性。因此,作为教育的研究方法,具有复杂的多学科性质的特点,以社会科学研究方法为主,同时采用自然科学、思维科学的研究方法。作为教育对象的人,是发展变化的,身体和心理从低级到高级呈现不同的生长发育阶段,既有量的变化,又有质的变化,既有共性又有个性,其发展受到多方面因素的影响。因此,教育研究方法不能是单一的、孤立的、静止的、程式化的,而必须是综合的、多因素的、发展的。既有理论研究,又有实际的研究;既有定性的研究,又有定量的研究;既有基础理论的研究,又有应用科学的研究;以教育教学自然情境条件下的研究为主,以控制一定条件的实验室研究为辅。总之,它是多层次、多维度、多水平的研究体系,从而区别于自然科学研究和心理学中的基础理论研究。第三,形成观念形态的教育研究方法论,是历代教育家们从不同角度、不同侧面进行研究、诠释的结果。由于每一个时代和每一个教育家的不同的教育经验、见解、思维方式方法,创建出多种体系和理论,因而形成了各具特点的教育研究方法论形态。

教育的发展与教育研究方法发展间的相互关系,一般表现为以下几种情况:

1.教育家们在他们的教育理论中蕴含着相应的方法论。每一种教育研究活动都不能离开一定教育理论指导,已有的教育理论不仅提供认识的逻辑范畴和方法,而且还为教育研究活动提供思维的准则和框架,制约着认识和研究的水平和方式。它不仅决定着研究的起点,而且决定着经验材料的思维加工水平和形式。从历史和现实中我们看到,同样的事实材料,在不同的理论指导下得到不同的抽象概括而形成不同的结论。当前,我国要深化教育改革,首要的关键问题是端正教育思想,确定现代教育观念,其原因正是在于此。

2.通过不同教育观点、教育体系间的争辩、互补、包容、深化和扩展,在促进教育科学发展的同时,将形成各种不同的教育研究方法论。没有春秋时期诸子百家的论争,就不会产生我国古代丰富的教育思想;没有近代经验论、唯理论、实质教育和形式教育的论争,也就不会有现代教育以及现代教育科学研究方法体系的形成。正是通过每个时代不同教育学派的争论,不断淘汰错误的认识,不断完善正确的认识,不断纠正由于时代历史局限所造成的认识上的片面性、表面性,而使教育研究方法论向科学化水平一步步地迈进。

3.教育研究方法的历史发展趋势与教育历史发展趋势的一致,表现为累进性演变和革命性演变的统一。区别于自然科学和社会科学的发展,教育及其研究方法的发展是以累进性演变为主,即以继承某种研究传统为主,不断改善原有理论,同时也有一定程度的创新。在发展到一定阶段时,呈现出一定的革命性演变,即通过批判某种传统,创造新的理论体系,同时也有一定程度的继承,从而使研究方法论在渐进的发展中呈现出阶段性。

四、相关学科的发展与教育研究

心理学、生理学、脑科学、语言学、人类学、社会学、生态学、信息科学、创造学、数理逻辑及模糊数学等,作为教育研究的理论基础,其发展极大地影响着教育研究的发展水平。

在这些学科中,与教育研究相关最密切的是心理学。从教育史来看,富有成果的教育家,其教育理论中均以相应的心理学思想为基础。比如赫尔巴特的观念心理学,杜威的机能主义心理学,斯金纳的行为主义心理学,赞可夫的发展心理学,布鲁纳的认知心理学等。这些心理学思想对其教育理论的建立和发展起了重大的作用。

心理学发展对教育研究的影响,首先表现在心理学作为教育科学的基础之一,为教育理论、观点提供论证的科学依据。正由于此,不同学派的心理学家分别以他们的理论观点影响教育研究,影响教育研究的科学性。比如,唯心主义的内省意识心理学派,否认人的心理是客观现实的反映,把人的心理看成是受某种先验的东西支配的,因而强调使用主观的内省法来研究人的心理。而行为主义心理学派,则把人的外部行为作为研究对象,因而强调用对行为的直接观察的生理性实验和机械的测量方法。其次,现代教育的发展要求教育科学和心理科学相互渗透和联结,二者在课题研究上的共同性、研究方法和研究手段的一致性及研究成果评价的整体性,从而使心理科学对教育研究发挥极大的影响作用。

在心理学领域,70年代以后认知心理学的发展,逐渐取代过去那种以逻辑实证主义为哲学基础、严格的环境决定论及人与动物不分的观点,直接研究人的内部心理过程,人的智能和解决问题的程序分析,控制论的信息反馈模式等。而在研究方法上,现代心理学逐渐减弱了在方法问题上的争论而致力于专门问题的研究,从对表层心理现象的研究进入心理现象深层次的需要、动机、人格的探讨,从研究低级的心理机能进入高级复杂的心理机能,研究人类个体的发生发展,从而提供了关于个人的认知能力和个性社会化的发展观。特别是在若干重要的心理学问题上进行的跨学科、多学科的整体综合研究,以及注重从哲学高度进行的理论概括,从宏观上探讨心理学的思想体系,心理学研究的这一总趋势与现代教育研究发展趋势是基本一致的,二者的相互渗透和联结,有助于提高教育研究的科学性,并促进两个科学领域的长足发展。

生理学和脑科学与教育研究关系也甚为密切。人的高级神经活动,主要是大脑皮层的机能活动,对输入的各种信息不断进行编码、组合、储存和提取,形成复杂的信息系统。神经系统是实现有机体内部的完整性及其与外部环境统一的基本机构,是人类实现认识活动的主要物质基础。近年来为了揭示大脑的基本构成及基本活动规律,科学家们对大脑的功能定位、意识机制、记忆机制、体液调节、两半球的言语机能、神经网络联结机制等进行了深入研究,对思维过程中逻辑与非逻辑、形式化和直觉因素的互补性关系的揭示,加之在遗传学、习性学等方面研究的新进展,给教育领域的研究提出了许多新的研究课题。比如,在青少年时期,如何加强动手的操作能力的培养,加强情感、意志等的陶冶,使他们的大脑两半球能得到均衡的发展,等等。而生物学研究的许多方法同时也给予教育研究以新的启示。

随着现代教育的发展,语言学、社会学、人类学、生态学等学科研究动向及成果,已越来越受到人们的关注,并为教育研究提供了新的研究课题。如环境科学,利用系统科学的方法,把生物和环境作为一个整体来研究,开拓了教育生态学、教学生态学、校园文化等新课题,从教育与整个环境系统的相互关系来研究教育的发展。

五、社会文化传统与教育研究

一定的社会文化传统对教育研究及其方法的发展同样有深刻影响。

区域不同,文化传统不同,教育研究方法也呈现出不同的特点。中国的教育及研究方法受制于中国传统文化的影响是很深的。中国教育发展中形成的大一统观念,以儒家重伦理、"重义轻利"的封闭结构,注重直觉和直觉经验、缺乏理性的思维方式,崇尚求同思维,注重独立思考、整体辩证的思维特点,无不与中国传统文化表现的基本精神有关。这就是道德修养方面提倡自律、自觉、自强、民族自尊,伦理关系上强调互相关怀,审美方面注重人格之美、中和之美,利义关系上主张"见利思义"等。西方民族文化与中华民族文化传统存在着深刻差异,西方民族在思维方式上具有注重现实、"一"与"多"对立统一的思维模式,注重理性思辨的致思途径,从而形成西方教育研究的不同特点。这一特点突出地表现在功利主义教育、人本主义教育的发展,教育观念的多样化以及注重理性精神。[①]

英国著名科学史家李约瑟博士对中西方科学发展的研究给我们提供了很多启示。李约瑟博士分析了中国与西方科学的文化发展的不同背景和形成的不同模式,认为西方科学发展呈现出的是一条振荡的、变革的、一浪高于一浪的运行轨道;而中国科学则是在思辨哲学的强作用下进行着持续的、稳恒的积累,是一条慢条斯理、稳步上升的曲线。

为什么中西方科学发展呈现出两种不同的模式?专家学者们发表了两种不同观点。一种观点认为是由于中国近代科技、经济结构和生产方式的落后,另一种意见认为主要在于结构不同。科学是一种文化产品,不同的文化背景,首先是不同的思维方式,孕育了中西方科学的不同结构进而形成不同的发展模式。中国科学的两极互补结构:理论是高高在上的哲学思辨,原则上可以任意变换,经验则是最具体的实际过程,也可以任意附会于某种理论的解释。这两极本质上互相排斥,理论不足以说明经验,经验也无法凝聚于理论结构之中,但由于各自的需要而互相依存、互相补充。其结果,这个绝对闭锁的思辨结构可以把一切经验事实加以溶解,使

[①] 参见刁培萼主编:《教育文化学》,江苏教育出版社,1992年版。

自己对经验具有高度兼容性,只能在这个思辨框架中稳恒地积累。①

对科学发展的中西方不同模式的分析,两种观点都有合理之处,为我们研究探讨问题打开了思路。教育科学研究也同样呈现不同的发展模式,根本在于不同的历史文化背景所积淀下来的不同思维方式。如果对我国从古到今形成的教育研究基本模式特点加以概括,似乎可以作以下简单描述:

(1)重经验描述,缺乏理论概括总结;

(2)重先王之道,遵循历史传统;

(3)教育与科学技术发展的研究脱节,与自然哲学研究脱节,占统治地位的儒家思想要求人们遵守古代习俗和传统,很少甚至完全不讨论自然哲学,科学技术被视为"工匠末技",没有建立起系统的科学实验的研究方法;

(4)思维方式是整体直观、整齐划一。正如有的学者分析的那样,中国传统思维中,笼统的整体直观妨碍了思维的精确化,神秘的直觉代替了思维的理性化。"守一""齐一""归一"的经学思维方式遏制了思维的个性化,并形成了一种巨大的历史惰性。② 这种分析是极有见地的。的确,中国人往往喜欢用一种笼统的、具有无限容量的概念和表达方式,偏重定性分析而忽视定量分析。在这种整体直观、整齐划一的思维方式下,形成的是一种承师、模仿、记忆,然后才创新的治学方法,理论缺乏独立性和批判性,不敢标新立异,不敢独树一帜,所以不能很好地形成中国式的"百家争鸣"的教育理论流派。

以上是以中西方为例分析文化传统对教育研究方法发展的影

---

① 参见《上海社会科学院学术季刊》,1980年第4期。

② 见李志林:《论中国传统思维方式的两重性及变革的艰苦性》,《哲学研究》,1989年第7期。

响。这里需说明的是,即使在同一时代、同一地域,如19世纪末德国和美国,教育研究风格也同样受制于各国不同的文化传统。

目前我国正在进行重大的社会改造与变革,新旧混杂,中外互补,呈现纷繁复杂的局面。我们要加快现代化进程,但不能抛弃已有的优秀文化传统,必须从文化传统中吸取营养。我们要通过对民族文化传统的研究,一方面,把握已形成的民族特质,更好地选择教育发展之路;另一方面,从跨文化传统的对比研究中进一步探索教育科学研究发展的普遍规律。

第三章 现代教育科学研究的基本思路及方法论原则

随着现代科学技术和现代社会的发展,为适应现代教育发展的要求,教育科学研究也进入一个新的历史发展时期,出现了引人注目的新趋势。面对未来社会、未来教育发展的挑战,现代教育科学研究发展的趋势是什么?我们必须把握现代教育科学研究的基本思路,坚持正确、客观的方法论原则的指导。

第一节 现代教育科学研究的基本思路

我们必须立足于现代教育发展的高度来把握现代教育科学研究发展的基本思路及未来走向。那么,现代教育科学研究发展的趋势是什么?

一、提高理论的构造性、清晰性、预见性

这一特点突出表现在当代教育研究中直观性的程度减少,抽象化的程度提高,并产生了逻辑思维方法高度发展的必要性。如果说在20世纪初,教育研究主要关心的是搜集与教育现象有关的描述性资料,关心编制测验工具(如梅伊曼的《实验教育学导论》就是采用经验的和统计的方法来处理教育资料),在逻辑经验主义思

潮影响下强调的是经验在检验理论中的作用,那么在当代,尽管不同教育理论有不同哲学理论基础及方法论主张,但其中有一点是共同的,那就是努力提高研究的理论概括程度,关注的是构建完善系统的理论体系,提高到哲学认识论高度从多方面分析教育问题。

理论是对实践事实的某种概括,但又是创造性思维的结果,它可能"超前"于观察事实而对未来进行预测。因此,理论的功能是解释现实,同时也预测未来,指导未来。

教育科学发展的生长点是丰富的教育实践。将教育实践和实验得到的经验事实上升,形成科学的教育理论,这是我们进行教育研究的目的。因此,无论下列两种情况中的任何一种,或从事实的积累导致原有理论的逐步拓广(新旧理论之间的继承关系),或一种理论扬弃另一种理论的突变过程,在教育研究中都必须要有一个或一系列高层次的具有一定包容性的理论框架,要善于将教育实践问题转化为理论问题并纳入一定的理论框架中。经验论证与理论论证结合,并不断提高理论概括程度,这是现代教育研究发展的必然。

二、教育研究方法的统一性与多元性

多种教育理论流派的形成导致教育研究方法的统一性与多元性。方法论的多元化,这是世界发展的一个潮流。有的学者撰文分析了社会科学方法演变的历史和特点。[①] 作为社会科学分支的教育,也同样呈现出这些特点。当代教育研究,不同的教育哲学观构成不同的认识论和方法论,建构不同的理论体系,在对教育事实作出解释分析过程中形成不同的教育研究方法。现仅以当代西方为例,说明教育研究方法发展的多元趋势。

1.对教育的生物学理解以及由此产生的社会生物学方法。企图用生物体的需要和冲动的观点来解释人类行为,用生物进化观

---

① 陈志良、杨耕:《社会科学方法的走向和现代化》,《社会科学》,1990年第1期。

点来解释文化、教育及其他社会问题。而以分析自然和社会现象起源的发展过程为基础的发生学方法,如皮亚杰通过儿童智慧产生发展的研究,创建了发生认识论,提出认识发展的过程是一个内在结构的连续的组织与再组织的过程。一些学者用发生学方法并结合历史比较法、结构功能法去探索教育的起源、发展过程及本质等问题。近年来从动物行为论理解,强调儿童的生物性遗传对于本身及与他人的互动的影响,也是值得我们关注的问题。

2.对教育的行为主义理解以及由此产生的如斯金纳的工具制约论方法。"教育就是塑造行为,学习就是形成行为",强调外在环境的决定作用,强调通过工具来制约认识发展,强调行为的强化和训练。研究的是可观察到的刺激与反应。

3.对教育的符号学理解以及由此产生的信息论方法。如美国学者 Simon(西蒙)的信息加工理论,认为人脑和计算机的功能粗略相似,工作方式一致,都是信息加工系统,而且都是符号信息加工系统,学习就是利用有限的工作记忆来进行一系列的符号操作过程。因此,人的学习活动中的思维过程可以由计算机来模拟,可以由一些基本的信息加工程序加以实现。

4.对教育的文化学理解以及由此产生的解释学方法,社会地理学等方法。从社会和地理空间结合角度分析研究社会现象的社会地理学方法,研究社会区域与家庭的教育功能,社区多层次协调教育网的结构及教育条件。同时涉及教育生态环境,探讨社会教育的作用,社会风俗、社会规范、社会舆论——显性的与潜在性的——形成及其对青少年的影响,研究如何对社会影响进行有效控制。西方现代解释学认为,只有当人的行为被看作是有意义的行动时,才能获得关于社会生活的真正知识。因此,把研究人的理解活动作为方法的基本出发点。在解释教育现象时,首先是把教育作为一个整体来分析,分析构成的复杂因素,并放在一定的历史、地理、社会、生物、政治等背景中加以综合考察。

5.对教育的社会学理解以及由此产生的诸如班杜拉的社会学习理论及研究方法,苏联维果茨基的教育与发展观,都是以外部耦联事件来说明发展。

6.对教育的心理学理解以及由此产生的诸如人本主义研究方法。从杜威、蒙台梭利到柯尔伯格等,强调意识和自我意识对人的行为的作用,而弗洛伊德的精神分析法,从本能、人格结构、心理发展阶段来探讨人的精神机制和人格特征,艾瑞逊的心理社会发展论则强调社会制约、儿童主动性与社会适应性。

从以上所列可以看出,第一,西方教育研究方法是随着对教育本质的不同理解而分化的,以资产阶级唯心主义、形而上学世界观方法论作为基础,必然导致各自的偏颇和缺陷。第二,多种理论流派及方法的产生发展,反映人们对教育认识的逐渐深化过程。第三,各种理论流派从基本趋势上可归为两个主要思潮,这就是注重社会发展的科学主义导向和注重人本身发展的人文主义导向。因此,我们在评价分析时要注意以马克思主义基本观点作指导,从本质上加以把握,以防误入迷路。

三、现代科学研究成果及其研究方法的移植

自然科学、社会科学和思维科学各门科学都有自己的一套研究方法,这些方法是随着科学发展而不断发展完善的。首先是以实践为基础,然后借助于哲学建立各具特点的理论及相应的方法体系。教育规律的复杂性要求研究方法的多样性,特别是与别的科学领域相区别,教育现象涉及人类科学的所有领域,因此借鉴移植各门科学的研究方法是必要的,也是可能的。早在19世纪末,近代科学技术发展所形成的强烈冲击,教育研究不仅引进了社会科学研究的调查法、文献法、历史法、比较方法,也引进了自然科学研究的归纳法、实验法、统计法,还有心理学方法,从而在20世纪初形成教育研究方法的体系雏形。今天,科技革命所带来的自然科学方法的发展,大量新学科的形成,随之而产生的新方法将再次冲击教育的研究。如社会生物学方法,社会地理学方法,现象学方法,解释学方法,发生学方法,传播学方法,状态空间法,功能模拟法,模糊论方法,层次论方法,控制论方法,系统论方法,预测方法,等等。教育研究方法的多元化将帮助我们更好地把握教育现象及其发展过程。

在现代科学研究成果和方法论的移植中,特别是关于系统科学的研究方法的借鉴,随着现代科学技术的发展,产生了信息论、系统论、控制论(统称为"系统科学")的理论和方法,这是当代科学综合发展趋势所提出的科学方法论,它标志人类进入了认识世界、征服自然的新阶段。系统科学方法论的移植,促进了教育研究方法的发展,开阔了人们的思路,深化了对教育现象的认识。带来的变化,至少表现在以下几方面:

第一,系统方法作为一种综合方法,强调整体性、综合性观点,注重从整体上研究事物的结构、层次、过程、关系和信息反馈等,突破了以往那种处理简单因素、静态、直线因果的分析方法的局限性,从而把辩证法中普遍联系、相互作用、运动发展、量变质变等范畴进一步具体化。

第二,系统科学关于系统结构与功能关系的分析,为我们提供了科学描述事物发展的内部机制和规律的研究方法论——结构方法。这一方法不仅指导我们对教育领域内原有的不合理的系统结构进行调整改革,同时也为我们提供研究的思维方式。

第三,以信息论观点和方法研究教学过程,把教学过程作为信息传递和信息转换的过程,即从信息的获得、加工、传输和储存、使用过程来研究教学过程的运动规律,通过对信息流程的分析和处理来达到对教学过程的优化控制。

总之,应该看到,系统科学对诸多科学部门所具有的方法论意义。作为专门的科学方法论,不仅涉及长期以来所研究的一般与个别、部分与整体、原因与结果等关系,而且还提出了具有方法论意义的新范畴,诸如系统、要素、层次、结构、功能等,随着其在教育领域的广泛应用,将进一步丰富和发展教育科学研究方法论。

四、关注教育研究的价值标准

由于教育科学本身特点所决定,教育科学研究必须考虑时代背景,包括政治、经济、文化、科学、哲学、宗教等环境条件,要考虑特定时代社会的价值观、人生观。当代这一趋势突出表现在:

1.在研究目标上,以价值导向作为根本依据。

如果说20世纪前半期关注的是建立理论体系,那么当代教育研究不仅研究理论体系的构建,同时更强调研究的应用价值。研究教育科学原理的实际体现,研究教育的实际问题,如方针政策、教育体制、课程教法、教育规划、教育立法等。

2.在研究过程的实施上,不仅明确提出伦理的考虑,而且按照系统结构的观点,强调把教育放在社会大环境中加以考察,重视人的主体性发挥,重视非理性因素,即人的动机、兴趣、情感、意志、信念、理想在教育过程中的作用,强调置于学校教育的现场情境,从片面追求甚至迷信量化研究到更关注定性研究,并使定性与定量研究结合。

3.在研究结果的评价分析上,抛弃了过去那种仅把教育的发展看成单纯知识传递、积累的过程。当前西方所谓"第四代教育评价"的形成,也正反映了这一趋势。[①] 从追求所谓评价的科学客观

[①] 教育评价经历了从20世纪初至30年代的"测量时代",三四十年代以泰勒为代表重测验的"描述时代",50—70年代引入价值观的"判断时代"。一些学者认为目前已进入第四代教育评价,主要特点是评价对象作为评价活动的主体的积极参与,研究评价中的各种因素的相互作用,尤其是对价值问题的关注。可进一步查阅 Egon G. Guba & Yvonna S.Lincoln《Fourth Generation Evaluation》,1989年;《教育评价理论的新探索——美国"第四代教育评价"述评》,周朝森,《教育研究》,1992年第2期。

性、直观性到全面衡量价值标准上的差异以及评价目标的多元化,尽管还存在不少有待研究的问题,但是毕竟在更切合客观实际方面向前迈进了一步。

五、教育研究的可操作性

1. 强调教育实验研究在发展教育科学中的重要作用并努力探索教育实验的特点以提高教育实验的科学水平。教育实验,作为人类为实现预定目的,在人工控制的条件下研究教育现象的一种重要研究方法,是人类获得知识、检验知识的一种特殊的实践形式。它能超越狭隘的教育经验的局限,通过合理的控制和干预,获得较为丰富准确的第一手资料,为理论的概括提供比较可靠和必要的客观依据。教育实验在教育理论的发展中具有重要作用。第一,通过教育实验,提供有意义的可信赖的信息,对现有教育理论进行鉴别、筛选、改造、提炼和完善;第二,通过教育实验,可以促进教育理论的产生、发展,原因在于,教育实验这种特殊实践活动其结果不是物质产品,主要是新的知识——从存在形式看是主观的,但其内容是客观的;第三,通过教育实验,对引进、借鉴的国内、国外教育教学理论进行检验、改造、变通、综合和创造;第四,教育实验为教育理论具体化以应用于教育实践提供操作程序。由于教育实验在教育理论的发展中所起的特殊作用,历代著名教育家都十分重视教育实验并积极组织参与重要的教育实验以验证完善自己的理论。目前世界各国也都把广泛开展教育实验作为教育理论科学发展的重要战略措施。

2. 数学方法和计算机技术促进教育研究数学化、形式化的发展。

当代,随着数学从研究具体的数和形发展到量化的结构模式,从研究给定的量的关系扩展到研究可能的量的关系,数学的公理化方法的应用促进了理论的数学化和形式化,必然地也促进了研究方法的数学化和形式化。有的学者对科学理论的形式化问题作了精辟的分析。① 所谓"形式化",就是指用特定的符号系统所构建的符号公式来表达科学理论的内容,进行科学研究。形式符号系统是人对总体实践操作活动的高度概括的反映,不仅具有普遍必然性,而且由于使认识形式和认识内容相对分化和隔离,从而为思维的创造活动提供了理想条件。一般地讲,寻求不变量是一切认识的一个基本原则,如何从复杂的教育现象中力图寻找相对来讲是稳定的、基本的因素,如影响课堂教学质量、影响教学内容确定的基本因素,影响一个地区教育事业发展决策的基本因素等。通过建立一定的数学模型,进行数学化、形式化研究,不仅有利于提高搜集资料的准确性,加强对教育过程随机性定量描述,而且可以简化思维过程,有助于我们在更深层次上把握所要研究的教育对象。这是一个有待进一步发展的新的研究领域。电子计算机技术与系统论方法的结合,为多变量、多因素的教育系统诸要素之间相互作用关系的量化研究提供了可能条件。近年来的实践证明,运用数理逻辑和电子计算机不仅在数字计算、情报检索、文字翻译、文字及图像识别和模拟实验等方面发挥作用,而且为解决复杂系统的问题,诸如智能模拟,探索人们解决问题的思维过程和思维策略等提供了强有力的工具。

第二节 教育科学研究应遵循的方法论原则

探索教育科学研究方法的特点和规律,尽快建立与我国现代科学教育体系相适应的研究方法论原则体系,就必须对以下几个

---

① 李景源等:《马克思主义哲学与现时代》,重庆出版社,1991年版。

问题进行认真清理和反思。一是马克思主义哲学与其他方法论的关系；二是社会科学研究方法与自然科学研究方法的异同，以及对教育科学研究的影响；三是教育科学研究中的定性分析与定量分析的关系；四是一般方法与具体方法的关系；五是中外古今关系，即研究中国教育问题与引进、借鉴国外教育研究理论与方法体系的关系。近年来在哲学、社会科学和自然科学领域方法论研究的新进展，我国教育科学研究实践提出的新问题以及呈现的新经验，为我们探讨以上问题提供了科学的理论基础和有利条件。

在教育科学研究中，我们必须遵循以下的方法论基本原则。

一、马克思主义哲学是现代教育科学研究的方法论基础

哲学在自然科学和社会科学的科学理论形成和发展过程中实现方法论职能的机制和形式，在科学认识中实现哲学的方法论职能的规范——调节的、预测的和建设性的形式。方法论职能反映了基本哲学原理充当一般研究方法的能力。[①]

教育研究需要培养和提高理论思维能力，要善于通过现象抓住事物的本质，就必须学习哲学。学习哲学，首先和主要的是学习马克思主义哲学。马克思主义哲学作为科学的世界观和方法论，在教育科学研究过程中是作为最一般的理论工具而发挥着方法论指导作用的。教育科学研究必须以马克思主义为指导，这是毫无疑义的。而实际上，由于某些形式主义、教条主义、形而上学思想方法的干扰，我们没有处理好教育研究与马克思主义理论指导之间的关系。要么割裂替代，要么忽视取消，或在二者之间摇摆，也使唯物辩证法的科学方法论受到严重歪曲。

对此，我们必须认真回答以下几个问题：马克思主义方法论是

---

① 参见雅科夫列夫：《哲学的方法论职能和科学理论》，《文摘：现代外国哲学社会科学》，1988年第6期，第45页。

什么？马克思主义方法论是如何产生的,为什么说它的产生在方法论史上是一场革命变革？马克思主义哲学方法论产生后,对教育科学研究方法论的发展产生了什么深远影响？当前,在教育科学研究中,如何坚持马克思列宁主义哲学方法论的指导？

(一)马克思主义方法论是什么

马克思主义方法论就是唯物辩证法,或者说,唯物辩证法是完整的、科学的方法论。它是在概括总结各门具体科学研究成果基础上,根据自然、社会、思维的最一般的规律引出的最具有普遍意义的方法论,它本身就是一个科学的范畴体系。

唯物辩证法这一方法论的具体内容是:

1.从整体上认识世界,世界观和方法论的统一。

整个物质世界以及每一个事物、现象都有自身的结构,包含有不同要素、方面、关系、层次,组成一个个复杂系统,是共性与个性、多样性与统一性的对立统一。因此要力求全面性,把握研究事物的一切方面、联系和中介。同时,要在相互作用着的多种社会要素中找出最主要、最根本的具有决定性作用的要素。

2.世界上一切现象都处于普遍联系和运动之中,事物普遍联系的最本质的形式和运动发展的最深刻原因是矛盾着的对立面的统一。因此要从事物发展、运动、变化中观察事物,而不能孤立地、静止地、形而上学地看问题。其中矛盾分析法是最重要的认识方法。

3.实践是主客观对立统一的基础。实践的实质在于改造、变革。科学地认识社会,立足点必须是人类的实际社会生产和社会生活活动——关注人所从事的活动、过程、条件及其发展。只有这样,才有可能"不是从观念出发来解释实践,而是从物质实践出发来解释观念的东西"①。

---

① 《马克思恩格斯全集》第3卷,人民出版社,1956年版,第43页。

4.世界上每个事物、现象都有自身产生、发展、灭亡的历史规律,要把握社会历史过程的规律性,做到历史和逻辑的统一,注意真理的具体性。

马克思主义方法论的主要特点,可以从下述方面去把握:(1)世界观和方法论的统一,从整体上认识世界。(2)实践理性。马克思主义方法论是以理性主义为基础的,它没有忽视非理性因素的作用,但对非理性因素也给以理性的说明。和马克思以前的理性主义者的不同在于:他不把理性看作人的本性,或精神的本性,而是把理性奠定在人类实践活动,尤其是生产活动基础上,因而这种理性不仅有了现实的源泉,而且是变化发展的,辩证转化的。(3)研究方法和叙述方法的差别和联系。研究问题必须从实际出发,大量地占有材料,尔后进行理论抽象,而叙述(即再现)现实则是必须从抽象上升到具体。然而贯穿其中的则是现象和本质、历史和逻辑的差异,转化和同一是辩证法的实际运用。

(二)马克思主义方法论的形成与发展

马克思主义方法论的形成与发展,可分为两个阶段:

形成史——核心问题是历史和逻辑、现实和概念的统一问题,其根本飞跃是把实践范畴纳入辩证法,其理论成就是唯物主义历史观。这就是说,把发展的原则奠立在唯物主义基础上,解决观念、逻辑、思维的本源问题,用历史说明逻辑。

发展史——核心问题是如何通过逻辑"再现"历史和现象,是范畴体系的逻辑结构和建构方式。在这里,关于逻辑起点问题,从抽象上升到具体,历史和逻辑的辩证差别和同一等辩证逻辑问题的解决是重大突破,其主要理论成就体现在《资本论》中。这就是说,这一阶段主要是解决范畴体系如何把握和再现现实,用逻辑去说明历史。

马克思主义科学方法论的产生不是偶然的,有着一定的历史背景。除了与当时科学技术重大发展有关外,还由于当时的综合化、整体化的思想文化背景趋势。应当说,马克思生活的时代,资产阶级古典理论和空想社会主义思潮已经取得了理论上重大的成就,然而由于缺乏辩证综合,这些理论成果并未产生伟大的哲学变革。从世界观上讲,他们并没有真正摆脱二元世界的二律背反。①自在之物和本我之物,认知领域和伦理领域,人和对象,精神和肉体等,即使是唯心主义一元论,由于其不能否认不依赖于自觉意识的外部自然,其本质上仍是二元论。从方法论上讲,他们起码是没有把辩证法贯彻到底。时代发展提出的辩证综合的要求,只能通过彻底辩证法——世界观和方法论的统一、唯物主义和辩证法的结合——的创立才能满足。

马克思主义科学方法论的创立,开创了人类辩证思维的新时代,使彻底的一元论成为可能,也使人类真正从整体上全面地认识世界和自我成为可能。

(三)马克思主义方法论对教育科学研究的指导作用

马克思主义方法论对我们进行教育科学研究有重大的指导意义。它主要体现在以下三方面:

1.为教育科学研究提供科学的思维方法

---

① "二律背反"意指同样可以得到逻辑证明的两个论断之间的矛盾,即两个互相排斥但同样是可论证的命题之间的矛盾。在古代哲学家的著作是以悖论、假说法的形式出现的。二律背反一词由德国哲学家康德提出,他对这一现象作了深入研究。康德认为,人的认识能力有感性、知性、理性三个环节,理性是最高的一种认识能力,当理性试图认识"自在之物"即感觉以外的物质世界时,不可避免地陷入了难以自解的矛盾,这种矛盾叫"二律背反"。在《纯粹理性批判》中他考察了四种二律背反,这就是:空间时间的有限与无限,世界事物的单一不可分和复杂可分,世界上存在自由与不存在自由,世界有始因与无始因。康德认为,世界本身是不应当有矛盾的,理性在认识世界时有了矛盾,证明人的认识能力是有限度的,事物的本质是无法认识,从而为他的不可知论作论证,贬低理性。但他探讨了认识过程中的矛盾,对以后德国古典唯心辩证法的发展有一定的推动作用。

列宁早就提出:"马克思主义的整个世界观不是教条,而是方法。它提供的不是现成的教条,而是进一步研究的出发点和提供这种研究使用的方法。"①

一定的世界观原则在认识过程和实践过程中的运用表现为方法。不存在那种和世界观相脱离、相分裂的孤立的方法论。一般说来,有什么样的世界观就有什么样的研究方法论。比如,唯物主义世界观要求人们在认识和实践中从实际出发,实事求是;而唯心主义世界观则从某种精神的东西出发。辩证法的世界观要求从事物的普遍联系和永恒运动中把握事物,分析解决事物自身的矛盾;而形而上学世界观则促使人们孤立地、静止地、呆板地考察事物。从古至今,许多教育家在研究教育问题时,在这个或那个问题上陷入迷误,正是由于受唯心论或形而上学的思想方法的局限。

在教育科研中,坚持科学的唯物辩证法,就要做到:力求全面性,尽量把握研究对象的一切方面、联系和中介;从事物的发展、运动、变化中观察事物,并坚持历史和逻辑的统一,注意真理的具体性;坚持实践性,正确运用各种研究方法,保持主客体的一致性;正确运用归纳与演绎、分析与综合、由感性具体到思维抽象和由思维抽象到思维具体的方法,研究教育系统的结构、层次及要素,共性与个性,多样性与统一性。

正是科学的思维方法,不仅为我们在教育领域中判别各种理论观点,建立教育科学的理论体系提供最一般的根据和准则,而且帮助我们从复杂而纷乱的科学探索中看准方向,抓住前沿阵地的本质课题,进行科学论证和有效的研究。

2.马克思主义教育思想、教育理论和方法论对我们进行现代教育研究的直接指导

这方面集中表现在从哲学认识论的高度考察作为特殊认识活

---

① 《列宁全集》第39卷,第406页。

动的教育活动,对教育活动的结构、方式、过程进行哲学思考。

第一,是关于教育本质的研讨。一门科学,首先应该研究概念,这是理论研究的重要特点。这就要脱离和远离特定的实际,实现科学的抽象,否则会造成理论上的不彻底,导致实践的随意性、盲目性。教育本质的研究,在于说明教育是什么,如何给教育一个科学的质的规定。这正是建立教育科学逻辑体系的起点。

马克思、恩格斯是从一定社会的政治经济,从一定社会的生产力发展来考察教育的。马克思在《政治经济学批判》序言中指出:"生产关系的总和构成社会的经济结构,即有法律的和政治的上层建筑竖立其上并有一定的社会意识形态与之相适应的现实基础。物质生活的生产方式制约着整个社会生活、政治生活和精神生活的过程。不是人们的意识决定人们的存在,相反,是人们的社会存在决定人们的意识。"①马克思、恩格斯在《共产党宣言》中提出了教育决定于社会关系的原理,指出资产阶级教育由资本主义的社会关系所决定。与此同时,马克思关于社会再生产理论和生产劳动理论,分析了教育作为劳动力再生产的手段,"要改变一般的人的本性,使它获得一定劳动部门的技能和技巧,成为发达的和专门的劳动力,就要有一定的教育和训练"②。

第二,是关于人的全面发展学说问题。涉及马克思主义人的全面发展学说的出发点,基本含义以及实施人的全面发展的条件等问题的论述,为社会主义教育目的的确定奠定了理论基础。目前,尽管在我国学术界对"全面发展"有不同观点和看法,但有一点认识是一致的,这就是:马克思是从哲学、经济学、科学社会主义不同范畴、不同角度来探讨人的发展的各个方面,来研究人的发展的条件和规律。特别是马克思、恩格斯立足于从物质生产方式对人

---

① 《马克思恩格斯选集》第 2 卷,人民出版社,1972 年版,第 82 页。
② 《马克思恩格斯全集》第 23 卷,人民出版社,1956 年版,第 195 页。

的发展的制约来分析现代生产对构成现代生产力的主要因素的人,在智力、体力、思想品格方面的质的要求。

第三,是关于教育与生产劳动相结合这一基本原理的论述。马克思是以唯物史观为基础,从他的科学社会主义学说与造就全面发展一代新人的理想出发,论述了教育与生产劳动相结合是改造现代社会的最强有力的手段之一,是提高社会生产力的一种方法,是造就全面发展的人的唯一办法。马克思还提出了综合技术教育的基本原理,他从分析现代生产、现代科学技术发展的基本特点入手,阐明劳动者必须从理论与实践的统一中掌握现代生产的基本原理和技能,以适应大工业革新本性的要求。

3.为教育研究开辟新的领域

随着马克思主义世界观与方法论在教育科学研究中的应用,还将开辟新的诸如教育主体论、教育价值论、教育活动论、教育认识论等研究领域,从而加强教育科学研究的理论基础。例如,关于对教学认识论的研究。教学认识论是从哲学认识论角度考察作为特殊认识活动的教学活动及其结构、活动方式、活动规律以及教学认识发生、发展过程,它是哲学认识论在教学领域的运用,是对教学具体问题的哲学思考。诸如:作为求知活动过程的教学本质问题,教学认识过程中教师与学生关系问题,作为教学认识的特殊认识客体和特殊认识方式的课程、教学内容和教法问题,教学认识的方式、教学结构模式及个别差异问题,教学认识中理性与非理性关系,实践操作活动与教学认识关系,教学认识的检验以及教学认识的领导方式,等等。以上诸多问题,只有进行认识论的考察,才有可能从根本上做出科学解释和解决。正如有的学者指出的,"我们面对现代化教学理论和实践发展复杂多变的局面,要想整体地把握、全面地研究它们,驾驭它们,没有这样一个概括程度高,包容性大的理论基础,是不行的"①。

总之,教育科学研究必须坚持马克思主义方法论,它是进行教育研究的方向盘、指南针、望远镜和显微镜。

二、自然科学、社会科学、思维科学方法论的合理移植和借鉴

自然科学、社会科学、思维科学,作为人类认识的客体,同时也是教育认识的客体,只不过构成教育认识客体的内容是最基本的、经过改造、简化、典型化的。教育,在发挥使个体社会化过程中,广泛涉及这几个基本领域。正由于此,在教育研究发展过程中,要不断引进社会科学、自然科学研究的方法论,从而逐渐完善自己。可是长期以来,简单移植、照搬其他学科研究方法却成为一种基本倾向。由于不同科学领域的差异和个性,决定了在相互移植、借鉴时要注意方法论的"再创造"。也就是说,应结合本领域的具体性进行再创造,赋予它适合于本领域性质与特点的新含义。

由于研究对象、研究性质和研究特点的不同,必然带来方法论上的差异。

社会科学,在广义上是反映人类社会活动及其规律性的科学研究领域,它是在理论上探索、重建、再现和预测人类的社会活动。社会科学方法论是关于社会科学认识活动的整体化知识体系,探索社会科学活动的模式、程序、途径、手段和合理性标准。研究社会科学,重要特点之一就是主体对所研究的客体的参与性,因而如何解释人的主观世界、社会意识、精神文化,也就成为一个研究的专门课题。

研究对象的特殊性,决定了要获得社会科学的研究信息并加以科学的处理是十分困难的。原因在于社会科学信息具有综合性、非稳定及夸张的特征,因而不能很好地使用自然科学的定量方

---

① 王策三:《教学论十年》,《教育研究》,1988年第11期。

法、统计推论以及严格控制条件下的实验。描述的模糊性、定性分析强弱程度、研究者的主观体验以及理论的合理性、证据的质和量等,成为社会科学研究中的特殊问题。实验的方法是科学研究中的重要方法,社会科学的实验研究,本质上是一种非受控实验。由于研究者不可能在一个纯粹的空间中采用人工手段缩短人类历史的进程,因此实验的周期性长,也不可能及时得出可靠结论。另外,社会科学实验不能严格重复,这在一定程度上减弱了社会科学实验证据对理论的支持程度,特别是实验过程中会受到大量无关因素的影响。因此,社会科学实验有它区别于自然科学实验的独特特点。

自然科学是研究自然界的物质形态、结构、性质和运动规律的科学。自然科学在其特有的实践形式——科学实验的基础上得到发展。由于科学实验的基本特点,使自然科学的研究比较科学客观,在相当程度上可以进行量的描述,而通过推论统计,掌握某事物的基本性质及全貌。但是自然科学的研究,过程严谨,条件严格,因此在引进到教育研究时,必须相应进行改造。与社会科学研究方法相互配合过程中,定性与定量分析结合,克服社会科学研究中那种偏重经验和描述,易受研究者主观体验影响,思路狭窄,观点不鲜明等弊端,增加教育科研的科学性、客观性。

三、数学方法的合理应用,定性与定量研究结合

所谓数学方法,不只是指具体的数字统计和计算,而是指进一步作定量分析,以便从量的关系上认识事物发展变化规律,作出更为精确的科学说明的方法。近年来,人们已开始认识到在以往的教育研究中仅靠定性的经验分析或纯粹思辨的理论分析是不完善的,这也是教育理论水平长期落后的原因之一,因此要在教育研究中注意运用数学方法,运用定量方法。

教育研究中定性研究与定量研究都是非常重要的方法。定性研究(Qualitative)，根据研究者的认识和经验确定研究对象是否具有某种性质或某一现象变化过程和变化原因，是侧重于研究对象的质的方面的分析与评价。定性研究能有效地处理教育过程中那些难以用定量方法描述的因素，从而从总体上掌握研究对象的基本情况。由于研究者搜集资料中的主观性和结果分析中的经验性，在一定程度上影响了研究的科学性和可靠性。定量研究(Quantitative)是对事物属性进行数量上的分析，从而判定事物的性质和变化。定量研究一般是把被研究对象目标分解为多项因素，并将其数量化，引用一定的数学方法，通过变换来判断诸因素的关联，最后用数值来表示分析研究的结果。定量研究，资料客观可靠，统计分析较科学精确，但在教育研究过程中，应用具有一定的局限性。

为了在教育研究中更好地应用数学方法，使定量与定性研究结合，目前有三个问题是需要注意的。

第一，定量研究与定性研究是相辅相成的，二者反映客观事物的质与量的辩证关系。"质"是由事物内在特殊矛盾决定的，把握事物的质是人们认识和实践活动的最基本条件。正是通过定性分析确定一事物与它事物的本质区别，而定量分析会增强定性分析的科学依据。这里需要纠正一个偏见：似乎定性分析是不太科学的方法，实际上定性分析是有自己严格程序的一种科学的归纳分析，真正使用好定性分析是不容易的。

第二，教育研究中的定量分析方法有它独特的表达式。针对教育的特点来运用定量的研究方法，重要的在于要发现潜存的量的关系，在此基础上提出描述有关对象数量关系及规律的相应的数学方法。这种数学方法应是"教育化"了的一种专用的科学方法，它在教育研究方法体系中应有自己独特的位置。

第三，在现在教育发展水平上不是所有的问题都能量化，将来也仍如此。原因在于，教育科学规律不能单靠具体精确的数量关系来表达,教育现象没有明确的外延,常见到"亦此亦彼"的模糊现象。特别是在研究教育现象时必须放在一定的社会、文化价值背景中,这不是单纯描述性的量化研究可独立完成的。而对人的精神现象的测量,往往带有很大的随机性。因此,我们不能片面追求量化分析,需要的是使定量研究与定性研究有机结合。

总体分析,当前我们在教育研究中还没有做到科学地运用定量研究方法,我们应加强对这一问题的基本理论的探讨。诸如,定量研究在教育研究中起什么作用?教育研究中采用什么样的定量分析方法较好?这些定量方法应用的范围和条件是什么?教育研究中如何发挥计算机的作用?面对复杂的教育现象,能否建立和如何建立数学模型?等等。计算机技术的广泛应用为我们展示了美好的前景,但教育研究手段的现代化还有待于进一步探索。

四、从国情出发,批判、继承与创新

教育研究必须有全面的历史观点,不仅要研究现状,而且要研究历史;不仅要研究中国,而且要研究外国,这就是"古今中外法"。要发展教育科学,就必须在批判继承历史传统的同时,借鉴外国经验,善于吸取本民族和人类社会一切优秀的文化教育成果,并在新的历史条件下加以发扬光大,这正是马克思主义方法论的具体应用。如何处理好古今中外关系,我们有过许多经验教训,至今也还需要我们对有关问题认真作出回答,否则,教育科学研究方法的现代化和中国化是不可能的。

关于在教育科学研究中如何处理好古今中外关系问题,有的学者结合教学论的研究作了精辟的分析。王策三先生指出:"古"是不能直接为"今"用的,"外"是不能直接为"中"用的,其间需要经过一系列复杂的过程,并且需要具备许多条件。这个过程是:第一步,要对中外教学论遗产或思想进行分析、批判,抛弃其糟粕;对于其合理部分,也要弄清它们产生的背景、内容、实质,以及应用的条件,加以消化理解。第二步,要通过今天的实践进行检验、修正、变通、改造,对于古代教学论遗产还需要用现代科学理论和方法加以说明和论证。第三步,使"古""今""中""外"的东西逐渐融为一体。① 这一论述十分深刻,为我们真正做到"古为今用""洋为中用"提供了极为明确的理论观点。

处理好古今中外关系,在方法上有以下几方面要求。

1.从中国国情出发确定教育研究的目标

我们的教育研究,必须以中国的国情作为研究的起点和基础。那么,我们的国情是什么呢？作为一个发展中国家,一是我国生产力水平不高,经济发展落后且极不平衡;二是文化教育历史悠久,可是目前仍十分落后。根据1990年人口普查数据计算,全国人口中,具有小学文化程度的占37%,初中文化程度的占23.3%,高中文化程度的占8.03%,大学文化程度的占1.42%(美国达32%),而文盲半文盲却占15.9%,也就是说有近2亿的文盲半文盲。我国企业经济效益低,产品缺乏竞争力,先进的科学技术得不到普遍推广和应用,宝贵的资源和生态环境不能得到充分利用和保护,一些不良的社会风气屡禁不止,其中一个根本性原因是我们的劳动者素质太低。如何提高劳动者素质,把沉重的人口负担转化为人才优势,以促进社会主义建设的发展,这正是我们教育研究应全力追求的目标。

从中国的国情出发,才能找准研究的起点;从国情出发,才能科学地确定研究的课题和研究内容;也只有从国情出发,研究结果才会得到科学解释并加以应用。

2.批判地继承中华民族优秀文化教育传统

传统,是一种社会现象,文化现象。传统是经过千百年历史发展而积淀下来的观念、制度和行为方式。传统与现代,有对抗、矛

---

① 见王策三:《教学论稿》,人民教育出版社,1985年版,第78—82页。

盾的一面,也有包容、延续的一面。传统中的精华部分成为现代发展的重要内容,而传统中的历史沉疴却是阻碍现代发展的因素。因此,对传统必须区分精华与糟粕。正如毛泽东所指出的:"我们是马克思主义的历史主义者,我们不应当割断历史。从孔夫子到孙中山,我们应当给以总结,承继这一份珍贵的遗产。这对于指导当前的伟大的运动,是有重要的帮助的。"[1]

伴随中华民族几千年的文明史,中国的教育在世界教育发展史的长河中占有重要的地位,并对世界文化教育的发展作出了重要贡献。我们进行教育研究必须从自己的历史出发,认真发掘和整理中华民族的优秀文化传统和教育传统,抛弃传统文化教育中陈腐的秕糠,清除消极影响。这是现代教育发展的重要基础。在批判中继承,吸收与改造几千年来人类思想和文化发展中一切有价值的东西,这一点目前已基本获得共识。但是,什么是中华民族的优秀文化教育传统,中国教育传统是如何形成和演变的,如何处理好继承与创新的关系,这些问题还有待于进一步探讨。

没有创新,教育就会停滞不前。但是,创新并不意味着全盘否定一切。所谓创新,既是对教育传统最有力的打击,最深刻的批判,也是对教育传统最好的继承。在继承与创新的平衡与张力中,使教育在积累中更新发展。因此,我们应批判历史虚无主义,在继承和弘扬我国优秀的文化教育传统基础上,从更深的理论层次、更宽的视角广度实现对文化教育传统创造性的转化、突破与超越,从而为建立具有中国特色的教育体制服务。这是我们进行教育研究,处理继承与创新关系时应确立的基本思路。

什么是中华民族优秀的文化教育传统?近年来学者们发表了不少很有见地的看法。有的学者认为,中国古代重视道德教育与自我修养,逐渐形成了一个长远而深厚的教育传统。中国的教育,

---

[1] 《毛泽东选集》合订本,人民出版社,1968年版,第499页。

有其独特风格的道德教育与道德修养手段,独特的知识教育与教学手段,并形成了比较系统、比较深刻的知识论、教学论、教师论、自学深造与人才成长的理论。此外,在社会教育、家庭教育、幼儿教育、艺术教育及科技教育方面,也积累了丰富的经验和教育理论。与这套独特教育体制相适应,形成了中国古代教育思想的三大特点,这就是综合观(即大教育观)、辩证观(即对立统一观)和内在观(即强调心的内在道德功能与自觉性)。① 正是受教育传统的影响,发展到今天,形成了区别于西方教育模式的基本特点。如果说西方教育关注学生能力的发展,强调个别的自由化教学,强调多样,那么我国的教育模式则是重道德精神,讲求整体综合与和谐,关注学生的系统的基础知识、基本技能的学习,强调集体和统一。关于中国文化教育传统的内涵及其表现,以及发展演变的历史,有待学者们进一步论证。但是有一点是一致的,那就是为加深认识现代教育的本质和规律,并预测未来教育发展方向找参照点和依据,没有对历史传统的把握,就无法说清我国教育发展中的若干重要问题。

3.总结教育实践经验,实现从经验事实向科学理论转化

经验事实是从观察、实践和实验中获得的原始资料,科学理论则是反映客观真理的系统化的知识。科学理论的形成发展正是教育研究成果的主要表现形式之一。从总体分析,教育科学理论呈现出两种基本形态。一种是反映经验层次认识水平的经验性原理,另一种是反映事物普遍本质的理论性原理。无论是经验性原理还是理论性原理,它们都是对经验事实的抽象、概括与解释,标志着人们的认识由现象到本质的深化,二者只是抽象程度不同而属于两个不同层次。

---

① 郭齐家:《批判历史虚无主义,加强中国教育史的学科建设》,《北京师范大学学报》(社会科学版,教育学专刊),1992年11月。

实现从经验事实向科学理论的转化,必须把握三个基本点:

(1)教育实践活动是教育科学理论发展的基础和源泉。不仅表现在对理论解释的深度和广度的检验,即不仅判明理论的先进性,而且表现在推动理论的深化与发展。

(2)理论的方法——科学的抽象在促使经验事实向科学理论转化并保持二者动态的一致中起着中介作用。

(3)寻求教育科学理论发展的生长点。教育研究的目的是揭示规律,发展理论。因此,我们要认真寻求立足于教育实践基础上的现代教育科学理论发展的生长点,从教育实际出发,从中引出应有的而不是臆造的规律性。作为教育科学的生长点,具体分析有三个方面:一是教育改革实践迫切需要解决的带有战略性的问题;二是教育改革实践中所创造的新经验、新观点、新方法,要求从理论上加以总结提炼,从而研究新的教育现象和规律;三是随着教育实践的发展,暴露出的学科建设本身需要解决的基本理论问题。

应该看到,每个时代都有自己所面临的重大问题,能否及时而准确地发现并把握这些问题,决定着理论的价值和生命力。教育实践和实验正是教育科学理论发展的根本动力,因此教育研究必须扎根于教育实际。

4.借鉴和吸收国外先进教育思想和方法

不同思想和文化的兼容吸收是人类文化发展的规律,教育科学理论发展也不例外。原因在于:一个国家、一个民族的教育都是与一定的政治经济现实关系及其矛盾发展的产物,因而必然反映现时代的主题和特点,尽管程度有所不同。总的分析,当前世界各国研究的中心课题是面对未来社会挑战,如何培养有强的竞争能力的人才,从而促进社会的发展。不同理论流派各自勾勒着自己的理论框架和人才素质结构。各国也都在采取一系列教育改革措施,如增加教育经费,加强基础教育,强调职业技术教育,改革课程教材,关注学生个性的发展,转变教育观念,等等。所有这些,从理论到实践,将为我们提供很多有益的启示。

如何借鉴吸收国外有关研究成果,首先在思想认识上要防止两种片面,既要反对那种所谓纯客观介绍,盲目引进,囫囵吞枣,照抄照搬,又要防止教条主义的一概拒绝排斥、简单化倾向。其次,要对客观现实问题与对这些问题的不同解释和从中引出的结论加以区分。这就需要将所研究的国外教育理论与经验和对现代西方社会政治、经济、哲学、宗教、文化等问题的考察相结合,从全局整体上搞清该思潮理论产生发展的历史背景和社会根源。也就是说,研究某教育理论流派时,除搞清基本观点外,还应全面分析其产生的时代背景及其演变,理论的针对性,哲学和心理学依据,理论贡献和局限性以及在研究方法方面的特点。在此基础上,结合中国的实际考虑其取舍。

第二编 教育研究的构思与设计

第四章 研究课题的选定

选题,顾名思义,指经过选择来确定所要研究的中心问题。从广义上讲,选题包括两方面含义,一是确定科学研究的方向,二是选择进行研究的问题。选择和确定研究课题是进行教育研究的第一步,并且是关键性的一步,它不仅决定研究者现在和今后科研工作的主攻方向、目标与内容,而且在一定程度上规定了科学研究应采取的方法与途径。能否确定一个有创见、有意义的问题,对教育科学的发展也将起积极作用。因此,选定课题在所进行的研究工作中具有重要的战略地位,必须认真对待。

第一节 正确选定研究课题的重要意义

所谓选题正确,是指应当选择有意义的、并且问题提法原则上是正确的,因而有可能实现的科学问题来进行研究。尤其对于教育科学研究,选题是否正确,意义十分重大。

一、科学研究始于问题

发现并提出有意义的问题是科学研究的起点。

科学研究始于问题。所谓科学研究,就是对人类未知的问题作出解答。科学研究固然是为了解决问题,但往往是引出更深的问题。正是"问题"的深入导致研究的深入。可以说,教育科学发展的历史就是它所研究问题发展的历史,是问题的不断展开和深入的历史,就研究者本身而言,在自己研究领域内发现和提出一个有科学意义的问题,本身就是认识的成果。能否善于提出问题正是进行科学研究的关键,它决定研究价值的大小,决定研究的成功与否。选题不当是导致研究失败的最常见原因。正因为如此,伟大的科学家们,如爱因斯坦、英国的贝尔纳等,都认为提出一个问题往往比解决一个问题更重要更困难,"因为解决一个问题也许仅是一个数学上的或试验上的技能而已。而提出新的问题、新的可能性,从新的角度去看待旧的问题,都需要有创造性的想象力,而且标志着科学的真正进步"[①]。他们都把课题的形成和选择看作是研究工作中最重要、最复杂的一个阶段,作为研究战略的起点。应该看到,问题固然表示我们对世界的无知、不知,但同时也是一种知识,是关于不知的知识,而这同样也是一种重要的知识。

  关于选题问题涉及两种观点的争论,这就是"科学研究始于问题"还是"科学研究始于观察"。有的学者基于对认识发生发展过程的分析,提出"科学研究始于观察",目的是强调认识的实践基础,这是从认识论总体上来提的。作为科学研究过程却是从问题开始,只有引起问题才会引起研究,观察必须从一定的研究问题出发,观察如果不引起问题,只不过镜子似的记述观察到的事实而已,而这不是研究。也就是说,如果不善于从观察中提出问题,不善于把实际问题转化为科学研究课题就不可能引起真正意义上的科学研究。只有提出问题,才能决定应该观察什么和如何观察。因此,"科学研究始于问题"与"科学研究始于观察"二者具有不同含义。只有明确科学研究始于问题,才能把科研看作能动的、创造性的活动过程。

  [①] 爱因斯坦、英费尔德:《物理学的进化》,上海科学技术出版社,1979年版,第66页。

二、选题决定教育研究的方向和水平

教育现象和过程较为复杂,需要研究的问题很多。这些问题反映了教育内部错综复杂的矛盾。但是应该看到,并非每一个矛盾都是有意义的科学问题,也并非每一个科学问题都值得我们作为研究的对象。在人力、物力和时间条件都有限的情况下,首先应该选择那些带有全局意义的规律性问题,抓住教育内在的关系和联系来研究,才能真正发挥教育研究的效益。

回顾以往,由于受到多种因素的干扰,我国的教育科学研究在选题上走了一些弯路,至今仍存在一定的盲目性。具体表现为:在理论研究与应用研究关系上,较偏重理论的思辨性研究,对大量的教育实际问题不够关心,提供给实际工作者的知识和方法不一定切合教育发展实际,缺少透彻的问题说明和系统的理论建树。而应用研究则表现出急功近利的倾向,缺乏理论指导且处于较低水平。在一般与重点关系上,由于"唯上"倾向,往往抓不住当前重点的前沿课题,导致一个时期一个热门话题,存在较大的不平衡性。在选题的学习与独创关系上,或者热衷于引进国外的理论与观点,或者热衷于效法别人的经验,忙于学习、移植和模仿,把研究搞成运动,表面上似乎轰轰烈烈,实际上却严重抑制了自己的主动性、创造性。如此等等问题,在相当程度上影响了教育科学研究的发展。作为教育工作者,应该及时掌握全局动态,正确处理理论研究与应用研究、重点与一般、学习与独创的关系,从而正确选定自己的研究方向和课题,避免盲目性,提高自觉性。

三、正确选题是教育研究工作者进行科学研究的基本功

独立地判断和正确地选题是衡量科学工作者研究水平的一个重要标志。原因在于,研究课题的确定,意味着研究者要善于从理论本身、理论与实际间、现状与社会发展需要之间种种矛盾的透彻

分析中,发现、提出和形成一个有意义、有创见的问题,它是科研人员敏锐的洞察力、对形势的判断力以及胆识的综合反映。有的基层实际工作者,在长期的教育实践中积累了较丰富的资料,但往往不善于把问题提炼成科研课题,导致研究成果停留在一般的经验总结阶段,不能纳入一定的理论框架。有的青年学者,缺乏问题意识,不会提问题,或盲目跟着"热点"走,或满足于"初探""刍议""商榷"的水平,或热衷于"创立"新学科,"构建"新体系,缺乏深入扎实的科学研究和系统的理论基础。有的人发表了不少文章,涉及多个领域的内容,虽然面宽有新意,但显得零碎肤浅。因此,学会正确选题对于提高科学研究能力与水平具有特别重要的意义。

第二节 一个好的研究课题应有的特点

一、问题必须有价值

选定的问题不仅对本学科研究领域具有好的内部价值(即理论上要有新突破,实践上要对教育改革有重要的指导作用),而且对相关其他领域,如心理学、哲学等有高的外部价值。问题的意义是确立选题的重要依据,它制约着选题的根本方向。

如何衡量选定课题有无意义及意义的大小,主要是看两个基本方面。一是所选择的研究课题是否符合社会发展、教育事业发展的需要,是否有利于提高教育质量,促进青少年全面发展。这方面强调的是课题要具有重要的应用价值,选题范围要广,要从当前教育发展的实际出发,针对性要强,选取有代表性的、被普遍关注、争论较大的亟须解决的问题。二是所选择的研究课题是根据教育科学本身发展的需要,为检验、修正、创新和发展教育理论,建立科学的教育理论体系的需要。这方面课题一般较专深,具有重要的学术价值,在理论上要有所突破和建树,或有重要的补充和完善。教育研究的实际课题,有的强调应用价值,有的强调学术价值,有的二者兼而有之。但无论哪一种,都要选择那些最有意义的教育问题作为研究对象。正如列宁所指出的"从全部总和""从联系中去掌握事实"。那种"胡乱抽出一些个别事实和玩弄事例"的做法,"是没有任何意义的""或是完全起相反的作用"。这就要求我们要"从大处着眼",用综合的普遍联系的全面观点去分析研究个别事物及其相互关系。

这里需要说明的一点是,我们对选定问题的价值不应作狭隘的理解,不能以一个课题在研究中的成败来判定它所提出的问题的意义。原因在于,人们正是从错误问题所导致的失败中长出许多重要知识,从正反对比中得到经验教训。

二、问题必须有科学的现实性

选题的现实性,集中表现为选定的问题要有科学性,指导思想及目的明确,立论根据充实、合理。选题的科学性,首先表现在要有一定的事实依据,这就是选题的实践基础。研究课题是从实践中产生的,具有很强的针对性;实践经验同时又为课题的形成提供一定的、确定的依据。选题的科学性,还表现在以教育科学基本原理为依据,这就是选题的理论基础。教育科学理论将对选题起到定向、规范、选择和解释作用。没有一定的科学理论依据,选定的课题必然起点低、盲目性大。应该看到,选题的实践基础和理论基础制约着选题的全过程,影响着选题的方向和水平。为了保证选题有科学的现实性,还需要对选定的课题进行充分论证。

三、问题必须具体明确

选定的问题一定要具体化,界限要清,范围宜小,不能太笼统。

原因在于问题是否具体适度往往影响全局的成败。那种大而空、笼统模糊、针对性不强的课题往往科学性差。只有对问题有清晰透彻的了解，才能为建构指导研究方向的参照系提供最重要的依据。因此，不宜把课题选得太宽、太大、太复杂。韩非子在《喻老》篇中指出："天下之难事必作于易，天下之大事必作于细。"这就是说，要从小处着手。

四、问题要新颖，有独创性

选定的问题应是前人未曾解决或尚未完全解决的问题，通过研究应有所创新，有新意和时代感。

要做到选题新颖，就要把研究课题的选择放在总结和发展过去有关学科领域的实践成果和理论思想的主要遗产的基础上，没有这个基础，任何新发展、新突破都是不可能的。应该看到，科学上的任何重大成果，几乎都是科学工作者在前人、别人工作成就基础上一步步取得的，即使是被人认为非常新的，第一次开辟的新领域，也仍然是由以前同时代的人的工作提供了条件。因此，要通过广泛深入地查阅文献资料和调查，搞清所要研究课题在当前国内外已达到的水平和已取得的成果，要了解是否有人已经或者正在或者将要研究类似的问题。如果要选择同一问题作为研究课题，这就要对已有工作进行认真审视，从理论本身的完备性，从研究方法的科学性高度进行评判性分析，在此基础上，重新确定自己研究的着眼点。只有在原有研究成果基础上的突破和创新，才具有研究的意义。

五、问题要有可行性

所谓可行性，指的是问题是能被研究的，存在现实可能性。具体分析，可行性包含以下三方面的条件：

一是客观条件。除必要的资料、设备、时间、经费、技术、人力、理论准备等条件外,还有科学上的可能性。这就是恩格斯指出的:"我们只能在我们时代的条件下进行认识,而且这些条件达到什么程度,我们便认识到什么程度。"①有的选题,看起来似乎是从教育发展的需要出发,但由于不符合现实生活实际,违背了基本的科学原理,也就没有实现的可能。如1958年有人提出的"关于中国十五年内普及高等教育的对策研究",这样的选题不仅徒劳,并且常常会导致实践的盲目性。

二是主观条件。指研究者本人原有知识、能力、基础、经验、专长,所掌握的有关这个课题的材料以及对此课题的兴趣。也就是说,要权衡自己的条件寻找结合点,选择能发挥自己优势特长的课题。有的人擅长实践操作,就不一定非选理论研究课题;反过来,有的人擅长于理论思维,就不一定非要选择实验研究课题。而在一个课题协作研究组当中,不同特长的人优势互补,才能真正发挥出整体研究效益。对于刚学步的年轻人,最好选择那些本人考虑长久,兴趣最大的课题。而在教育第一线从事实践工作的教师,选题最好小而实。自己提出的研究问题,更容易激发信心和责任感,更容易发挥创造性。总之,知己之短长,扬长避短,才能尽快出成果。

三是时机问题。选题必须抓住关键性时期,什么时候提出该研究课题要看有关理论、研究工具及条件的发展成熟程度。提出过早,问题会攻不下来。如前几年有人曾尝试从生理学角度,通过对脑电图的研究来考察人的认识规律,由于各方面条件还不具备而调整。提出过晚,又会被认为是亦步亦趋,毫无新意。这里有一个胆识问题,善于抓住新课题,又要注意时机。正如贝弗里奇所说,如何辨别有希望的线索,是研究艺术的精华所在。具有独立思考能力,并能按照其本身价值而不是按照主宰当时的观点去判断

---

① 恩格斯:《自然辩证法》,人民出版社,1971年版,第219页。

论证的科学家,最有可能认识某种确属新东西的潜在意义。

在教育科学研究中经常出现以下选题不当的情况。一是范围太大,无从下手;二是主攻目标不十分清楚;三是问题太小,范围太窄,意义不大;四是在现有的条件下课题太难,资料缺乏;五是经验感想之谈,不是科研题目。因此,正确选题并非一蹴而就,它要求研究者不仅要有科学的教育理论指导,还要坚持唯物主义观点,从实际出发,通过对事实材料的分析比较,善于发现和抓住重要问题;不仅要把握该领域理论研究的全局,而且要对教育实际有深入的了解;不仅要有问题意识,而且要了解和掌握选题的有关知识和方法,不断提高自己的选题能力和创新、判断、评价等综合能力。

第三节 教育研究课题的类型及来源

一、教育研究课题的基本类型

研究课题类型关系着研究过程中搜集材料、整理加工材料的不同要求,反映出成果的不同类型,这是需要研究者从总体上把握的。

教育研究课题,一般可分为两种基本类型:一是基础性研究课题。主要包括那些以研究教育现象及过程的基本规律,揭示青少年身心发展以及影响因素间的本质联系,探索新的领域等为基本任务的课题。这类课题探索性强,自由度较大,不确定因素较多。例如:关于我国培养目标体系的研究,现代教育功能的研究,教育与生产劳动相结合的理论与实践研究,现代课程论的研究,教育评价理论的研究等。这是以揭示带有普遍意义的新理论、新知识为主要目的的。

二是应用性研究课题。主要包括那些为基础理论寻找各种实际应用可能性途径的课题,是以改造或直接改变教育现象和过程为主要目的。例如:关于制定地区教育科研管理条例的研究,结合地区特点组织参加社会实践的研究,用心理疏导、行为矫正法矫正学生行为问题的研究,职业教育投资效益存在问题及对策,大面积提高教学质量问题的研究,等等。

对于发展性研究课题人们往往将它归为应用性研究,这类课题针对性强、覆盖面宽,既有宏观教育发展战略研究,也有微观的决策性研究。

一个课题研究领域,往往既有基础性的理论性研究课题,同时又有应用性研究课题。如国家教委考试中心"八·五"教育考试科研规划课题指南,形成了多层次、多类型的研究课题系列。

国家教委考试中心"八·五"教育考试科研规划课题指南[①]:

一、考试基础理论的研究

1.考试的心理学、哲学基础的研究

2.考试制度与教育教学制度、劳动人事制度关系的研究

3.知识、能力的含义与考试目标分类学的研究

4.中国考试历史的研究

5.各国考试制度的对比研究

6.标准参照测验(水平考试)理论的研究

7.考试的教育评价理论与方法研究

8.经典与现代测验理论的研究(特别是 IRT 理论)

9.学能测验理论的研究

二、教育考试应用研究

(一)会考

1.会考标准的制订,命题原则与技巧的研究

---

① 载于《中国考试》,1991年第1、2合刊,国家教委考试中心主办。

2.会考的等值问题研究

3.会考成绩等第划分的研究

4.如何利用会考成绩评价中学教学的研究

5.会考试题、试卷质量的评价方法的研究

(二)高考

1.会考及高考如何注意考查能力的研究

2.会考后高考的难度确定与控制办法的研究

3.高考标准分转换与合成的研究

4.如何利用高考成绩评价教学质量的研究

5.高考的效度研究

(三)成人高考

1.成人高考标准的研究

2.成人高考内容如何体现成人特点的研究

3.成人高考标准化的研究

(四)待定研究

1.高考、成人高考、会考题库建设的研究

2.题型功能及高考、会考中题型比例的研究

3.主观题评分误差控制的研究

4.考试管理手段现代化的研究

5.口试测试的研究

6.考试的地区差别与少数民族问题的研究

7.多元统计在考试分析的应用研究

8.利用模糊数学,Bayes方法估计难度的研究

二、教育研究课题的主要来源

教育研究课题的主要来源,即研究课题产生的途径是十分广泛的,可概括为以下几个方面:

1.从社会发展需要出发提出课题

这就是当前社会实践中迫切需要解决的重大问题,教育事业发展中急切需要解决的问题。如:关于我国教育发展战略的目标

研究;我国教育层次结构、类别结构、形式结构、区域结构的研究;基础教育质量规格的指标体系、基本要求与地区差别研究;农、科、教结合与区域经济社会发展关系的研究;关于教育经费占国民生产总值增长的速度比例、保障机制以及教育经费使用效率的研究,等等。特别是要紧紧围绕建设有中国特色的社会主义这一主题,多层次、多方面、多角度地研究它所涉及的经济、政治、文化、社会与教育发展的重大理论问题和实际问题。

2.学科建设中需要的问题

这往往是从教育理论发展方面提出的课题。不仅要揭示已有理论同经验事实的矛盾,而且要揭示理论内部的逻辑矛盾;不仅包括学科系统规划建设中的若干未知的研究课题,而且包括对已有教育理论传统观念和结论的批判怀疑,以及学术争论中提出的问题。以德育论研究为例,围绕德育本质与功能问题,可以形成一系列研究问题。如:马克思主义德育思想研究,学校德育的社会统一要求与发展个性关系的研究,"德育"与"品德"概念的界定,德育的实体性、社会性、历史性和阶级性;我国德育中的思想教育、政治教育、法制教育、道德教育和心理健康教育;德育对个人发展和社会发展的工具价值与目的价值;德育方法论的研究,等等。

3.教育实践中提出的实际问题,尤其是在教育改革中反映出来的种种矛盾

一方面要寻找丰富的教育教学经验事实之间的内在联系,揭示其内在规律性;另一方面是从争论中发现问题。例如,如何大面积提高教育质量问题,关于减轻中小学生过重课业负担问题,中学生早恋现象的产生及矫正,现阶段各级学校学生思想品德状况、形成原因及对策研究,社会环境对青少年影响的分析和对策研究,品德后进生转化教育的研究,初中学习困难学生教育与转化,农村教育现状、问题及对策研究,幼、小、中衔接的研究以及有待扩展和深化的社区教育实践与理论研究,等等。

4.从日常观察中发现的问题

对于广大的大、中、小学教师来说,这是提出研究课题的一个重要途径。例如:北京师大孙瑞清在一所中学进行数学教学改革实验中发现不同学生解题思维策略的不同,进而对学生认知特点的研究。① 又如:关于中小学优等生与后进生学习过程特点的比较研究,中小学生创造能力结构的因素分析,中学生学习特点研究,有关心理卫生与心理咨询的研究,中学生交友与伙伴关系的研究等。

5.从不同学科之间的交接点找问题

这就是交叉学科间的空白领域。在现代科学大综合发展的趋势下,各学科之间的交叉领域涌现出大量的值得开拓的新问题,仅以教育学为例,教育科学与哲学、人文科学、社会科学、自然科学等领域渗透交叉中进行多向综合而产生的诸如教育控制论、教育生态学、教学生理学、教育病理学、教育美学、教育法学、教育评价学、教育未来学、教育技术学等新学科研究领域,以教育作为共同的研究对象,运用多学科的理论和方法,使研究得到了有效的深化。

6.从当前国内外教育信息的分析总结中提出课题

包括对世界教育科学发展潮流及趋势的分析以及引进国外先进的教育思想和理论。既有对某学派理论的系统研究,如杜威、皮亚杰、布鲁纳、奥斯贝尔、斯金纳以及赞可夫、巴班斯基等人的教学理论,也有对西方课程理论、伦理学理论、社会学理论等不同观点及研究方法的评价分析。结合中国实际,确定若干专题研究。

除以上几个主要途径外,还可以从国家领导机关制定的课题指南或规划中选题。如全国教育科学规划领导小组提出的全国教育科学"八五"规划课题指南。该指南是根据今后十年和"八五"期

---

① 孙瑞清:《中等学校数学教学中值得注意的几个问题》,《数学通报》,1985年第9期。

间教育科学发展的基本方针、目标和任务,经过充分讨论后形成的14个学科或门类共187个课题。还有全国社会科学规划办公室提出的《哲学社会科学"八五"国家重点课题规划》,国家重点研究课题涉及18个学科或门类,共271个课题。这些都是属国家资助的研究课题,需报有关部门审核批准。

第四节 选题的过程及方法

科学而新颖的课题的选定,实际上是经过了一个从产生研究动机到勾画出研究大致轮廓的过程,是对提出的初步研究假设进行不断检验的过程。最初往往是在阅读、研究有关领域的文献中,如教育期刊、研究报告、教育论文索引、相关学科的重要期刊,或在教育教学实践过程中,受到某一点启发,产生联想,从而形成一个初步的研究假设,进而带着这个粗泛的想法广泛查阅有关资料,了解前人在这方面的研究成果、研究方法以及该问题目前被关注的程度。随着思考的深入,原来朦胧模糊的想法逐渐变得集中、清晰和明确,不仅对此问题大致情况有一个总体把握,而且形成了如何进一步研究该问题的初步思路,这时就可以确定课题了。

选题的方法是灵活多样的,不同研究课题,研究的性质、方向不同,加上研究者本身的差异,因此选题方法无一定之规。但要选好题,有几点是要注意的:

一、要有明确的、相对稳定的研究方向

初学研究的人,一开始总是对几个研究方向同时感兴趣。如果要在某方面真正获得成果,而且有所成就,就必须把主要精力集中在一两个方向上。这里所谈的研究方向,其含义有三层:一是总

方向,二是某学科领域的方向,三是研究者个人的主攻方向。个人研究主攻方向是受前者制约的,只有把个人的研究纳入到某一具有强的生命力的学科系列中,个人的研究才会得到发展,这正是现代社会发展的要求。

二、要善于对问题进行分解

要把一个大的问题按照内在逻辑体系分解成相互联系的许多问题,从而找到解决这个问题的步骤和相关的网络。也就是说,将所要研究的问题展开成一定层次结构的问题网络,从而在问题具体化基础上选题。

例如,中国科学院心理研究所一博士生选题时的研究思路:问题解决是人类认知活动的基本过程之一,启发式策略又是人类问题解决的核心。目前关于问题解决启发式策略的研究大致分为五个方面,即策略性质与策略结构,问题结构与问题表征,专家知识与专家直觉,表象性质与表象作用,社会认知与社会学习。在这五个方面的研究中,策略的性质与结构问题是其中的首要问题。基于这一分析判断,她选定了"弈棋问题解决启发式的元策略模型"作为研究课题。也正是通过对问题的分解,才能确定某个问题当前能不能研究和如何研究。比如:国内外都曾有人提出关于"教育规律数学化"问题,这一课题的研究涉及以下内容:(1)必须解决把教育、教学概念科学术语化问题,排除"多义性",使它具有单义性、确定性。(2)必须找到某些与表征教育规律有关的普遍联系,普遍属性的特征量,而且这些特征量必须与可观察量发生联系才有意义。有了这些特征量才有可能对它们作出数量上的描述。(3)必须创造一个相应的符号和符号系统。(4)要解决相应的数学工具或逻辑推演规则,等等。只有作了认真分析,才能确定选题的方向。

正确地对问题进行分解,实际上也是预期课题将会以什么样的方式和步骤获得解决,从而为进行课题论证提供依据。善于对问题进行分析,也正是着手进行科学研究的一个重要的基本功。一个成熟的研究工作者,常常在这方面表现出特殊的才能,深刻的洞察力和远见卓识。

三、要善于转换问题的提法,并使问题形成系列

善于转换问题提法是指能不断从一个新的角度提出问题。例如,多少年以来关于课堂教学环节的研究,从赫尔巴特、杜威到凯洛夫,似乎已形成了一套理论。在以后几十年教学实践中,老师们在现代教学观指导下创造了生动丰富的新课堂教学结构,突破了原来那种单一僵化教学环节的束缚,迫切要求从理论上得到科学的解释和说明,这就是近年来我国学者依据系统科学理论对教学模式问题的研究。从教学环节到教学模式,正是转换了一个新的角度,不仅是一个名词术语的替换,而且是在理论基础、研究内容、研究方法上都有了质的不同。因此,作为一个科学研究工作者,不仅能够善于提出问题,而且也要善于从新的角度提出问题。不墨守成规,不固执现有理论,按照现代社会现代教育发展的要求,找到各种发展的生长点,使研究的问题步步深入。

问题转换还指当一个问题解决以后要把握时机及时转向由此引申出的其他相关问题,表现出问题延伸的系列。也就是说,要使所研究的课题沿一定脉络具有前后的相关性。

四、要对选定的课题进行论证

课题论证是对选定问题进行分析、预测和评价。目的在于避免选题中的盲目性。进行这种课题论证,本身也是一种研究,它必须依据翔实的资料,并以齐全的参考文献和精细的分析来支持自己关于课题的主张。通过课题论证,进一步完善课题方案,创设落实的条件。课题论证主要回答以下问题:

1.研究问题的性质和类型。

2.本课题研究的迫切性和针对性,具有的理论价值和实践意义。

3.该课题以往研究的水平和动向。包括前人及其他人有关研究的基础,研究已有的结论及争论等,进而说明该课题研究将在哪方面有所创新和突破。

4.本课题理论、事实的依据及限制,研究的可能性,研究的基本条件(包括人员结构、任务分配、物资设备及经费预算等)及能否取得实质性进展。

5.课题研究策略的步骤及成果形式。

在系统的分析综合基础上写出简洁、明确具体、概括的论证报告,一般约五六百字。课题论证报告不仅用于申报研究项目,而且也应用于发表论文的开篇,学位论文的前言部分。

对于重大课题,常常必须写出开题报告,并经过同行专家的审议。开题报告内容一般包括:(1)课题名称;(2)本课题研究的目的、意义(即研究本项目的实际意义和理论意义);(3)研究的主要内容;(4)本课题国内外研究现状,预计有哪些突破;(5)完成本课题的条件分析,包括人员结构、资料准备和科研手段等。

课题论证举例:

课题名称:教学认识论[①]

一、本项目致力于研究和阐明:辩证唯物主义认识论是教学论的不可动摇的方法论基础;教学认识是一种特殊的认识,它包含了丰富的内容,并具体表现出多样的形式。

二、本项研究对坚持和加强教学论的马克思主义哲学基础,回答现实中

---

① 这是由王策三先生主持的北京市哲学社会科学"六五"规划中的一个研究项目。

提出的新问题,澄清某些模糊思想,推动教学理论建设和教学改革实践的发展,是必要的、有意义的。

三、教学认识问题,在教育史上一直是教学论的基本问题。任何一个历史时代、阶级的教育家,都依据各自的一般哲学认识论观点探讨教学中的认识问题。有的自觉,有的不自觉;有的依据了正确的认识论,有的则依据了不正确的认识论。

马克思主义的产生和社会主义学校实践的发展,辩证唯物主义认识论运用于教学领域,这在哲学发展史上和教学论发展上都是重大的发展和成就。它使马克思主义一般世界观具体深入到一个学科领域,也使教学论获得科学的方法论基础。但是由于这一过程还为时不长,也由于教条主义思想的束缚,在运用一般哲学认识论于教学论的过程中,犯有简单化的毛病,主要是用一般代替了特殊,没有与辩证法有机地结合起来,导致了教学理论的贫乏和教学实践的偏差。

为了克服这种简单化的毛病,近年来,我国教学理论界提出了许多有关一般哲学认识论和教学论的关系问题,其中有的意见表现出怀疑马克思主义认识论作为教学论方法论基础的倾向。与此同时,20世纪50年代以来,生产和科学技术发生重大革命,一般哲学认识论的研究有了新的发展;系统论、信息论、控制论等新兴学科的出现;教育心理学获得新成就;现代化技术手段在教学过程中的运用,教学理论和教学改革实践中新的主张层出不穷;这一切,给教学认识论提出了一系列新的课题,也提供了深入研究有关问题的可能性。

教学论今天的重要任务之一,就是要总结这些重要的新成果,把教学认识论进一步丰富和具体化,揭示出它的多方面的内容和极其多种多样的形式,克服简单化的毛病,澄清一些混乱思想,加强教学论的马克思主义方法论基础。

四、课题组成成员及分工(略)。

五、研究步骤及成果形式(略)。

第五章 文献检索

文献检索是科学研究工作中一个重要的步骤，它贯穿研究的全过程，文献提供了选题的依据，当研究课题确定之后必须围绕选题广泛地查阅文献资料。这是在继承前人研究成果基础上创新的起点，关系到研究的速度、质量以及能否出成果。每个教育科研工作者都应该清楚认识文献资料在研究工作中的重要意义，掌握检索文献的方法。

第一节 文献检索概述

一、教育科学文献的基本概念

文献，指记录有知识的一切载体（《文献著录总则》），即以载体形式传递知识。口耳相传、实物传递则是非载体形式。文献是记载人类知识的最重要手段，是传递、交流研究成果的重要渠道和形式。文献作为一种主要情报源和信息源，是进行教育科学研究的重要部分。

"文献"一词，最早见于《论语·八佾》。朱熹注："文，典籍也；献，贤也。"古人以"文"为典籍记录，献就是贤者及其学识。后来发展为专指著述。文献，是把人类的知识用文字、图形、符号、音像等手段记录下来的有价值的典籍,包括各种手稿、书籍、报刊、文物、影片、录音录像、磁带、幻灯片及缩微胶片等。文献检索则是从文献中迅速、准确地查找出所需情报的一种方法和程序。

教育科学文献是记载有关教育科学的情报信息和知识的载体。文献是进行科学研究的基础,它贯穿科学研究的全过程,从选题,初步调查以及论证课题、制订计划,搜集整理和分析研究资料到形成研究报告,都离不开有关课题文献的检查和利用。而教育研究科学文献的数量和质量,也正是判断该教育学科发展水平的重要标志。

二、文献检索在教育研究中的作用

1. 全面正确地掌握所要研究问题的情况,帮助研究人员选定研究课题和确定研究方向

文献资料提供科研选题的依据。通过查阅有关文献、搜集现有的与这一特定研究领域的有关信息,对所要研究的问题作系统的评判性的分析。内容包括:该课题前人或他人的主要研究成果,达到的研究水平,研究的重点,研究的方法、经验和问题。要了解哪些问题已基本解决,哪些问题有待于进一步修正和补充,在此问题上争论的焦点是什么,从而进一步明确研究课题的科学价值,找准自己研究的突破点。只有了解了有关研究的动态(What're they doing? What's be done?),才能选定最有价值又最值得研究的前沿课题,才能发现前人研究问题所涉及的范围。正如恩格斯指出的,"即使只是在一个单独的历史实例上发展唯物主义的观点,也是一项要求多年冷静钻研的科学工作,因为很明显,在这里只说空话是无济于事的,只有靠大量的、批判地审查过的、充分地掌握了的历史资料,才能解决这样的任务"[①]。科学劳动,首先必

---

① 《马克思恩格斯选集》第2卷,人民出版社,1972年版,第118页。

须继承前人成果,而研究者对所研究课题领域有关文献资料的掌握,在很大程度上直接影响研究工作的质量水平。

因此,任何研究人员在进行某个问题的研究之前,都要先充分地占有和掌握与所要研究的问题有关的一切资料与事实,了解这个问题的研究成果、研究动态、发展历史和现状,区分已完成的和需要完成的研究,以此作为提出科学问题和确定研究课题的依据。

2.为教育研究提供科学的论证依据和研究方法

文献资料是跟踪和吸收国内外研究学术思想和最新成就,了解科研前沿动向并获得新情报信息的有效途径。我们进行教育研究,必须了解国内外最新的理论、手段和研究方法。通过查阅文献资料,从过去和现在的有关研究成果中受到启发,不仅可以找到获得课题科学回答的线索,使研究范围内的概念、理论具体化,而且为更科学地论证自己的观点提供有说服力的、丰富的事实和数据资料,使研究结论建立在可靠的材料基础上。

3.避免重复劳动,提高科学研究的效益

文献资料提供科学研究的有关信息,使研究者充分占有材料,从而避免重做前人已经解决了的问题,重复前人已经提出的正确观点,甚至重犯前人已经犯过的错误。

目前,由于研究人员对本学科图书资料、文献体系、检索工具等知识的贫乏,结果在进行科学研究的过程中重复劳动,浪费了大量时间与精力,这在国内外是不乏其例的。中国是一个发展中国家,科研经费是极有限的,可是在这种情况下,有的专家估计我国有40%的科研项目在国外已经出了成果。这不仅浪费了人力物力,而且将导致科研长期处于低水平状态。随着现代社会、现代科学的发展,人们已越来越认识到文献情报检索的重要,把文献检索工作看作是科学研究不可缺少的一部分,看作社会的科学能力的重要组成部分。著名科学家钱三强将图书情报和仪器装备比喻为科学研究的两只翅膀。据美国科学基金委员会、美国凯斯工学院研究基金会调查统计,一个科研人员用在一个科研项目中研究图书情报资料上的时间,占全部科研时间的1/3至1/2(见表5-1)。

表5-1 社会科学和理工科各项研究活动的时间比例

	选定课题→	情报搜集 与信息加工 →	科学思维 科学实验 →	学术观点的 形成(论文)
社会科学	7.7%	52.9%	32.1%	7.3%
理工科	7.7%	30.2%	52.8%	7.3%

日本国家统计局有关调查数字与此也大体相同。教育科研属社会科学研究范畴,作为研究者,更应该清楚看到文献检索在科研中的重要地位。树立情报意识,通过检索、接触各种类别的文献,取得各类文献的成书时代、编辑体例、内容特点等基本常识,不断提高自己获取情报信息和进行科研的能力。应该看到,无论定下什么目标,研究的实施与成果是和占据什么资料联系在一起的。忽视甚至厌恶搜集资料的劳苦就不能胜任教育科学研究。科学技术的发展,现代化的图书情报"信息库"的建立,为我们大规模、高效率检索文献资料提供了有利条件。

第二节 教育文献的种类及主要分布

一、文献的三种等级

根据加工程度不同,文献可分为三种等级:

一次文献,包括专著、论文、调查报告、档案材料等以作者本人的实践为依据而创作的原始文献,是直接记录事件经过、研究成果、新知识、新技术的文献,具有创造性,有很高的直接参考和借鉴使用价值,但它贮存分散,不够系统。

二次文献，是对原始文献进行加工整理，使之系统、条理化的检索性文献，一般包括题录、书目、索引、提要和文摘等。二次文献具有报告性、汇编性和简明性，是对一次文献的认识，是检索工具的主要组成部分。

三次文献，是在利用二次文献基础上对某一范围内的一次文献进行广泛的、深入的分析研究之后综合、浓缩而成的参考性文献，包括动态综述、专题述评、进展报告、数据手册、年度百科大全以及专题研究报告等。这类综述性文献全面，浓缩度高、覆盖面宽、信息量大、内容新颖，即有综合性、浓缩性和参考性特点。

教育科学文献的特点：内容广泛，数量众多，学科复杂。相互交叉渗透，系统性、积累性和继承性强。文献类型以专著论文、研究报告为主。

二、教育文献的主要分布

由于创造、记录与传播的方式不同，教育文献资料的分布极为广泛且形式多样。

1.书籍

包括名著要籍、教育专著、教科书、资料性工具书（如教育辞书和百科全书）及科普通俗读物。它是教育科学文献中品种最多、数量最大、历史最长的一种情报源。

名著要籍指一个时代、一个学科、一个流派最有影响的权威著作，如马克思主义经典作家论教育，中外古今著名教育家、哲学家的教育名著等。它们是人类文化的瑰宝，是治学和研究的基石，因而大都作为必读书、必备书收入各种导读书目。

专著（包括论文集）是就教育领域某一学科、某一专门问题进行系统、全面、深入的论述，内容专深，大多是作者多年研究成果的结晶。专著一般就某个问题的发展历史和现状，研究方法和成果，不同学派的观点和争论，以及存在的问题和发展趋势加以论述，并附有大量的参考文献和书目。专著中阐明了作者自己的独到见解,介绍了新颖的材料,通常反映学术研究的最新进展,论述较系统,形式较规范。论文集往往是汇集了许多学者的学术论文,问题集中,论点鲜明,情报容量大,学术价值高。如瞿葆奎先生主编的26卷本大型《教育学文集》则属此种类型。

教科书是专业性书籍,具有严格的科学性、系统性和逻辑性。内容一般包括教育科学的基本理论、基础知识、学科领域内的科研成果以及讨论的问题。要求学术的稳定性,名词术语规范,结构系统严谨,叙述概括,文字通俗,可读性强。高校教育类专业,有一批专著性的教科书,作为高年级或研究生使用的教材。

手册,往往汇集了经常需要参考的文献资料,就某一分支学科有关问题的历史和现状、方法和结果以及各种争论观点作广泛、客观的叙述,不涉及作者本人见解。手册具有类例分明、资料具体、叙述简练、小型实用、查阅方便等特色。有综合性的手册,如《中华人民共和国资料手册》[1]汇集新中国成立以来至1985年我国政治、经济、社会、文化、军事等各方面的系统资料(包括重要文献、概括介绍、统计数字等),是很实用的工具书。有分科专业性的手册,如《当代中国社会科学手册》[2],以学科和地区为主要线索,其中关于"教育学研究"(第十三章)分别介绍了教育心理学、教育经济学、幼儿教育、普通教育、职业技术教育、高等教育和教育史等不同领域发展历史、当前研究的主要问题以及发展趋势和展望。

教育辞书和百科全书都属于资料性工具书。教育辞书主要是提供教育科学名词术语的资料,规范、精确、准确,以条目形式出现。辞书,有一定格式,第一句是破题,后面是基本论点。百科全书则是对人类一切门类或某一门类知识的完备概述。不仅提供定

---

[1] 寿孝鹤等主编,社会科学文献出版社,1986年版。
[2] 汝信、易克信主编,社会科学文献出版社,1989年版。

义,而且有原理、方法、历史和现状、统计和书目等多方面的资料,着重反映当代学术的最新成就。在一般文献学书籍中将百科全书特点概括为以下几点:一是汇编性,用已有的大量资料作为基础,博采众长,全面叙述,避免缺漏和偏狭;二是概述性,从大量文献中提炼出材料加以概括;三是分类性,以知识的科学分类体系作为编撰的基础;四是检索性,有完善的检索系统;五是可读性,可供系统阅读或浏览。百科全书既能提供最新的学术信息和研究成果,又能提供系统知识,其内容注重全、精、新,文字规范、严密、简洁,由众多专家学者撰稿,具有较强的权威性。是否有一部优秀的百科全书,已成为衡量一个国家科学文化发展的尺度之一。目前全世界已有五六十个国家编辑出版了综合性百科全书,数量达两千多种。《中国大百科全书·教育》于1985年出版,是我国第一部教育百科全书,收词目八百多条,反映了教育科学的全貌及最新研究成果。

至于科普读物,则是面向广大群众的以普及教育科学知识为宗旨的通俗读物,有初、中、高级之分,文字浅显,但最新信息含量较低。

2.报刊

报纸和期刊均属连续出版物。报纸是以刊登新闻和评论为主的定期连续出版物,如《教师报》《中国教育报》,还有《光明日报》《文汇报》等大报的教育科学版。报纸发行广泛,传递信息迅速,但材料分散不系统,且不易保存。全世界目前约六万多种报纸,其中日报就有八千多种。我国至1985年底,正式批准注册的报纸1776种,其中教育类174种,占报纸总数的9.8%,未注册的415种报纸中教育类有133种,占32%。为了促进国际信息的交流,至1990年,进口报刊达31900份。

期刊,是定期或不定期的连续出版物,有周刊、月刊、双月刊、季刊等。可分为学术理论性期刊,情报性期刊,技术、事业性期刊和普及性期刊。教育科学范围内的期刊主要有三类:一类是杂志。杂志刊载有关科学论文、研究报告、文摘、综述、评述与动态,兼容性强。一类是汇报、集刊、丛刊、汇刊及高校的学报。目前高校学报近900种,学报一般刊登专业性、理论性、学术性强的文章。还有一类是文摘及复印资料,这是一种资料性及情报索引刊物。如中国人民大学分科的报刊复印资料,经过专门人员精心选编成册定期出版,有重要文章,并附有一定时期内主要文章的篇目索引,可帮助研究人员及时掌握某一特定课题的文献概况。

期刊拥有庞大的写作队伍和读者群,出版周期短,内容新颖,论述深入,发行量大,常反映有关学科领域研究的最新动态和最高水平,是教育科研工作者查阅文献最有效且简便的主要来源。据1992年统计,我国公开出版的杂志期刊共6345种(其中教育类专业期刊有400多种),总印数23.17亿册。

3.教育档案类

档案资料是人类在各种社会实践活动中直接形成的,并且具有保存价值的原始文献材料。教育档案类包括教育年鉴、教育法令集、教育统计、教育调查报告、学术会议文件、资料汇编、名录、表谱以及地方志(我国特有的地方百科全书)、墓志、碑刻等。

年鉴是系统汇集一年内重要事件、学科进展与各项统计资料的工具书。它以记事为主,内容通常包括:专论或综述,统计资料和附录。其中专题论述是年鉴的主体。由于年鉴内容完备,项目齐全,记载翔实,查找方便,所以它是了解新情况、研究新问题、积累资料、撰写历史的信息密集型工具书。年鉴按年编辑出版积累起来就是一部编年体的历史,具有重要的参考价值。二十多年来,我国陆续编辑出版过一些年鉴,但大都缺乏连续性。1979年后,年鉴的出版受到重视,目前,已出版和即将出版的各类年鉴有130多种,分综合性和专科性两种,以专业性年鉴为主。由中国大百科全书出版社出版的《中国教育年鉴1949—1981》,湖南教育出版社出版的《中国教育年鉴 1985—1986》，人民出版社出版的 1988、1989 年的《中国教育年鉴》，系统汇集各年内我国教育基本情况，以条目的基本形式，分门别类地全面系统概括各个年度各类教育发展成就和经验，教育法规，统计资料及重大事件。另外，在《中国百科年鉴》（中国大百科全书出版社出版）也能查到各年教育基本情况资料。教育法令集是官方的有关教育政策法规的指令性文件汇集，通过立案归档，成为资料的一部分。如我国教育文献法令汇编，高教、普教、基础教育、政策法令法规文件选编，师范教育法令汇编，中国少先队工作文件选编等。这些文献集中反映了国家的教育方针政策、法令、规章制度、统计数据等情况，是全面了解我国教育状况和制度沿革及发展演变的有用资料。法令汇编在 50 年代比较齐全，教育统计资料近年来比较齐备。如全国教育统计资料 1978—1980 年、1981 年、1984 年、1985 年、1986 年，中国教育统计年鉴 1987 年，中国教育成就 1980—1985 年，三十年全国教育统计资料提要 1949—1978 年，新中国成立以来高等教育资料索引 1949—1985 年等。

　　学术会议文献，包括报告、纪要、提交会议的论文（多数是未公开发表），往往反映一个学科领域的研究动向和研究成果，代表了国内外教育发展水平，是进行研究的一个重要资料来源。据统计，每年全世界召开的学术会议达 4000 次以上，国内同样也有相当可观的资料。

　　学位论文，是研究生进行专题研究后为取得某种学位而撰写并提交的科学论文，是带有一定独创性的一次文献，一般选题论证充分，文献综述较全面，探讨问题往往比较专深。学位论文少数在期刊和图书中刊载，多数不公开发表，一般由研究生招收单位保存。1979 年恢复实行学位制度后，国务院学位委员会已指定北京图书馆、中国科技情报研究所和社会科学研究所分别负责收藏各个级别的学位论文。

4.专家询问

是通过个人交往接触的非正式渠道搜集资料,研究者与本专业或相近专业的研究人员、学者进行交谈,交流讨论学术问题。专家访谈具有高度选择性和针对性,从专家询问渠道获得的情报信息具有极大的价值,从观点到方法上的启迪将有助于课题研究的深入。

5.非文字资料

包括校舍、遗迹、绘画、出土文物、歌谣等,在教育科学研究资料分布中主要指以声音、图像等方式记录有知识的载体,通过视觉、听觉传递知识,更直接、精炼、形象。非文字资料同样有一个如何分类、著录、编目、贮存、检索和使用的问题,一般以科学分类为分类体系,注意科学性、实用性和可指定性。

教育资料分布是极其广泛的,搜集的渠道也是多种多样的。要会找资料、会贮存资料、会用资料。除充分利用图书馆、情报资料中心外,还要很好利用其他途径,还要有自己丰富的藏书供自己研究之用。检阅时应主要搜集一级文献,特别是有较高的学术价值,在本学科领域中有一定的权威性,信息量大,使用率高,被公认为必备的或常用的书籍。

第三节 文献检索的过程和方法

一、文献检索的过程

从众多的文献中准确、迅速查找出符合特定需要的文献,不仅是一个资料的查找、搜集过程,也是一个分析、研究过程。检索文献一般由以下三个主要步骤组成:

第一步,分析和准备阶段。包括分析研究课题,明确自己准备检索的课题要求与范围,确定课题检索标志,以确定所需文献的作者,文献类号,表达主题内容的词语和所属类目,进而选定检索工具,确定检索途径。

第二步,搜索阶段。搜索与所研究问题有关的文献,然后从中选择重要的和确实可用的资料分别按照适当顺序阅读,并以文章摘录、资料卡片、读书笔记等方式记录搜集、材料。

第三步,加工阶段。要从搜集到的大量文献中摄取有用的情报资料,就必须对文献作一番去粗取精、去伪存真、由表及里的加工工作。主要包括:剔除假材料,去掉相互重复、较陈旧的过时的资料;从研究任务的观点评价资料的适用性,保留那些全面、完整、深刻和正确地阐明所要研究问题的一切有关资料,以及含有新观点、新材料的资料,对孤证材料要特别慎重。在资料数量和类型很多的情况下,应对这些资料进行分类编排,并编制题录索引或目录索引。对准备利用的文献资料,必须对其可靠性进行鉴别和评价,对那些不完全可靠的或有待进一步明确的资料,则不予采用。

二、文献检索的基本方法

文献检索方法是多种多样的,不同的方法有不同的特点和不同的适用范围。这里仅介绍几种基本方法。

1.顺查法

按时间范围,以所检索课题研究的发生时间为检索始点,按事件发生、发展时序,由远及近,由旧到新的顺序查找。一般可以查全。查时可以随时比较、筛选,查出的结果基本上反映事物发展的全貌。此法多用于范围较广泛,项目较复杂,所需文献较系统全面的研究课题以及学术文献的普查。

2.逆查法

与顺查法正好相反,逆查法(倒查法)是由近及远、由新到旧的顺序查找。这种方法多用于新文献的搜集,新课题的研究,而这种课题大都是需要最近一个时期的较新论文、专著,不太关注历史渊源和全面系统,易漏检。

3.引文查找法

又称跟踪法。是以已掌握的文献中所列的引用文献、附录的参考文献作为线索,查找有关主题的文献。这种方法的优点在于文献涉及范围比较集中,获取文献资料方便迅速,并可不断扩大线索。这种回溯过程往往会找出有关研究领域中重要的、丰富的原始资料。缺点在于查得的文献资料受原作者引用资料的局限性及主观随意性影响,资料往往比较杂乱,没有时代特点。因此,要注意文献的可靠性。

4.综合查找法

将各种方法结合加以使用以达到检索目的。

人类历史源远流长,各种教育资料浩如烟海。如何从大量的文献资料中全面、迅速、准确地查获自己科研课题所需文献呢?这里有一个方法是否科学合理的问题。正确的检索资料方法应达到四点要求:(1)准,高的查准率。(2)全,高的查全率。搜集的资料不仅有正面的,也有反面的,既有纵向的也有横向的,既有中文的也有外文的,既全面又系统。(3)深,占有情报的多样性及内容的专深。(4)快,要迅速。一个准确度高、有价值的情报资料,如果检索速度慢了,耽误了时机,就会失去它的应有价值。要在准、全、深基础上做到快,就要学会利用各种类型的检索性工具书。

检索性工具书是比较完备的汇集某一方面的资料,按照特定的方法加以编排,[①]内容比较概括,以供检索文献线索时查找的图书。不仅提供准确的资料,而且提供经过筛选和条理化了的文献

---

① 工具书主要编排方法:部首法、笔画法、号码法、拼音法、分类法、主题法、地区法和时间法等。

出处和内容线索。工具书数以万计,仅辞典80年代以来就有两千多种,书目索引十万多条。常用的检索性工具书有:书目、索引、文摘、传记资料等。也包括辞书、百科全书、年鉴及手册。

书目,是统计和反映某一时期内全国出版的图书总目、报刊目录及其他文献目录,如通过《四库全书总目提要》《汉书·艺文志》《隋书·经籍志》《中国丛书综录》检索古代教育文献。而要查近、现代教育文献,就要翻阅《全国总书目》《全国新书目》《中国国家书目》《中国出版年鉴》等工具书。它们各有特色,如《全国总书目》,每期都收有大量的教育书籍,大致分为:教育学、思想政治教育、德育、教育理论、电化教育、教育心理学、教育行政与学校管理等十多个大类。《全国新书目》,则是迅速反映全国各类新出版图书。至于《中国社会科学文献题录》是全国报刊上新发表的学术文献题录,同样具有高的参考价值。书目的著录项目一般包括文献名称、作者、卷册、版本、价格及文献所属学科,有的还有内容提要,以向读者提供文献概况和线索。

新中国成立前的举要书目,《书目答问》影响极大,2200余部。抗战时期黎锦熙先生在西北师院讲授该书时,又细分为:必备书(上加三圈)、宜看书(上加二圈)、须知书(上加一圈)、识名书(上加一点),其余不加标记,对于识别书籍的重要程度是有帮助的。[①]研究生的专著选读是很重要的必修课。我们应了解目录学的基本知识,学会使用目录书的基本方法,并选读几本基本的目录书籍。

索引,是将书籍或报刊中的内容或项目摘记下来,编成简括的条目,按一定顺序排列并注明其出处。按检索内容和途径,索引可分为篇目索引(题录、论文索引)、字词句索引(书中摘出的字、词、句组成)、专名索引(按人名、地名、书名等编排)、主题索引(内容按主题集中编辑,如马克思恩格斯全集主题索引)。索引收集内容广

---

① 见《大学文科书目概览》,上海人民出版社,1985年版。

泛,文字简洁。

检索性文摘,是以简练的语言文字精确地表述原文献主要内容并注明出处。内容专深,强调科学情报价值。一般原文节录为多,包括主要论点、论据、结论。述而不评,陈而不议,客观公正地、真实地反映学术观点的本来面目。目前,文摘载体朝多样化发展,不仅有书本式,而且有期刊式和卡片式(每张卡片300字左右)。文摘按内容可分为综合式文摘和学科性文摘。我国文摘目前已一百多种,如《新华文摘》《教育文摘》《高教文摘》《高等学校文科学报文摘》等。人们借助文摘可获得学术信息,简要地了解文献内容,有目的地选择所需的一次文献,从而提高检索和使用文献的效率。

传记资料,一般附有被传人物的著作目录,为我们提供从作者入手查找文献的途径。如《中国教育家传略》,收进了从孔丘到李大钊共146位历代著名教育家小传。

另外,还有表附(用表格编年形式展现出来)、图录(以图像形式表示)、地图和名录等。其他如"十三经""二十四史",也可以叫广义的工具书、准工具书。

目前在我国,正在研究和发展计算机检索系统,不仅用以查书目,而且用以查具体分类资料,速度快,检索全面。查全率、查准率较高,提供了文献检索现代化的广阔的发展前景。

三、教育文献的利用以及检索文献的要求

要在检索文献基础上充分利用文献,不仅要掌握基本的加工文献方法,更重要的是要有高的分析与综合能力,有判断识别能力,才能从搜集到的资料中挑选出高质量的文献。据国外有的学者调查研究表明,按文献的质量可分为三种类别,一种是占30％左右的必要情报,一种是占5％的错误情报,其余的则是冗余情报。冗余情报中又可分为必要的冗余和不必要的冗余。这就需要我们有较高的鉴别力,找出进行科研所需要的必要情报,剔除错误

情报以及不必要的冗余情报,包括相互重复和陈旧过时的文献资料。

我国图书资料工作者通过科研,积极进行了文献工作的建设,为我们查阅文献资料提供了有利条件。如1992年出版的《中文核心期刊要目总览》①,使用文献计量方法,对我国近万种中文期刊用统一的标准进行了全面的统计分析,按中图法体系筛选出的核心期刊覆盖文、理、医、农、工各个领域。其中包括了初等、中等和高等教育类核心期刊要目总览,是在广泛检索1988—1990年工具书基础上,根据文献离散规律,对载文量、文摘量和引文量进行分析统计和综合筛选以及征求有关专家学者意见基础上产生的,比较全面、系统、客观。我们要充分利用有关的研究成果,查阅文献时善于选择核心期刊,确定主要文献,要善于抓核心文章以及抓核心词句表达的核心思想。

一般而言,检索文献要遵循以下基本要求:

1.检阅要全面,即全面性

通过浏览,不仅要广泛查阅自己特定范围内的国内外有关研究成果,而且要把视野放宽,广泛浏览特定范围以外的有关研究成果。不仅要搜集与自己观点一致的材料,也要搜集那些与自己观点不一致,或与自己构思相矛盾的资料。不仅要广泛查阅中文资料,同时也应查阅外文资料,以便及时掌握最新的研究资料和动向。特别是要着力搜集第一手资料,以保证研究的客观全面。

2.检阅要认真细致,即准确性

通过细读,基本掌握四十年来,特别是近十年来所研究的领域内讨论过哪些问题,有哪些分歧意见,有哪些代表人物和主要著作,主要倾向。要认真推敲观点和论据,并做好记录。"真理是由

---

① 庄守经主编,北京大学出版社,1992年版。

争论确立的,历史的事实是由矛盾的陈述中清理出来的"①,查准率要高。

查阅的认真细致,正是表现在搞清前人分歧矛盾所在,从而发现问题。有的学者精辟分析了在这个过程中大致存在的三种情况:第一种,前人的结论可能是正确的,但论据不充分;结论可能是错误的,但研究过程或研究方法可能有启发。第二种,前人的争论焦点,可能是问题的关键所在,也可能只在表面现象上争吵不休,并未触及问题的实质。第三种,前人的理论依据及史料依据,可能是准确无误并十分丰富,也可能是篡改文献,贫乏薄弱得不足为据。我们要通过细致查阅,搞清来龙去脉。

在实践中常常发生因疏忽而形成的论据失误。一是曲解引申,主观臆断;二是只知其一,不知其二,或突出其一,忽略其二,断章取义;三是脱离实际,追赶时尚,将马克思主义词句作为教条,生吞活剥并未真正理解。

3. 勤于积累

我们应养成不断学习、善于积累的好习惯,并有意识地培养自己读书治学的能力,掌握查阅文献的方法,逐步积累自己所需要的资料目录。还要善于做摘要、札记、卡片,编制自己的文摘、提要、综述,建立个人资料库,同时又会使用国家的信息库。

4. 善于思索

由于文献是在一定的历史条件下产生的,带有时代和个人的局限性,因此,需要对文献作进一步的分析、综合,做到在批判中继承,在扬弃中创新,将"死"书读"活",这就不仅需要有与研究问题有关的知识准备,而且必须靠理论思维。在阅读中进行比较、分析、联想和构思,从而产生解决问题的新思路、新观点。关于这一

---

① 《马克思恩格斯通信集》第一卷,生活·读书·新知三联书店,1957年版,第567页。

点,英国哲学家培根有一段精辟的论述:狭隘的经验主义者好像蚂蚁,只会收集材料而不会加工使用;经院哲学家就像蜘蛛那样,只会从肚子里吐丝结网;真正的哲学家应当像蜜蜂,既能收集材料,又能消化加工。我们教育科学研究工作者,应该像蜜蜂,对文献资料经过去粗取精、去伪存真、由表及里地改造制作,要舍弃成见,在理论联系实际的基础上锻炼和提高对资料真伪和价值的判断力和敏感性,进行创造性的理论思维。这样,才能有所创新。

第六章 理论构思 形成研究假设

在对研究课题的现状有清晰了解,以及对所搜集的材料进行分析、比较、概括的基础上,必须提出理论构想。教育科学研究必须有理论构思,缺乏理论构思或理论构思不清,将导致研究的盲目性。

理论构思主要是通过建立明确的研究假设,准确地表述研究课题并按确定的目标决定研究方法。能否提出一个好的研究假设,不仅关系到研究的科学化水平,而且关系到能否取得好的研究成果。

第一节 研究假设概述

一、什么是研究假设

选定课题后,要根据事实和已有资料对研究课题设想出一种或几种可能的答案、结论,这就是"假设"。

假设(hypothesis)是根据一定的科学知识和新的科学事实对所研究的问题的规律或原因作出的一种推测性论断和假定性解释,是在进行研究之前预先设想的、暂定的理论。对各种教育问题和现象所作的且尚待证明的初步解释都属于假设性质。

二、假设在教育科学研究中的作用

假设的功能主要在于它是理论的先导,起着纲领性作用。假设能帮助研究者明确研究的内容和方向,通过逻辑论证使研究课题更加明确,并按确定目标决定研究方法和收集资料,指导教育研究的深入发展,以避免研究的盲目性。

众所周知,课题研究必须有科学理论的指导,而科学理论在未经实践检验之前只具有科学假设的性质。教育研究是探求教育现象之间的因果关系、教育内部结构及其起源、发展的规律,一旦有了假设,研究者就能根据确定目标的要求,在限定的范围内有计划地设计和进行一系列的观察研究、实验研究;而假设得到观察、实验的支持,就会发展成为建立教育科学理论的基础。恩格斯曾高度评价理论假设在科研工作中的作用,"只要自然科学在思维着,它的发展形式就是假设。一个新的事实被观察到了,它使得过去用来说明和它同类的事实的方式不中用了。从这一瞬间起,就需要新的说明方式了——它最初仅仅以有限数量的事实和观察为基础。进一步的观察材料会使这些假设纯化,取消一些,修正一些,直到最后纯粹地构成定律。如果要等待构成定律的材料纯粹化起来,那么这就是在此以前要把运用思维的研究停下来,而定律也就永远不会出现"[①]。同样,假设是教育科学探索的必经阶段,是建立和发展科学理论、正确认识客观规律的正确途径和有效手段。

如上海师范大学恽昭世关于"充分开发儿童智慧潜力"的研究,课题假设是"儿童具有很大的潜能,特别是有相当一部分儿童因为先天和主要是后天的种种原因智力发展比较好,只要教学过程组织得比较合理,就能提早打开儿童的智慧闸门,使得智力水平在中等以上的儿童少年能提前两三年时间完成现行中小学所规定

[①] 《马克思恩格斯选集》第3卷,人民出版社,1972年版,第561页。

的教学任务,获得良好的发展"①。第一,这一假设决定着研究者探索行为的性质和方向,这一课题研究的核心在于教学过程的合理组织与儿童少年智慧发展的关系。第二,对解决问题的方案作了预见性的规定,这就是立足于对课程、教材、教法、评价、管理等方面的综合改革和合理组织上。第三,为收集事实,分析和解释材料提供了框架。该实验关注收集儿童智慧潜力获得提前开发的资料,儿童超前掌握学科内容的测试成绩以及全面发展的有关材料。第四,假设对研究结果、效果进行了预测,这就是提前两三年时间完成十二年学制规定的教学任务。事实说明,一个好的假设,是探索教育规律,形成理论的前提,是进行教育研究的核心。

三、好的研究假设的基本特点

要提出一个好的假设就必须注意把握科学合理假设的主要特点。中外学者就此问题做了很多研究并提出了各自看法。如W·J·吉德和P·K·哈特提出假设的必要条件必须是:第一,以明确的概念为基础;第二,具有经验性的统一;第三,有所限制;第四,与有效的技术相联系;第五,与总体理论相关联。这强调了假设的科学性。我国学者提出,假设作为对科学问题的一种试探性回答,应满足三个条件:(1)能够合理地解释原有理论所能解释的那些事实和现象;(2)能解释新发现的、但原有理论不能解释的那些事实和现象;(3)能明确预言尚未发现的新事实,为进一步检验假设提供可能性。

一般说来,一个好的教育研究假设应具有以下特点:

1.科学性。假设要有一定的科学根据,建立在明确的概念、已有的科学理论和科学事实的基础上,并且得到了一定的科学论证,与早先的正确研究结论是一致的,而不是毫无事实根据的推测和

---

① 恽昭世:《教育实验科学化的探索》,《教育研究》,1992年第12期。

主观臆断。

2.推测性。假设是在不完全或不充分的经验事实基础上推导出来的,是有待实践证实的,因而与正确的理论不同,它对一定的行为、现象或事件的出现作试验性的、合理的解释,因而有一定的预测性。假设本身正是科学性和推测性的统一,确定性和不确定性的统一。

3.表述的明确性。研究假设要以叙述的方式说明两个或更多量之间可期待的关系。概念要简单,表述要清晰、简明、准确,条理分明,结构完美,假设命题的本身在逻辑上是无矛盾的。如:"以学生为学习主体,利用根据'从小步逐渐过渡到大步'原则编写的教材进行由学生自定学习步骤的学习,可以提高学生自学能力和自学的记忆效率。"这一假设以叙述方式表明对自变量、因变量间所期望的相关关系。

4.可检验性。假设必须是可检验的,验证推测性的正确程度和可靠性。一个原则上不可检验的陈述是没有科学价值的,因而也就不是一个科学假设。由于教育研究的假设是对教育事实或现象间的关系所作的推测性假定,要使假定变成理论,关键在于它所预定的事实为研究及以后的实践所证实。因此,原则上的可检验性是科学假设的必要条件,这与假设产生前的科学观察和经验归纳有很大关系。

当然,一个好的有价值的研究假设的提出是要经过一个过程的,研究者要在研究过程中不断修改、完善研究假设。

第二节 教育研究假设的基本类型及假设的检验

一、两种不同的分类法

（一）按假设的形成分

按研究假设的形成，可分为归纳假设、演绎假设和研究假设三种。

1.归纳假设（Inductive hypothesis）

归纳假设是基于观察基础上的概括，是人们通过对一些个别经验事实材料的观察得到启示进而概括、推论提出的经验定律。

如黎世法对"六课型单元教学法"的研究，[①]通过对一万多名各类中学生的学习方法的调查，尤其是三百多名优秀生的学习方法特点的深入研究，将学生的"八环节系统学习方法"从心理活动上概括出十条学习心理规律，并将八环节学习和十条心理规律作为中学生学习的本质学情。以此为依据，将现成教材分成若干单元，每单元按照自学课→启发课→复习课→作业课→改错课→小结课等六种前后紧密联系的课型进行教学，以提高教学质量，达到优化教学的效果。

---

① 六课型为：自学课、启发课、复习课、作业课、改错课、小结课。程序是：首先通过"自学"初步弄清问题，通过"启发"弄清自学中的难点；再通过"复习"将知识系统化，并在理解的基础上记住最基本的事实和知识；然后，通过作业和改错，检验前几步掌握知识的正确程度；最后通过"小结"，使知识概括化，技能进一步综合化。参见《中学语文课堂教学新结构的理论基础》，华东师大教科所倪文锦，《普教研究》，1988年第1期。

2.演绎假设(Deductive hypothesis)

演绎假设是从教育科学的某一理论或一般性陈述出发推出新结论,推论出某个特定假设。是根据不可直接观察的事物现象或属性之间的某种联系的普遍性,通过理论综合和逻辑推演而提出的理论定律和原理的假设。如北京师范大学冯忠良教授的"结构—定向教学实验",依据能力、品德的类化经验说、学习的"接受—构造"说、教育的系统论观点和教育的经验传递说,推论出结构—定向教学实验研究的一系列假设。①

又如赵宋光教授提出的"综合构建数学教学新体系",按照现代哲学、美学、心理学所揭示的儿童智力结构、意志结构、情感结构立体镶嵌、全面发展的规律,依据他提出的构建生成学习理论,从而提出了"语言符号镶嵌结构教学模式"。这个实验研究的假设是:工具操作与语言符号结合,构建成"操作言语镶嵌结构"而导致从感性认识向理性认识的飞跃。②

3.研究假设(Research hypothesis)

研究假设陈述的是两个变量间所期望的相关(或不同)。

如上海一个语文教改实验"扩大阅读,课时分段式"教学。基本做法是将初、高中每周语文课时划段(高中5课时划分为3、2,初中6课时划分为4、2),将分出的2课时作为阅读课,提供学生阅读各种书籍用。这实际上提出的是一个研究假设:开设阅读课,提供阅读书籍的时间保证,观察学生语言文字能力的变化以及引起的语文教学的相应变化。③

又如,通过数学教学过程中语言的培养来促进思维能力的发

---

① 冯忠良:《结构——定向教学的理论与实践》,北京师范大学出版社,1992年版。

② 赵宋光:《数学教学方法新探》,《教育研究》,1980年第3期。

③ 《扩大阅读,课时分段式教学》,《上海教育》(中学版),1989年第7、8期。

展的研究。准确地掌握数学概念是数学思维的基础,多角度思考复杂的数学问题时要求用较复杂的语言加以表达,探讨语言与思维发展的关系。这类研究形成的假设都是研究假设。

在研究假设中,呈现出方向性假设和非方向性假设两类(Directional Vs. Nondirectional hypothesis)。区别点:方向性假设,指出相关或差异的特点,如"思维能力上男生的推理能力比女生强";非方向性的假设只简单地指出那里存在一个相关或差异,如"思维能力上男女生有差异"。

如杭州大学教育系与杭州市天长小学综合实验组进行的"整体优化教育"实验,实验目的是探索一条从儿童实际出发,综合设计和组织教育过程,力求以不超过规定限度的时间和能力,取得尽可能高的教育效果的途径。实验假设是:"在整体性观点指导下,运用综合性的方法,综合设计和组织教学过程,其教育教学效果可以高于目前一般教育教学工作所能达到的水平,并使全班每个学生在德智体美劳诸方面都得到最优发展。"这是一个方向性假设。

非方向性研究假设,往往是当研究者对所研究对象的内在关系不甚了解,凭借已有知识经验只能肯定研究对象内在诸变量之间有相关,但不能肯定是何种相关。如关于集中学习与分布学习两种学习方式在运动技能学习与语言学习中的不同效果的研究,关于惩罚与奖励在个性形成中的作用的研究,家庭教育对儿童智力发展影响的研究等,这类课题的假设就是非方向性研究假设。

(二)按性质和复杂程度分

依据研究假设的性质和复杂程度可分为描述、解释和预测三种,这也是研究假设发展的三个阶段。

1.描述性假设

科学探索的最初阶段,描述认识对象的结构,向我们提供关于事物的外部联系和大致的数量关系的推测,是关于对象的大致轮廓的外部表象的一种描写。

例如,画出几何图形中的线段,研究初中生对图形认知结构的心理特征。这一研究带有实证研究的特色。调查结果表明,初学几何的初中学生,在分析观察复合图形时,认知结构上可能具有"顺序""对称""封闭"及其组合的某种认知特征,这种特征对学习效果起着积极的作用。统计表明,在该实验中,认知特征较强者,相对误答率低(占5%);相反,认知结构上特征不显著者,相对误答率较高(占25%)。从几何教学的经验中归纳出假设命题:"学生认知图形是存在着结构性心理特点的。不同认知结构对学习效率有不同影响。"

2.解释性假设

是揭示事物的内部联系,指出现象质的方面,说明事物原因的一种更复杂、更重要的假设,这是比描述性假设高一级的形式。在研究中,处于解释这个层次的假设,是从整体上揭示事物各部分相互作用的机制,揭示条件与结果、研究主体的最初状态和最终状态的因果关系原理。

3.预测性假设

对事情未来的发展趋势的科学推测,它是基于对现实事物的更深入、更全面的了解基础上提出的更复杂、更困难的一种假设。比如:要对当前我们实行的计划生育、独生子女政策对今后五十年我国社会结构和社会关系的变化,对教育结构及发展的影响这样一个问题提出科学预测,这是一项比较困难的研究课题,要求我们不仅对当前的人口构成和社会经济发展条件下的社会结构和社会关系非常了解,而且对西方由于人口出生率下降引起的社会在各方面变化也应有所了解。仅仅具备这些知识对于制定一个长期的科学预测还是不够的。解决制定科学预测的关键性问题是找出研究对象的未来发展中的决定性因素(要素),揭示这种决定性的要素对社会过程的影响以及社会过程对研究对象在未来发展的各要素的反作用。

预测性假设主要用于全国范围内的、具有战略意义的某些综合性课题的研究。例如,要普及九年义务教育,如何解决农村普及教育的经费问题。又如,关于21世纪中国普通教育课程体制改革的设想。这类具有战略价值的研究课题,决不是哪一个学科研究所能承担起的任务,一般是多学科综合、协调地进行。当然,教育科学研究中多数是一些与当前关系密切的现实课题,采用预测性假设不是太多。

二、研究假设的形成与检验

科学研究假设的形成是从观察发现到理论发现的中介环节,是由个别特殊的发现过渡到普遍一般发现的方式。一般需要经过下列步骤:首先,要在搜集一定数量的事实、资料基础上,提炼出科学问题。其次,寻求理论支持,形成初步假设。为了回答问题,要充分运用各种有关的科学知识,并且灵活地展开归纳和演绎、分析和综合、类比和想象等各种思维活动,形成解答问题的基本观点,而这种观点常常表述为新的科学概念,并以此构成假设的核心。最后,要推演出各相关现象的理论性陈述,使假设发展成比较系统的形态,具有严谨的系统和稳定的结构。

进行理论构思,形成科学假设需要具备以下几个基本条件:

1.**基础是科学观察和经验归纳(经验基础)**

要有目的地、系统地研究整理有关教育教学的各种资料和经验,以及参加教育教学实践。具体地说,它涉及以下内容:要把握社会发展的需要和时代的走向;洞察现实存在的弊端,了解有关研究领域国内外研究的基本情况,以及相关领域的研究成果。这是形成假设的源泉,它为假设的形成提供认识论依据。

2.**思想方法论**

要有辩证唯物主义与历史唯物主义观点。描述性的经验代替不了科学规律,为此以描述性的经验规律为出发点,运用逻辑工具,导出假设命题,有可能是经验规律的补充,如果得到实践验证,那么经验就上升为理论,达到本质的认识。也就是说,假设是在科学观察和经验归纳基础上所做的合乎逻辑的某种命题或命题体系,因此,假设可以通过类比、归纳、演绎等方法获得,关键在于是否掌握科学的思想方法论。

例如,如果想要研究我国在社会主义商品经济条件下某地区青少年思想发展的特点和变化,那么,首先必须坚持以下几个基本观点:一要坚持决定论,社会存在决定社会意识;二要坚持实践论,主体的实践活动是认识发展基础;三是要坚持发展论观点,人的思想意识是不断发展变化的,受到社会、家庭、学校各方面的影响。在科学观点指导下,才能提出正确的研究假设:当前青少年学生的思想变化是对社会主义商品经济发展的必然的、合理的反映。

3.研究者的背景知识

包括研究者的学科知识(教育学、心理学、伦理学、社会学、美学等),掌握与研究课题有关的材料等。比如,要研究班集体的结构和形成特点,就要懂得心理学、社会学等知识,善于分析班集体中不平衡的人际关系,分析班集体中的群体关系、非正式结构,以及由于性格、气质等方面的相似性、接近性、互补性等原因而互相吸引的原因。

总之,研究者要在研究过程中不断完善研究假设,充分发挥假设在教育研究中的作用。

第七章 教育研究的设计

研究计划(Research plans)的设计是整个研究工作中的重要的一步。研究设计是否合理完善,不仅直接影响研究的预定目标能否实现,影响研究工作的效率,而且影响研究结果的可靠性、科学性。因此,要想使研究达到预想的结果,就必须在着手进行研究之前缜密地做好计划。设计研究计划,主要包括以下几方面内容。

第一节 确定研究类型和方法

要根据研究目的、课题性质确定研究类型,选择研究方法。教育研究具体方法很多,如历史法,调查法,比较法,实验法,理论研究法,等等。要使所选择的研究方法相对正确和合理,就要遵循以下基本要求。

一、根据研究课题的目的要求选择方法

研究方法的选择取决于研究目的。在教育研究的多种类型的方法中,不存在绝对的"最优方法"。哪一种或哪几种研究方法对实现研究目的最有效,就选择哪一种或哪几种。如对交通工具的选择,你要出国考察,乘飞机最快;但若要上街购物,则是乘汽车或骑自行车最方便。比如我们要研究教学中如何贯彻好直观性原

则,这个课题可涉及多个问题,需要用不同的方法。直观性原则最早是捷克教育家夸美纽斯提出来的,如果要考察三百多年来该原则在理论基础、基本观点和方法上的演变,那么就要用历史研究法;如果要考察当前在教学中贯彻直观性原则有哪些经验以及问题,那么就要用调查法;如果要对贯彻直观性教学原则的内在规律、因果关系进行研究,最好是采用实验法,选择两个平行班,采用不同的方式进行对比研究。

二、注意各种方法的独立性及相互联系

教育研究的每一类方法,具有各自的特点及不同的适用条件和范围,不能相互代替。在注意每种方法的独立性的同时,要注意它们之间的联系,尤其是在难度较大的研究课题中,往往需要几种方法的互相结合,配合使用。

另外,还需考虑被试的特点,研究的主客观条件。

在确定了基本研究类型后,还需要考虑研究过程中所采用的一些具体方法。诸如:取样方法,收集数据资料的方法,数据的定性与定量分析的方法等。

第二节 选择研究对象

教育研究是有目的、有计划地认识教育现象,探索教育规律的活动,具有很强的探索性。为了揭示教育现象与过程的发展规律,选取的研究对象必须是有典型代表意义的,这样才能保证研究结果的可靠性。如何选择有代表性的研究对象,即取样问题,就成为考虑研究计划时很重要的一环。善于进行科学的取样,也是科学研究的基本要求。

一、总体、样本、取样的基本概念

总体,即研究对象的全体。凡是在某一相同性质上结合起来的许多个别事物的集体,当它成为统计研究对象时,就叫做总体,是一定时空范围内研究对象的全部总和。

样本,是从总体中抽取的、对总体有一定代表性的一部分个体,也称为样组。它是能够代表总体的一定数量的基本观测单位。样本中所包含的个体的数量称为样本容量。

取样,是遵循一定的规则,从一个总体中抽取有代表性的一定数量的个体进行研究的过程。目的在于:用一个样本去得到关于这个总体的信息及一般性结论,从样本的特征推断总体,从而对相应的研究作出结论。

为什么要在一个总体中只抽取样本进行研究?这是由教育研究对象的特点和取样本身的基本特点所决定的。

教育科学研究对象是数以万计的大、中、小学生乃至成人。由于研究课题的不同,被研究的学生范围也是不同的。如果你研究的是个别人或少数人,不存在取样问题,那么对象总体已成为你的研究直接对象。但是教育研究绝大多数课题涉及对象是比较广泛的,比如要研究中、小学生学习习惯的现状和特点,初中二年级学生学习成绩分化的原因,一年级小学生考试观念的形成过程等问题,目前我国初中生有4683.5万人,小学生有12164万人,限于研究者的时间、精力、人力和物力,要对上千万学生进行逐一研究然后得出结论是非常困难的,事实上也是不必要的。取样,以概率论的大数定律作为理论基础,是根据部分样本的实际资料对全部总体的数量特征作出推论估计。由于是按随机原则从全部调查总体中抽选样本单位,而且抽样推断的抽样误差可以事先计算并加以控制,从而保证了研究结果的准确性和研究的可靠性,并使研究有一定的深度,提高了研究的效率。

在我们的教育研究实际工作中,由于没有掌握取样方法而造成人力、物力、时间的浪费以及数据资源的浪费,造成的对问卷调查泛滥的抵触情绪等,这种例子是很多的。有人误以为用行政命令手段,样本越大越好。如果一个研究只需选取500人作为样本就可以推断出总体情况,就不需要抽样上万人。人多,抽样误差减少,可是过失误差又增大了。

二、选择样本的基本要求

为了保证取样的水平,应遵循四个方面的基本要求。

1. 明确规定总体

要从内涵和外延两方面明确总体界限。

研究的目的、课题性质决定总体的内涵。譬如,"大学生学习现状调查与学习指导的研究",总体就是全国的所有大学生;"弱智儿童智能特点的研究",总体就是所有的弱智儿童;"初中学习困难学生教育的研究",总体是城乡初中学习困难的学生。当然还必须对"学习困难"的含义加以明确的界定。

研究目的决定了总体的范围。研究者准备将研究成果推广到什么样的范围,就应在该范围内抽样。这就要区分是城市学校,还是农村学校;是重点校、一般校还是基础薄弱的学校;是大学理科,还是工科、文科;是男生还是女生;是低年级还是高年级。从某一总体抽取的样本,经过研究获得的结果只能推广到这一总体中去。

2. 取样的随机性

要尽可能使每个被抽取的个体具有均等的机会,也就是说,使被抽取的任何个体与个体之间是彼此独立的,在选择上没有联系。这里不存在任何选择的标准,不带有任何有意义的成分,从而尽可能使样本保持和总体有相同的结构。

3. 取样的代表性

要尽可能使抽取的样本能代表总体。如某市对初中学生学习方法现状进行调查研究,全市初中三个年级共42万学生,可以从中抽选840人来说明42万人的情况,因此这840人的代表性就非常重要了。只有样本具有代表性,那么由样本特征推断的总体特征才有一般性,对总体的研究成果才有推广价值。样本的代表性正是由部分推断整体做法的理论根据。

取样的偏差将导致研究结论的无效。一个非常典型的案例是1936年美国全国新闻杂志联合会就总统候选人进行选民民意测验,取样对象是各州交通处登记在案的汽车主人和各城市的电话用户两类人。正式开票结果:罗斯福当选,民意测验结果失误。分析其原因,取样时将多数没有汽车、电话的选民排除于调查对象之外了。有人研究某大学学生课余休闲和爱好,利用晚自习时间到图书馆发放问卷,问卷回收率90%以上,结论是:65%大学生晚上都是在图书馆度过的。这一结论也是由于取样的偏差而带来误差。

要使取样有代表性,还必须对取样误差进行正确估计。取样误差是指样本的指标数值与总体的指标数值之间所存在的离差。这种差异值越小,就说明抽取的样本能比较正确地反映总体。因此,为了保证取样的代表性,研究者要分析影响误差大小的因素,通过计算取样的标准误差值测定出来,并努力使误差控制在最低的程度。

4.合理的样本容量

要科学地确定样本的大小,既要满足统计学上的要求,又要考虑实际上收集资料的可能性,并使误差减少到最低限度。一般来说,样本容量与样本代表性呈现正相关,大的样本更具有代表性(representative),研究结果可能更有一般性。

样本大小取决于以下诸方面因素:(1)研究的不同类型;(2)预定分析的精确程度;(3)允许误差的大小;(4)总体的同质性;(5)研究者的时间、人力和物力;(6)取样的方法等。在研究中,如果要求的精确度高,允许的误差值小,总体的异质性很大,许多未控制因素会混淆研究结果,或研究的因变量在测量上的信度较低时,就要考虑使用较大的样本。

根据以上分析,结合长期教育研究的实践经验,提供以下取样大小的参考值。

描述研究、调查研究:总体的10%。除少数情况,调查研究的样本容量一般不能少于100。

相关、比较研究的满意样本每组至少30。

实验研究:条件控制较严密的研究,如心理学实验,每组15人;条件控制不严密的教育实验,最好是一个自然教学班,不少于30人。

必须指出的是,不能绝对地理解"总体愈大,样本容量就愈大"。不是绝对地按比例取样。据国外有的学者对总体与样本容量关系的研究也说明了这一点。见表7-1,图7-1。[1]

另外,要避免取样的偏见。取样偏见来自研究者的失误,一是志愿者的使用;二是近便组(available)的使用。这些应在研究报告中写明。

抽取的样本是否有代表性,最后还要通过对结果的检验来证明。由样本得到的结果必须作统计学上的显著性检验。例如,在某种实验研究中,实验班成绩高于对比班成绩,那么这种差异是否真实呢?这就必须做实验结果的显著性检验,目的是说明由实验样本所取得的结论。如果样本具有代表性,那么这种结论也适用于总体,因而具有一般性。而某种统计量的计算和各种不同的显著性检验,如平均数、标准差、相关系数以及 u 检验、t 检验、x^2 检验等,都用各自的标准来估计样本可能产生的误差,样本容量的大小将会影响上述误差和由样本估计总体的真实价值。

---

[1] Hsu, Experimental Design, kinko's copies. pp.127

表 7-1　从给定的总体确定样本大小一览表

N	S	N	S	N	S
10	10	220	140	1200	291
15	14	230	144	1300	297
20	19	240	148	1400	302
25	24	250	152	1500	306
30	28	260	155	1600	310
35	32	270	159	1700	313
40	36	280	162	1800	317
45	40	290	165	1900	320
50	44	300	169	2000	322
55	48	320	175	2200	327
60	52	340	181	2400	331
65	56	360	186	2600	335
70	59	380	191	2800	338
75	63	400	196	3000	341
80	66	420	201	3500	346
85	70	440	205	4000	351
90	73	460	210	4500	354
95	76	480	214	5000	357
100	80	500	217	6000	361
110	86	550	226	7000	364
120	92	600	234	8000	367
130	97	650	242	9000	368
140	103	700	248	10000	370
150	108	750	254	15000	375
160	113	800	260	20000	377
170	118	850	265	30000	379
180	123	900	269	40000	380
190	127	950	274	50000	381
200	132	1000	278	75000	382
210	136	1100	285	1000000	384

注　N:总体大小　　S:样本大小

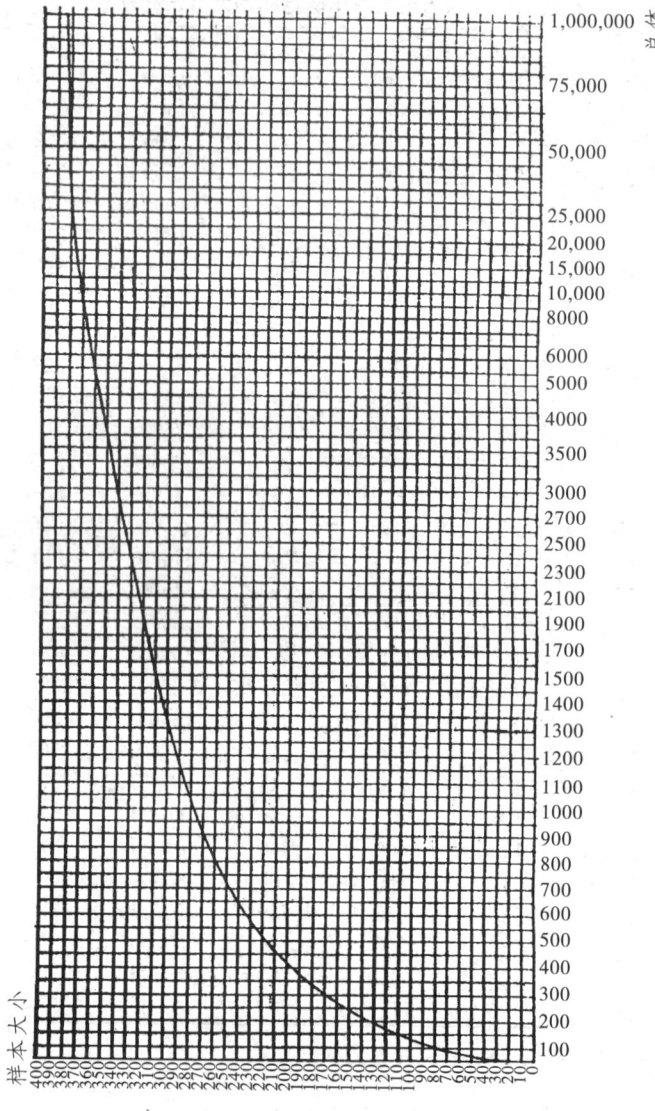

图 7-1 总体与样本大小的关系

三、取样的基本方法

取样的方法多种多样,要根据研究目的和条件灵活选用。

1.简单随机取样

按照概率论的原理,抽样时要尽可能使总体中的每一个基本观测单位都有均等的机会,有被抽中的可能。简单随机取样,优点是:可以保证全部标识的代表性;能够确定抽样误差的理论值,并且简便易行。这是在总体异质性不是很大而且所抽取样本较小时经常采用的一种形式。局限是:当样本规模小时,样本的代表性差。

简单随机取样有两种具体方式:

(1)抽签。把总体的每个观测单位依次编上号码并做成签,放进一个器皿加以充分混合后,每次从中抽取一个,记下号码,然后把抽取的签再放回器皿中,再次摇动和抽取,如此反复,直到取够样本所需数目为止。

(2)随机数目表。随机数目表是一种经严格制作的由许多数目字组成的表,数字随机排列,操作时,首先随机确定一个表上取数的"起点",然后按表上所示的数号取样。

2.系统随机取样

系统随机取样,也叫等距抽样、机械抽样。先将总体各个观测单位按某一标志顺序排列编号并分成数量相等的组,使组数与取样数相同。然后从每组中依事先规定的机械次序抽取对象。抽样比率的计算公式: $k=\dfrac{N}{n}$ (k:抽样比率;N:总体数;n:样本数)

例如,某一研究要从1000名学生中抽取100人作为样本,抽样比率为: $k=\dfrac{1000}{100}=10$。按学生名册或学号,从1至10中选出第一个样本单位,比如这个号码是5,然后作等距抽样:5,15,

25……直到选够100个号为止。

系统随机取样,由于它能在总体的整个范围内有系统地抽取样本,因此与简单随机取样相比较,抽样误差要小一些。如果把其总体的每个观测单位按照某种性质特征的变异度大小或增减程度依次编号,进行系统抽样,其结果常与分层抽样差别不大,但它又有比分层抽样设计更简单的优点。所以在抽样调查中常被采用。

系统随机抽样,要考虑研究总体的情况。如果总体存在周期性变化,如考试试卷,男生单号,女生双号,那么,很可能出现样本的系统误差,抽取的样本只有一个性别。

3.分层随机取样

分层抽样也叫类型抽样、配额抽样。将总体按一定标准,即单位属性特征(变异度的大小)分成若干层次或类别,然后再根据事先确定的样本大小及其各层或各类在总体中所占的比例提取一定数目的样本单位。即按总体中具有各类特征的对象所占的比例,在总体中随机抽取同样比例的样组成分的取样方法。

适用条件及特点:当已知研究总体由不同性质的几个部分组成,要使抽取的样本能客观反映总体的结构特征,就可以采用类型取样。这种取样方法兼顾了总体的各个层面、不同类型的观测单位,因而获取的样本更具有代表性。分几层,如何分层,要根据已有研究进行。如文理科有差异,与中间学科无差异,则分两层。关键是一定要根据总体情况。因此,分层是以客观事物的实际状况为依据的。

采用分层取样的步骤:

(1)了解总体中各特征的差别,按特征差异分组,计算每一类别在总体中占的比例。

(2)根据各组在总体中所占比例,分配各组中每一类别的人数。

(3)最后从总体的不同类别的对象中按规定人数在各组中随

机抽取样本。

分层抽样是将已知的将会直接影响研究结果的特征,如分数、智力等,按不同的水平分层,然后进行类型取样。

4.整群随机取样

把一个个整体,如学校或班级编号后用随机、机械或类型取样方法进行抽取,它不是从整体中逐个地抽取对象,而是抽取一个或几个单位整群作为样本。

教育实验中,考虑到教师学生的配合等问题,有意地选定研究班级而不打乱原教学单位,所以它是常用的方法。但是必须看到,整群取样所获得的样本,由于样本分布不均匀,比如存在学习成绩、智力水平、性别等差异,一般说,代表性不如个别取样,在统计推论上存在一定缺陷。因此,我们在选定研究学校和班级时,必须十分谨慎。比如,一般学校的尖子班,对一般学校的普通班是不具代表性的。因此,在这样的班级中获得的研究结果,对类似学校、类似班来说是适用的,但要向一般学校普通班推广就会遇到困难。

有意抽样法(按目的抽样),如研究特殊儿童(聋哑、盲弱视、弱智)学习特点,或超常儿童的学习特点,那就必须以特殊儿童作为抽样对象(叫有偏取样)。

抽样的标准、方法以及抽样大小是否适合,关系到研究工作的进程。特别是研究方法的准确性、科学性,是研究工作开始时必须妥善解决的一个重要问题。另外,还应该根据研究课题性质特点选择不同取样方法。无论何种取样的方法,都会产生一定的抽样误差,研究人员要尽量排除主观因素干扰,保证样本能客观、全面地反映总体,并能通过一定的计算检验样本的代表性程度。

教育研究属于社会科学研究,我国学者在对取样方法进行研究时还提出了"随机取样"与"非随机取样"[①],"概率抽样设计"与

---

① 谢圣明、秦忠熙等主编:《人类社会研究法》,武汉大学出版社,1987年版。

"非概率抽样设计"①的分类法,并对非随机取样、非概率抽样进行了具体分析,为我们掌握科学的抽样方法提供了新的思路。

第三节 分析研究变量

研究的变量(Variable)是指某一群体,其组成成分间在性质、数量上可以变化,可操纵或测量的条件、现象或事物的特征。如一群学生,可以有学业、成绩、智力、动机、兴趣等不同的特征,这些特征就是变量(或称维度、因子、分类标准)。

一个具体的教育研究课题,往往涉及多个变量及其相互关系,即多因多果。因此,在确定研究计划时必须依据研究目的,详细列出研究所涉及的所有变量,并加以具体确定和认真选择。

一、初步判断自变量与因变量的关系状态

变量依其相互关系可分为自变量、因变量和控制变量。

自变量(Independent Variable)是由研究者主动操纵而变化的变量,是能独立地变化并引起因变量变化的条件、因素或条件的组合,比如在学习内容、教学方法、惩罚方式、学习次数、活动方式等方面研究者采取的变革措施。

因变量(Dependent Variable)是由自变量的变化引起被试行为或者有关因素、特征的相应反应的变量,它是研究中需要观测的指标。

控制变量(Control Variable)是与某特定研究目标无关的非研究变量,也叫无关变量(irrelevant variable)。由于它对研究结

---

① 叶澜:《教育研究及其方法》,中国科学技术出版社,1990年版。

果将产生影响,所以需要在研究过程中加以控制。

研究者在考虑研究计划时,首先要对该研究中自变量和因变量将呈现什么样的关系进行初步判断。要根据研究目的确定研究的变量,考虑研究变量的性质特点和相互关系。

一种是相关关系。是正相关,是负相关,还是零相关(自变量单位的每一次增进都不伴随反应数量的恒定变化)。

一种是因果关系。

一种是预测关系。即依据已知的客观事实、科学理论、科学方法,能探索和推测未来的发展趋势。

二、选择自变量

根据研究类型确定操纵性自变量和非操纵性自变量,并确定自变量数目和水平。

所谓操纵性自变量是指研究者可以主动加以操作的变量;而非操纵性自变量则是研究者无法主动加以操作的变量,如被试的年龄、性别、社会经济地位、家庭结构、父母职业等。对二者加以区分的重要意义在于:研究者必须明确确定所要操纵的自变量,即要变革的措施,它反映的正是一个教育研究的性质与特点。

选择和操纵自变量,主要问题还在于要防止自变量的混淆以及保持自变量的单纯性问题。也就是说,在研究中自变量变化时,不能改变其自身的性质,如果与无关变量混淆,就会使观测的因变量变化不可靠,得不到科学的研究结论。例如,进行一种数学教材实验,必须让实验班自始至终坚持使用实验教材,对比班要坚持使用对比教材,不能使二者混淆或穿插使用其他教材。因为如果混合了教材进行实验,其结果将无法说明实验教材的优劣。前几年关于某小学数学教材实验、伦纳德外语教材实验,由于受统考干扰,加入统编教材,以致影响研究结果的说明。正因为如此,在中学数学自学辅导教学实验中保证学生自学的时间量就十分重要了。

这里需要说明的是,在教育实验中的复合自变量问题。有时研究者有意使用一个复合的自变量,其中包括许多彼此不同的自变量。如某市领导发现本市初中生数学成绩远远低于国家规定的平均水平,因此进行了一项研究,看看能否有"希望"赶上来。对这个城市中初中的一半学生继续按过去的方法进行教学,另一半用新方法:如使用新教材,奖励进步,采用新教法及程序学习机器等,然后对结果进行对比分析。如果这套措施影响了学生成绩,显然不能鉴别出在几个自变量中,究竟是哪一个起主要作用,也不能估计"霍桑效应"(学生知道新教法是为提高自己学习水平,更努力地学习。家长知道自己的孩子参加实验班,也积极配合)。

在这一研究中,使用的是一个复合的自变量。对于解决实际问题可能有用,也可能有助于在教育问题上采取某些措施,它仍然是教育研究,因为是研究者有意选用的,不能斥为不合规格。如果长远目标是要进行科学分析研究,那么就要精心设计研究程序,逐个地、单独地考察每一个认定的自变量所起的作用,辨别什么是关键性的成分,把复杂的动因中的每一个可分的自变量验明出来,同时分析各因素的组合优化问题。

三、确定因变量

确定因变量,主要包括两方面的工作。

1.列出该研究主要的因变量

研究中由于自变量的变化引起相应的变化因素可能是很多的,因此,在研究中要确定哪些是我们感兴趣的因变量的变化。例如,关于发展小学生主体性的研究,因变量内容可涉及:(1)小学生主体性的发展;(2)教师教育观念的转变;(3)优化育人环境;(4)构建主体性发展理论等。考虑时尽可能全面、完整且有重点。

2.确定加以测量和检验的反应指标——抽象定义和操作定义

所谓抽象定义(Abstract definition),是指对研究变量共同本质的概括。如中学数学自学辅导教学实验,因变量是学生的自学能力,抽象定义则要对"自学能力"的概念、自学能力的结构进行界定,作出明确的说明。发展小学生主体性,要对主体性行为表现加以界定,列出包括自主性、主动性、创造性在内的指标体系。抽象定义是设计操作定义的基础。

操作定义(Operational definition)是指变量的较精确与不含糊的定义,将以操作的方式表示,标明因变量是能被觉察和测量的。如用各种智力测验分数表示学生智力发展水平,用成就测验分数表明学生学业成就。要研究如何提高学生自学能力,就要确定测定自学能力的标准。当然,选定的测定标准要具有较高的信度和效度,有一定的权威性。操作定义的确定,有利于提高研究的客观性,有利于提高研究结果的可比性以及保证研究的可重复性。

四、辨别无关变量

无关变量是一个相对概念,相对于一项研究的自变量和因变量关系而言。如果对无关变量的影响不加以控制或消除,就无法确定因变量变化的根本原因。所以在选择研究变量的同时,必须辨明无关变量,考虑哪些无关变量可能对研究结果有影响,需要在研究过程中加以控制。

第四节 形成研究计划

研究计划是在进行研究设计基础上对整个研究过程的全面规划,对研究的各项主要工作进行合理的安排。研究工作计划的完成,标志研究的构思阶段基本结束。

一、研究计划的基本内容

研究工作计划应回答的问题是:研究的目的意义是什么,如何安排每一阶段的工作任务,用什么样的方法研究,如何搜集所需的资料,研究成果的形式以及如何对研究成果进行评价鉴定,研究人员的组织与分工,所需的研究经费等。具体分析,主要包括以下内容:

1.研究题目

课题名称应简明具体,反映研究的实质并有新颖性。

2.对研究课题目的及意义的简要说明

课题的目的意义,一般是从两个方面进行论证的。(1)本课题研究的现状和趋势。包括本课题要解决的科学问题,涉及的学科领域,国内外研究水平,存在的主要问题。要说明本课题的学术思想、立论根据、主攻关键以及独到之处。(2)研究本课题的实际意义和理论意义。

3.课题研究的基本内容,预计突破哪些难题

要说明该课题所研究的具体问题,在较大型的研究中,还须列出所含的子课题。

研究内容的表述,可以有不同的思路。有的是按历史研究、现实研究和方法研究三个维度安排研究问题的序列。如一项关于"教育学科体系的建设与发展研究"的课题,研究内容包括:(1)历史研究。通过对国内外教育理论、学科结构演变历史的考察,探讨教育理论和教育领域各分支学科形成、发展的规律及其内部的逻辑关系。(2)现实研究。作为课题研究的重点,立足于当代教育发展的特点,从教育科学整体概念出发,考察教育科学各分支学科的层次、结构和发展趋势,对教育科学自身的体系结构、新的学科生长点以及提高教育科学研究普及度和效益等问题进行探讨。(3)方法研究。从理论与操作两个层次探讨科学的教育研究方法体系

并作为教育科学体系建设与发展的重要组成部分。有的是按理论问题研究和实际问题研究作为表述研究内容的主线。如关于"少年儿童主体性发展"的实验研究,属于应用理论研究范畴。该课题的宗旨是从当代少年儿童特点出发,探讨实现学生生动活泼主动发展的基本途径。实践研究的内容是:少年儿童主体性发展目标体系及评价体系;影响中小学生主体性发展的基本因素分析;幼小衔接、小中衔接,提高教师素质及主体性发展的环境优化等专题研究。理论研究方面的内容,主要是构建主体性发展理论(教育主体论)的基本框架。另外,将探讨适合我国国情的教育实验基本理论和方法研究也纳入内容体系。

4.课题的研究思路和方法,制订研究工作方案和进度计划。

5.研究课题已具备的工作基础和有关条件。主要包括参加人员水平,研究工作的资料准备情况和研究手段。

6.研究成果的预计取向及使用范围。

7.经费概算以及需购置的仪器设备。

经费概算中一般包括图书资料费、调研费、文具费、上机费、成果打印费及购置仪器设备费等项内容。

为了便于交流以及申报课题,有时要求以200字为限,写出研究课题主要内容、意义和预期成果的摘要。文字简练,高度概括研究计划内容。①

以上是研究计划的一般构成。如果是一项具体的教育实验研

---

① 如一项关于"对人的哲学理解"研究,研究主要内容和意义的摘要(100字)是:"从文化和价值的角度,以当代'全球问题'和'冲突问题'为背景,在人与自然、社会、自身的关系中揭示人的主体性问题。它将有助于中国哲学走向世界,有助于中国的改革和建设,有助于中国人正确认识自己,促进观念、心态现代化,提高主体意识和力量。"预期成果摘要(46字)是:"就'对人的哲学理解'公开出版专著一部(30万字左右),发表学术论文及中国人价值观念、素质、心态调查报告若干篇。"

究,研究计划既符合上述内容要求,同时又有教育实验本身的项目要求。

二、研究计划的基本格式

(一)专题研究计划格式

1. 本课题研究的目的意义。
2. 本课题研究的主要内容。
3. 本课题国内外研究现状,预计有哪些突破。
4. 完成本课题的条件分析,包括人员结构、资料准备和科研手段等。
5. 课题组分工情况。
6. 主要研究阶段及研究成果形式。
7. 经费预算。

(二)教育实验研究计划格式

1. 绪言(Introduction):包括研究问题及研究假设,已有研究,状况的陈述,有关文献的检索。
2. 研究的具体方法(Method)。
3. 总体和样本(Subjects)
4. 研究设计(Design)
5. 实验过程(Procedure)
6. 数据分析的统计技术(Data analysis)
7. 时间安排(Time schedule)
8. 预算(Budget):包括人力、物力、设备及各种间接费用。

由于实验研究课题具体明确,还可以用列表或用条状图加以表示。如表7-2所示例。

表 7-2

	1	2	3	4	5	6	7	8	9	10	11	12
1.取样(Selection of subjucts)	▨											
2.前测(Pretesting)		▨										
3.处理(Treatment)				▨▨▨▨▨								
4.后测(Posttesting)							▨					
5.数据分析(Data Analysis)								▨				
6.准备报告(Report preparation)						▨▨▨▨▨						

（三）研究生论文工作计划格式

1.论文的主要内容

（1）内容提要（全文约二三百字）

（2）提纲（内容包括各部分的论点、内容要点、论证方式）。

2.具体安排（可列成表格形式）。如表 7-3 所示例。

表 7-3

论文工作的阶段名称及内容	开始时间	完成时间	成果形式	检查方式及日期
1.准备阶段:收集资料,写出论文提纲				
2.写作阶段:调查访问,继续收集资料,写出论文初稿				
3.修改定稿阶段				
4.答辩				

总的研究计划制订后,还应制订各种必要的具体工作(或局部工作)计划。如:研究方法的设计、搜集材料计划、调查计划、实验计划等。在考虑工作步骤时,论文内容设计应注意及早进行,哪怕是草拟一个粗浅的论文提纲,以后不断修改。

第三编 教育研究的基本方法

第八章 教育科学的历史研究法

任何事物的发展都有自身的历史,并且是作为一个过程展开的,要认识现实就必须了解历史,因此历史研究法早就成为人们进行科学认识的一种方法。我们要发展教育科学,就要坚持马克思主义的历史唯物主义,自觉地运用历史研究法,从教育的丰富历史事实中,寻求对教育规律的科学认识。

第一节 教育科学的历史研究法基本概念

一、什么是教育科学的历史研究法

所谓历史,是人类社会生活运动、变化、发展的过程,是人类所经历和创造的一切,既包括客观实在自身的发展过程,也包括人类认识客观实在的反映过程。牛津大字典中将"历史"一词定义为一个国家民族团体发展的研究(A Study of the group of their nations and Communities),强调历史远过于一种记载,而是一种研究。历史是一门科学,有自身的原理、方法和组织。

那么,什么是历史研究法呢?我们知道,任何社会问题都不是孤立的,而是有其产生的历史背景和发生发展的过程。正如列宁指出的,辩证法要求从相互关系的具体发展中来全面地估计这种关系。历史研究法正是借助于对相关社会历史过程的史料进行分析、破译和整理,以认识研究对象的过去,研究现在和预测未来的一种研究方法。这种方法的实质在于探求研究对象本身的发展过程和人类认识该事物的历史发展过程,而不是单纯地描述具体的历史事件或历史人物的活动。

教育科学的历史研究法,顾名思义,是以历史研究法来研究教育科学。是通过搜集某种教育现象发生、发展和演变的历史事实,加以系统客观的分析研究,从而揭示其发展规律的一种研究方法。

用历史法研究教育,涉及的主要对象是:研究教育活动的历史,研究教育实际和教育理论发生、发展、演变过程的历史规律。这里所说的教育实际,指各个历史发展阶段的文教政策、教育实施、教育制度的发展演变,社会上的教育变革与教育家的教育实际活动等;这里所说的教育理论,包括历代教育家的教育思想、理论,教育思潮以及教育流派的理论观点等。采用历史研究方法,要揭示一定时期的教育实际和教育理论如何受当时社会政治、经济、哲学、宗教、文化、科技等条件的制约和影响,同时又继承以往时期的教育传统而形成一个时代一个时期教育发展的独特模式和传统。

在一定意义上说,没有科学的历史研究,就不会产生真正的科学。任何一门学科要想成为真正的科学,就必须运用历史研究法来认识它的过去,研究现在和预测未来。尤其是作为社会科学的教育科学,在它向现代化科学化发展的进程中,历史研究法将发挥重要作用。

1.通过历史研究揭示教育发展的规律和特点,帮助我们认识现代教育的实质

这里,涉及一个进行教育研究时必须掌握的基本思路,这就是:当我们在进行任何一个重要的教育问题研究时,必须对该课题进行纵向的历史研究和横向的现实研究,也就是说,要从历史渊源和时代背景两个方面得出更深刻、更科学、更真实的结论。首先,

按照历史唯物主义的基本原则,尊重历史的本来面目,从历史过程中正确地截取特殊矛盾所经历的发生、发展过程作为独立的研究对象,搞清所研究的教育现象产生的历史条件、理论基础,产生后对当时和以后教育发展产生的影响,以及经过了几个什么样的发展阶段而不断得到改造与完善。正是通过纵向的历史发展进程的考察,提供从过去到现在的发展轨迹,体现从原因到结果的发展趋势。其次,在进行历史研究的同时,要进行横向的现实研究,分析当前时代的发展提出了哪些新的要求,为了回答新的挑战,该教育问题出现了什么样的新质特征和新的发展。

例如,我们要研究现代教育,那么,什么是现代教育,它是怎么产生的,它的基本特点是什么,现代教育与传统教育有什么异同……要回答这些问题,不仅要研究时代发展特点及其对教育提出的新要求,而且要作历史研究。原因在于,现代教育的产生,一方面它是一个历史的发展过程,现代教育继承了传统教育中合理的部分,它是经历了从传统教育思想的改造到现代教育体制理论的形成几个发展阶段进而具备了现代教育的基本特征。另一方面,作为现代教育,它必须具有区别于传统教育的新思想、新观点、新的哲学理论基础和新的研究方法,有它产生发展的必然性、现实性,而不仅仅是对原有教育理论体系的简单修改、补充和完善,它的产生是对当代教育理论和实践所面临的时代挑战的回答。历史研究和现实研究,正是我们探讨任何教育问题所应把握的两条基本线索。历史研究是作为现实研究的基础并为现实研究服务的,通古今之变是为了改造现在。只有使二者结合,才能理清事物发展的基本线索,抓住事物发展的各个环节阶段和联系,构建本学科的理论体系。

2.通过历史研究,有助于我们借鉴历史经验,预测未来教育发展的方向

现实教育是历史的发展,与过去存在着相关或因果关系。大

量事实说明,教育的历史现象、过程及规律经常反复重演并对现实社会的教育施加影响。通过历史研究,使我们借鉴历史经验教训,进一步促进教育发展并提高科学化水平,也正由于此,不断的历史反思成为人类文明历史所积淀形成的一种文化心态。

另外,通过历史研究还有助于我们开拓新的教育研究领域和研究课题,并不断提高研究人员的评判分析能力。

二、历史研究法的基本特点

历史研究法区别于教育科学其他的研究方法体现在,研究者主体与作为被研究客体的历史事件、历史现象和历史过程之间,不是相对同步的协调关系,而是一种非共存的历史性关系。客体不是作为现实世界的客体,而是已经凝结、稳定了的过去,是已经发生了的、不可逆转的。主体只能在其所处的时代环境中以现实为起点去认识、思考过去所发生的事件。由此而带来了历史研究法以下几个基本特点。

1.历史性。首先表现在研究对象上,历史研究法主要研究对象是过去发生的教育事件,研究目的是通过对教育事件的历史发展实际过程及具体内容的考察,借以探求教育发生、发展、演变的历史规律,并对它未来发展的基本趋势提出科学预言。这就是人们常说的"有史可鉴"。如果研究成果只是一时一事现象的解释或描述,不能提供一个对一定社会教育问题普遍整体的新认识,这样的研究则没有意义,历史研究法也不会被采用。只有认识历史发展的丰富内容,才能把握事物的本质和规律。许多教育家正是运用历史研究法,使他们的理论有了可靠的历史根源。

其次,在研究过程上,按照历史的时间顺序和空间范围再现历史的全过程,包括它的每个发展阶段。历史研究是从客观事物发展的历史角度来研究,所以搜集的是已有文献史料。它是一种跟随客观事物本身自然历史发展进行研究的一种思维方法和研究方法,力图按照客观事物本身发展历史的时间顺序和它在各历史发展阶段中的具体形态去进行描述。这里所说的再现历史的全过程,指的是包括它的各个发展阶段,不撇开重要的曲折的过程和偶然性,乃至历史上暂时的倒退。从研究低级的形式进到高级的形式,从研究最简单的关系进到研究最复杂的关系,遵循有序原则,"按照历史","历史从哪里开始,思想进程也应从哪里开始",①以便如实地反映或再现客观事物历史发展的全部过程。

2.具体性。历史研究是在丰富而具体的文献资料基础上,揭示研究对象发展过程中的一切历史形式、全部丰富的内容以及各种相关因素,从中探寻基本规律,所以必须把握最能说明问题的史料。历史研究中,文献检索与搜集资料程序一般是合一的,并且文献检索的范围更加广泛,有史书,有各类档案文卷,有考古出土文物,也包括民间社会的各种传说传闻等。由于历史研究法不是从现有的教育实践去搜集所需要的事实,而只能通过对过去事实的不同形式的记载去恢复过去的事实以供研究。为了善于把握教育事实的总和,文献史料的搜集和鉴别就非常重要。

3.历史研究是以逻辑分析方法为主。逻辑分析法,是从纯粹的抽象理论的形态上来揭示对象的本质,通过概念、判断、推理等思维形式,研究事物发展过程的矛盾运动,揭示历史规律并形成科学的理论体系。用逻辑分析方法对历史事实进行理论概括,能更深刻地认识事物演变的历史的规律性,更深刻地认识那些还只是处在萌芽状态、常常表现得模糊不清的东西。

正是由于历史研究法本身的特点,在用于教育研究时存在以下局限性:(1)历史是按年代顺序,经历了一个时间、空间错综复杂的发展过程,而历史文献常常是滞后记载,历史史料十分零散,很

---

① 恩格斯:《卡尔·马克思〈政治经济学批判〉》,《马克思恩格斯全集》第2卷,第122页。

不系统。由于搜集和考证分析这些史料的困难,影响到历史研究的可靠性问题。(2)历史文献的理论内容,是经过"加工"的抽象形态,留存着加工者们的主观认识;而历史研究过程对史料的分析取舍,又受研究者主观因素的影响,包括研究人员的学识、能力、价值观、对史料的掌握程度以及方法论水平等,很容易造成失误。(3)历史研究中无法做精确的量的分析。

三、历史研究法在教育科学研究中的适用范围

所谓方法的适用范围问题,是指在研究什么样类型、性质的教育问题时才能运用历史研究法。一般而言,历史研究法主要适用于研究人们过去的教育实践和教育思想理论。具体地讲,大致可概括为以下几方面:

1.对各个时期教育发展情况的研究

以历史发展的逻辑顺序完整地认识教育发展史的基本脉络,包括中外教育史从古代、近代到现代教育实践与理论发展的研究。如中国教育的历史研究,从夏商西周、春秋战国、秦汉三国、魏晋南北朝、隋唐五代,直到宋元明清各时期教育发展情况,中国传统文化与教育发展关系,道德教育,课程教材的发展,教学原则方法的演变,考试选拔制度的改革,科技发展与教育改革,马克思主义教育理论在中国的传播及其发展等。

2.对历史上教育家们的教育思想理论观点的研究

西方从柏拉图、亚里士多德、夸美纽斯到赫尔巴特、杜威等,我国从孔丘到朱熹、王夫之以至陶行知,历代涌现出许多重要的教育家,他们在各自教育实践基础上,创造性地继承和发展了前人的思想成果,建立起自己的思想体系,形成各自不同的学术观点,集中反映出一定时代教育理论与实践革新、发展的轨迹和规律,代表着发展演变的各个阶段。例如,我们通过对中国近代以来教育史上有重要理论贡献的人物(张之洞、康有为、梁启超、蔡元培、杨贤江、

陶行知、黄炎培、晏阳初、徐特立、吴玉章等)思想的深入系统研究，进一步考察中国近代教育思想继承传统、借鉴西方的演进过程，并阐明马克思主义教育思想和理论体系是中国教育发展的必然选择。

3.对一个时期教育流派、教育思潮的分析研究，以及对不同教育流派理论的比较研究

这方面侧重于教育思想的研究，其中也包括民族文化传统对教育的影响的研究。这类研究，重点在于揭示各历史阶段不同思潮和流派的特点，对教育实践所起的作用和对后世教育制度以及教育理论发展的影响，并探讨不同思潮和流派论争、融合演化的规律。

4.对一定时期教育制度，如法令、计划、政策等的评判分析

我国及世界各国，在长期的历史发展沿革中都有较完备、系统的教育制度并形成了各自不同的教育传统和教育模式。围绕各级各类教育，古代官学与私学，古代书院与学术文化，考试制度，近代留学制度以及教育管理制度等发展沿革可进行各种专题研究。

5.对外国教育发展状况的分析

这方面侧重对国际教育的比较研究，内容十分广泛。如各国教育制度问题，外国高校职能的演变，各国实施普及义务教育问题，职业技术教育问题，教育立法问题，少年儿童智力发展问题，教育实验与测量问题，高校的研究生教育与学位制问题，课程理论以及各国教育改革的经验和模式问题等。

6.开拓新的研究领域

如少数民族教育史，古代的科技教育、农业教育、艺术教育、社会教育、军事教育、民主文学教育和家庭教育，古代的幼儿教育、女子教育、成人教育、高等教育以及古代对外教育交流等。

第二节 历史研究法的一般步骤及方法结构体系

一、历史研究的一般程序

总体分析,历史研究主要分为以下三步。

第一步,分析研究课题的性质、所要达到的目标以及有关的资料条件。这里应指出的是,不是任何问题都可以无条件地使用历史研究法,所以要权衡必要与可能。

第二步,史料的搜集与鉴别。要用多种方法尽可能地搜集与研究问题有关的史料,并用各种方式对所搜集的史料鉴别真伪。通过史料再现与反映教育问题历史发展的本来面目,为下一步提供确凿可信的历史事实。

第三步,对史料的分析研究。要用历史唯物主义观点对史料进行分析探讨,以深入考察教育演进的内在成因和机理,弄清不同时期教育具体发展的"所以然"和"为什么",从而发现和揭示教育演变的规律。为了进一步说明历史研究的过程,这里引用日本《现代教育学基础》中关于"历史研究课题的确定与资料操作"的图示,供研究参考。[1] 见图 8-1。

---

① 日本筑波大学教育学研究会编:《现代教育学基础》,钟启泉译,上海教育出版社,1986年版,第491页。

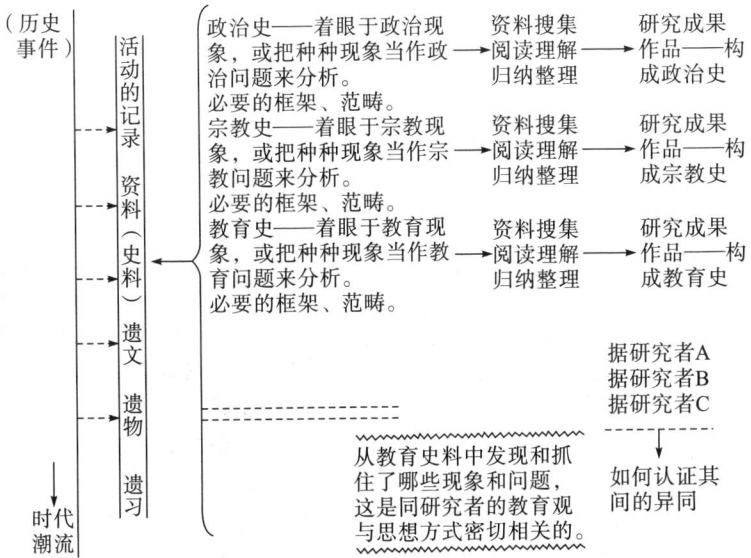

图 8-1 历史研究课题的确定与资料操作

二、历史研究法的结构体系分析

教育研究中的历史研究法和历史学总体结构相类似,也是一个多层次的立体结构。有的学者认为,史学总体结构包括三个不同层次:史料、历史文献为基础层次,历史过程、本质规律为完成层次,史学理论与方法则为历史哲学的层次。① 同样,教育科学研究中的历史研究法也基本包括三个层次,每个层次都有相适应的方法要求。这一体系结构见图 8-2。

---

① 赵吉惠:《历史学方法论》,四川人民出版社,1987 年版,第 7 页。

```
第一层次
                        纪事本末法、纪传方法、
   搜集、整理、分析处理史料→ 编章方法、实录方法
                        考证、辨伪、校勘、
                        辑佚、训诂等方法

第二层次(事件与过程研究)    历史的分析方法
                        逻辑的分析方法
   教育科学各学科发展通史
   各学科基本理论与实践专题史→ 历史的比较研究方法
   教育理论、学派史          新方法(历史系统研究、
                        历史计量研究、
                        历史心理分析等方法)

第三层次
   史学理论与方法—马克思主义:历史唯物主义方法论
```

图 8-2 历史研究法的层次结构

下面对历史研究法的每个层次做进一步分析。

(一)搜集、鉴别史料是历史研究的基础

历史研究法系统中的第一个层次,是史料的搜集、分析与鉴别,这是历史研究的基础层次。史料,指人们对历史事件发生经过的记述与历史事件有关的实物或遗迹。史料可分为文字史料、实物史料和口传史料。为了给研究提供可靠根据,就要注意搜集和鉴别史料方法的科学性。

首先,要通过泛观博览认真发掘史料。中国教育历史悠久,由于社会动乱频繁,随历史变迁,一些文献毁坏遗失,一些被淹没于书海之中,特别是古代教育思想往往和哲学、政治、文化思想融为一体,需要我们广泛查阅,细心钻研。

其次,要学会使用辑佚、校勘、训诂等方法。辑佚,是将散见于其他书籍中的有关内容搜集编排以反映遗失典籍的梗概;校勘,是

对同一部书的不同版本或同一版本的不同卷次之间存在的文字差误进行对照并判定是非;训诂,是通过广证博考精确了解古籍原意。

无论用什么样的方法,都要坚持严谨求实的态度和历史的观点。史料搜集不仅要力求全面、准确地反映研究对象的真实情况,而且要尊重历史的本来面目,用历史发展观点对待史料,不随意涂改史料,不把后人的思想观点强加于前人留下的史料中。要注意搜集不同观点及有争论的史料,证据不足时不轻易作出判断。为排除偏见、避免假象,还应搜集有关的社会政治经济、科技文化和哲学宗教各方面的资料,以便全面地把握历史。

这里还需要说明的是,历史研究法不等于就是文献法,或者说不完全等于文献法。传统观念中,长期以来一直把历史研究法等同于文献法。如果说19世纪历史学家的任务是"无史料即无历史",那么当代研究则坚持"没有理论,历史是不可能想象的"。如上所述,搜集、整理、分析处理史料只是历史研究的基础层次,还必须通过历史与逻辑的分析方法以及比较方法等实现历史研究、揭示教育发展规律的最终目的。

(二)历史事件与历史过程发展规律的揭示是历史研究的核心

第二层次是通过分析的方法,进一步揭示历史的发展过程,说明过去、现在与预测未来。这正是历史研究的根本目的。

这一层次涉及三方面内容的研究:(1)教育领域各学科发展通史(纵向)以及断代史(横向)。这是以年代为经,以各学科发展为纬的编年史,分析其萌芽、发生发展全过程,分析产生发展的客观原因和条件,并研讨内部及外部的相互关系,从而确定教育科学发展阶段分期史。(2)教育领域各学科基本理论与实践发展专题史。这是就某一个问题,围绕基本概念、范畴和基本理论进行的相对比较集中深入的专题研究,不仅要搜集新的材料,同时要抽象出前人或他人未曾表述过的新认识,从而把该问题的研究向前推进一步。

(3)教育科学理论学派史及其教育家基本理论的研究。这是通过对各学派及代表人物的理论特征、方法上的创造与特色以及在教育科学发展中的地位和作用的研究,探讨该学派理论的渊源与发展演变,历史上的贡献与局限性。

因此,在搜集、鉴别史料基础上,需要通过分析、比较的方法进行深入研究。

1.历史的分析方法

研究历史,难点不仅在于搜集史料的困难,更主要的是如何通过对已有史料的透视,把握历史事件的性质。历史的证据永远是不完善的,对研究者来说,永远是间接的。因此,采用历史的分析方法就显得特别重要。

所谓历史的分析方法,是通过整理、排比史料,在错综复杂的历史中分析和清理出发展线索,明确其内在的相互关系或因果关系,论定问题的是非。也就是说,历史分析方法是以观念的形态再现历史发展的自然过程,其特点是丰富性、直观性和具体性。

比如,要研究中国近百年来学制的演变,必须用分析方法,清理出学制演变发展的过程,包括有说明这个演变过程的产生背景、原因、发展经过及其结果的真实材料,从各个现象、事件和过程的具体性上考察学制发展的进程,并在揭示学制历史发展基础上对学制演变的过程和规律作出理论概括。如果要探讨某一种教育思想或思潮的历史过程,还应有足以说明该思想或思潮出现的时代条件、思想特点、社会价值、历史作用、对现代产生影响以及有关学派及学者的著述等真实材料。

为了避免孤立、狭隘、简单地看问题,无论研究哪方面的问题,都必须深入分析特定的社会条件和生产发展对教育的要求和影响,放在当时整个理论背景和教育发展水平上考察,探讨人类对各种来自于社会环境挑战的反应过程、方式及其历史演变过程,从而真正把握教育历史发展的全部内容。正是用历史分析方法,发现历史事件的原因、经过和结果,做出历史的正确判断。

2.逻辑的分析方法

历史研究,必须遵循形式逻辑规范,以它作为定义、推论和判断的一般程序。逻辑的分析方法,正是指运用逻辑学方法去认识研究历史上的教育问题。

基本的逻辑方法,包括形成概念的方法,分析与综合,抽象与概括,归纳与演绎,从具体到抽象、再从抽象上升到思维的具体等方法。应该看到,只有当时具体教育现象和过程的探讨能够成为一种基于充足史料之上的哲理探讨时,它才能促进人类对教育历史本质规定性的深刻认识。可以说逻辑分析是基于历史分析基础上更高一个层次的认识方法。表现的特点是概括性、抽象性和本质性。

例如,有人研究中国传统文化和教育中的主体价值观问题。[①]在搜集一定史料基础上提出关于这个问题的基本推论,这就是:中国传统文化规律性地影响和制约着教育中的主体价值观。那么,要改造教育中的主体价值观,就必须辩证地考虑教育的特殊性、传统文化的继承和异质文化的借鉴,把社会价值和主体价值真正统一起来。因此对这一问题的研究,不仅要历史地考察中国传统文化中的教育价值观,也要考察传统文化影响的教育中的主体价值观(包括古代教育和现实教育中的主体价值),在此基础上进一步论证、分析教育中主体价值观的改造。

历史分析与逻辑分析不能截然分开,为了说明问题不能不采取分别叙述的方式,历史研究中必须是历史分析的与逻辑分析的方法的结合。例如,要研究新中国成立以来我国教学论的发展,那么,首先要充分搜集有关史料,对四十多年来的发展划分出几个基

---

① 杨启亮:《中国传统文化和教育中的主体价值观》,《教育研究》,1989年第11期。

本阶段并分析每一个阶段的主要特点。在此基础上,用逻辑分析方法进一步概括总结几十年来在教学领域中对一系列基本关系的探讨,理论与实践的变革,从而揭示我国现代教学论发展的基本特点和趋势。

3.历史研究中的阶级分析方法

在有阶级存在的社会,不同阶级根本利益不同,因而产生了错综复杂的社会现象,并从根本上决定和影响着教育的性质。阶级分析方法是应用马克思主义阶级观点观察和分析阶级社会教育历史现象和评论教育史人物的一种基本方法。西方一些学者在教育研究中采用社会阶层分析方法,试图从职业、教育水平和收入等因素来分析每个社会阶层的地位、特点及其子女受教育的类型、程度、学业和行为关系。这种离开阶级分析的阶层分析,是不可能真正揭示产生种族差异、私立学校和公立学校差异的实质原因,因而也就不可能找到真正解决这些问题的办法。阶级分析方法为我们提供了分析一切社会问题的基本的指导线索,帮助我们透过现象认清本质,揭示阶级社会中阶级结构特点与教育发展变化之间的关系,从而为进行科学的历史评价提供依据。

在阶级分析方法的运用中我们是有过很多教训的。一度被简单化、教条化为一种标签式的方法,到处滥用;一度又被完全抛弃。在历史研究中,如何较好地运用阶级分析方法,至少有三点是需要注意的。一是需要对这种方法的具体运用进行理论思考,要明确阶级分析方法在历史研究中的实际应用的范围、层次和限度。阶级分析是认识历史的重要方法,但不是唯一方法。用阶级分析方法可以用来分析不同阶级教育发展的不同特点,例如同是奴隶制社会,雅典教育与斯巴达教育的不同特点。分析代表一定阶级利益的教百家教育观所受的阶级影响,分析一个阶级教育观在历史发展的不同时期所起的不同作用,等等。二是要从一定社会经济和生产力发展的分析入手,着重分析各阶级的经济地位以及这一时期的经济关系,看到经济基础、社会结构、阶级关系、政权形式及文化心态等各种因素对教育发展的实际影响,从而看到推动教育发展的根本原因是社会生产力的发展和生产关系的变更。这就是恩格斯反复强调的要研究经济学的有关知识,历史科学的任务"必须重新研究全部历史,必须详细研究各种社会形态存在的条件,然后设法从这些条件中找出相应的政治、私法、美学、哲学、宗教等等的观点"①。三是具体问题要具体分析,避免那种教条主义的以政治立场观点划性质评功过的简单做法。具体问题要具体分析,坚持实事求是,这是马克思主义的基本原则。可是,正如很多同志批评指出的,我们在实际工作中却不能很好地坚持这一原则。问题表现在一度以政治倾向和哲学体系的"归属"作为对教育历史现象和历史人物作性质判断的划分标准,甚至是用一种既成的概念、分析框架来作为取舍和剪裁历史事实的标准,不能进行历史唯物主义的客观、公正的评价。问题也表现在对某一个具体人物进行评价时,往往停留在抽象地指出其阶级局限性对教育思想和活动的影响,不是通过具体的切合实际的分析,深刻地剖析教育史人物阶级局限性及其对教育理论观点影响的程度、内容和方式。

(三)马克思主义的历史唯物主义是历史研究的科学方法论

历史研究方法系统中的第三层次是马克思主义历史唯物主义方法论,这是社会科学的一般方法论,它为教育领域的历史研究提供了指导原则,是通过历史研究建立理论体系,所以是历史研究方法系统的最高层次,但又是研究的落脚点和保证。

---

① 《马克思恩格斯选集》第4卷,人民出版社,1972年版,第475页。

第三节 历史研究法运用中的几个问题

历史研究要求保证它的客观性,原因在于历史本身是客观的,不允许对它进行任意增删和改变。由于对历史研究法实质未很好把握,运用中常出现失误。比如,史料采证不当,不足为信;滥用间接史料,缺乏充足考证;史料本不误,但由于个人偏见造成事实解释和判断失误;研究报告限于史料的罗列,缺乏综合统整和理论概括,等等。由于这些问题的存在而使历史研究失去了科学的意义。

如何较科学合理地运用历史研究法,结合近年来在教育科学研究中的具体问题,提出以下几个需要探讨的问题。

一、注意历史研究中资料来源及分析鉴别

史料是历史研究的出发点,研究者不仅要会搜集资料,而且要掌握鉴定和整理史料的方法,以确定资料来源的真实性和价值。

历史研究的资料,主要分为两个来源:一是第一手信息资料,是原始来源(Primary Sources)。包括原始文件,真正参加者或直接观察者的报告,被研究的教育家本人的论著、演说稿、信件和日记,会议记录,调查报告等。二是第二手信息资料,是间接来源(Second Sources)。包括各类参考书、他人传抄的记事、传闻、各类编辑物等。这里需要指出的是,第一、第二手材料的划分存在相对性,要针对具体研究问题来加以确定。

在大量的历史史料中,由于古人和前人因历史的局限性,可能没有抓住问题的实质,或因某种片面,或受著者认识水平、生活经验、基本观点等的影响而歪曲了历史事实,只有经过考证才能去伪存真,精化文献,使历史文献真正成为翔实可靠的研究证据。

那么,如何对获得的历史资料进行分析鉴别呢?按照考证的目的,学者们一般将史料的考证和评价过程分为以下两种:

1. 外部评论(External Criticism)

外部评论主要确定资料的真伪或真实性(authenticity),即"辨伪"和"证真"。涉及文献的形式和外表,内容包括:确定作者、成书年代、地点、背景及版本等是否可靠。

2. 内部评论(Internal Criticism)

内部评论主要确定史料的客观性、可靠性(accuracy),即确定文献资料本身的意义、价值和准确可靠程度(内容特性)。一般而言,影响文献内容正确性的主要因素是:著者的学识能力、品德威望;记载的真实程度;著者的偏见和动机;以及资料的一致性程度。

教育史料的鉴别考证内容和基本方式,有:

(1)辨伪考证。通过辨伪,看书中的事实、谥号、避讳、制度、官称、文件、用词形式等是否符合当时的时代特点,史料本身有无自相矛盾,与已确证史料有无不可圆说的矛盾之处。要辨明是全伪还是部分伪,伪在何处。

(2)年代考证。查明记述历史时间是否有矛盾。

(3)地点考证。涉及环境条件是否影响史料。

(4)作者考证。辩明是否是依托他人姓名著述的"伪书"。

(5)文献原形考证。对同一著作的不同版本,鉴别是否是善本,即无删节、无缺页,是经专家校勘注释过的"精本"或作者本人的稿本。这就需要采用校勘方法,对不同版本、不同内容或前后进行比较对照。新中国成立后,出版了许多古书新印本,由于经过精心整理和校释,从而提高了准确性程度。

另外,由于相关众多学科的发展,如人类学、考古学、天文学、化学、年代学、古文书学、家系学、古生物学、铭文学、史前学等,提供了新的科技方法,拓宽了研究领域,从而促进了史料鉴别考证工作,并为进一步发展展示了美好的前景。

总之,我们在研究史料时,应通过审视鉴别,尽可能地把握教育史料的总和,不要把不重要的史料罗列一大堆,要描述出教育发展史的实际历程,而不是僵死的史料的堆积。

二、坚持唯物史观,正确处理历史研究中的几个关系

1.古与今关系

古今关系,即研究历史与研究现实的关系。我们要正确对待古与今,通古今之变,尊重历史,古为今用,使教育研究为促进我国教育事业发展服务。

当代关于教育理论、思想观点的每一重大争论,以及任何一种想要突破现有教育教学理论体系结构框架,从而把教育科学的某些原理向前推进的理论尝试,都要把当代的问题提到历史的范围内加以考察解决。但是,这并不等于说,任何历史研究都必然具有现实性,恰恰相反,目前我国教育科学研究中暴露出来的一个严重问题就是缺乏鲜明的针对性和强烈的现实感。具体表现在:对历史上教育人物的介绍、评价多,而专题研究少,尤其是对教育史上重大的、有价值的理论问题缺乏深入的考察分析;研究范围较窄,只关注对各时期教育制度及教育代表人物教育思想理论的研究,结果留下了大量的有待开垦的空白地带。至于对历史上的科技教育、艺术审美教育、主体性发展教育等具有较强现实性的问题却很少涉及;研究方法陈旧落后,基本上是封闭式关门研究,没有很好吸取相关学科的成果,等等。其结果,不是引导人们通过研究获得新的认识,反而给人一种重复已知东西的陈旧感。原因在于,缺乏时代气息和创新意识,缺乏对现实变化的敏感和清晰认识,缺乏把这种认识引入到教育研究中的自觉意识。

应该看到,讲求经世致用,古为今用,是我国教育史学的传统。历代文人仕士从不同角度提出他们的看法,要求对历史上的政治得失、制度改革、学术变迁等经验教训予以探究和总结,"前事不忘,后事之师"。如果说早在两千多年前的孔子就提倡"信而好古",要求他的学生以史为鉴,那么,处于大变革的今天,沟通古今联系就更为重要。我们应从当代社会发展要求出发,历史主义地提出和解决问题。也就是说,要放在新历史时期进行理论思考,有助于更好地认识现实教育。

实现"史"、"今"转换的机制在于透过对历史的研究,揭示教育科学中最富于生命活力的深层结构,以此为基础,使之在时间上的延续和空间上的扩展统一起来,这是为了使科学的教育理论研究不断深化和现实化所应解决的最重要的课题。也就是说,要有历史意识,在广泛收集史料基础上发现研究课题,针对现实中迫切需要解决的问题确定论题。

例如,关于晏阳初平民教育与乡村改造思想的研究。晏阳初1929年进行了著名的"定县实验",提出社会式、学校式、家庭式有机结合,连环推进文艺教育、生计教育、卫生教育和公民教育的主张,试图借此医治"愚穷弱私"四大病症,把农民培养成具有知识力、生产力、健康力、团结力的"新民",将教育与社会改造相结合。这一思想是有现实意义的。社会的变革,时代的发展,如何使广大农民通过自身的教育与改造来提高自己的素质,关系到农业现代化目标的实现以及社会的发展问题,这是一个世界范围的问题。因此,我们应该以实事求是的科学态度和马克思主义阶级分析方法,认真分析和吸收晏阳初平民教育与乡村改造思想中合理的内核。

2.史与论关系

所谓的"史",指的是具体的历史史料;所谓"论",则是指理论的概括分析。史与论关系,实质是史料与史学关系。

如何处理好史与论的关系,这是学者们十分关注而至今还未很好解决的问题。在理论上,一直存在"以论带史""论从史出""史论结合"等不同看法。也有人不区分叙述方法和研究方法,认为只要把史料考订准确,史料收集丰富,就能理所当然地得出研究结论。这种片面认识加上种种不严密、不准确的提法,就很容易引起混乱。而在实践中也确实存在只热衷于收集教育史料而不注意理论分析研究的倾向。有的学者批评中国教育历史有关问题的研究,大都停留于史料与具体问题的研究上,还处于经验性的概括水平,还不足以阐发教育理论原理,不能很好地揭示教育历史与现实的联系,其结果自觉不自觉地用已有框架去裁剪具体的历史而陷入迷误。有人虽然也赞同史与论结合,可实际上是以史料作名副其实的"论列"来追求所谓"纯客观",不加分析和说明,结果使"史"成了几乎僵化的史实的堆砌,而"论"却成了几个范畴的排列顺序,不能真正完整地把握研究对象的本质,也不可能形成对某一问题普遍整体的认识。

　　史与论关系,贯穿历史研究的全过程,任何历史史料的收集,必须在一定理论指导下进行,包括一定的教育理论及方法论的指导。理论导引的作用在于:明确史料的性质、范围和种类,并伴随初步的鉴别、审定。史与论结合,帮助我们树立历史意识,在广泛收集史料基础上发现研究问题,针对教育现实中迫切需要解决的问题确定论题。在运用证据和解释中,正确的历史观点使我们能按正确标准评价过去的事件,科学地再现历史,而不是用今天的时尚和文化来苛求古人。也就是说,理论在历史研究中的渗透性和决定性,能弥补由于受各种条件制约和主体价值标准的制约所带来的偏颇,避免限于现象的描述和史料的堆积,从形式到内容真正把握历史事实的发展演变并揭示其发展的规律。

　　3.批判、继承与创新关系

　　对于丰富的历史遗产,我们应该继承。鲁迅在《准风月谈·我们怎样教育儿童的?》一文中说:"倘有人作一部历史,将中国历来教育儿童的方法,用书,作一个明确的记录,给人明白我们的古人以至我们,是怎样的被熏陶下来的,则其功德,当不在禹(虽然他也许不过是一条虫)下。"那么,从教育历史发展中该继承什么？如何继承我国几千年悠久的教育遗产？这仍是我们在历史研究中必须正确处理好的一个重要关系问题。

人们关注历史,其重要原因之一在于,历史作为已逝人类活动过程产物,直接地以一种文化传统或传统文化参与到人们的现实生活中,并无所不在地影响和制约着现实人们的具体行为,是积极的或消极的。正是由于此,我们的继承决不是全盘照搬,也不是全盘否定,而是选择、批判基础上的继承。这里所谓的"批判",决不是那种"破字当头,立在其中"的"打倒一切",批判也就包含着继承,而继承又不是简单的肯定,是包含在否定中的肯定。用恩格斯的话来说,批判就是"剥取"那些被裹在唯心主义形式中的"成果"的过程。也就是毛泽东提出的"取其精华,去其糟粕"。这里需要的是科学的辩证法,而不是形而上学的否定。比如,如何评价历史上某个教育家的功过得失,如何评价某个教育问题在教育历史发展某个阶段的研究水平,我们应该考察的是在所处的特定历史时代,他们的研究与前人相比有何实质性的进展。既注意到教育现象与政治、经济、哲学、文化、宗教、科技、民族、中外文化教育交流等诸方面的相互联系、相互依赖制约、相互作用的关系,也注意到教育自身发展的逻辑和继承、积累的过程,以历史的态度,具体情况具体分析。这就要把有关问题放在当时的具体的历史条件下,而不是根据他们是否提供了现代所需要的东西为准。

我们在选择、批判基础上继承前人的研究成果,目的在于创新。我们必须不断开辟新的领域,采取新的方法,阐述新的问题,提出新的见解,作出新的总结概括。原因在于,每一时代人们对教育历史进程的认识、反思、理解和阐释,都是基于他们所处时代的社会发展要求和需要以及解答当代社会所提出的问题而进行的。现实不断地转化为历史,历史不断地延伸,从而不断地出现新的内容,需要不断地进行研究。有的学者对此作了精辟分析,认为"历史本身是历史的,各个时代只能按照它自己的经验去理解,也只对它自己有用,新的经验会导致新的历史见解,又可以阐述新的问题,可以重新审查新老论据,可以从大量似乎无用的资料中挑选出颇有意义的事实来。因此,历史必须不断地加以再写,才能满足各个特定时代中人们的需要。再写历史是人类为驾驭历史力量所做努力的一部分,而在历史过程的每一转折点,这一任务都变得特别迫切"①。随着相关学科的发展,教育理论与实践的发展,我们对教育的历史的理解和思考也随之而不断深化、丰富,并不断转移着认识的角度。我们要求历史回答的问题以及我们从教育历史发展中寻求的价值标准也在不断发生着变化。只要社会在发展,教育在发展,这种对于历史的重新认识就不会停止。因此,继承与创新是同时交织在一起出现的。正确处理继承与创新的关系,决定着历史研究的深度和广度。

三、研究者应具有历史感和现实感

历史研究法的运用,特别强调的是研究者本人所应具有的历史感和现实感。

所谓"历史感",这是一种"以对历史事实为前提,以尊重历史的价值为基础,以历史主义精神为核心,以创造性转化历史为目的的主体意识"②。而"现实感",则表现为研究者本人对所处时代教育发展的高度责任感和参与意识,表现为研究者对反映时代发展要求的重大课题的高度敏感性以及对发展变化特点及趋势的深刻洞察和认识,同时也表现在借助当代认识工具和思维方式,不断扩展和深化对历史问题研究的水平上。如果缺乏历史感和现实感是

---

① 冀朝鼎:《中国历史上的基本经济区与水利事业的发展》序言,中国社会科学出版社,1981年版。

② 张斌贤:《教育理论研究中的历史感》,《教育研究》,1990年第8期。

不可能搞好历史研究的。因此,作为教育研究工作者要有意识地借鉴吸收有关哲学、社会科学、自然科学、历史学、人类学、考古学、民俗学等有关领域的最新研究成果,开阔自己的理论思维视野,借助科学合理的认识工具,在现实与历史的双向考察中深入研究教育的历史现象和历史过程,同时不断提高自己的认识能力。

第九章 教育科学的调查研究法

调查研究是一种描述研究,是通过对原始材料的观察,有目的、有计划地搜集研究对象的材料从而形成科学认识的一种研究方法。调查研究属于经验性方法,是在搜集科学事实、获取经验材料基础上进行研究。第一,它着重研究的是现实情况,因而区别于以过去发生的历史事实为研究对象的历史研究法。第二,它搜集的是自然状态下反映实际情况的材料,对研究对象不加任何干涉,从而区别于实验研究法(对研究对象加以一定的控制然后观察其变化以研究因果关系)。调查研究的价值取决于问题的选择以及科学的方法和技术的应用,是社会科学研究中广泛应用的一种基本方法。

第一节 教育调查研究法的一般原理

一、定义与分类

教育科学的调查研究法是在教育理论指导下,通过运用观察、列表、问卷、访谈、个案研究以及测验等科学方式,搜集教育问题的资料,从而对教育的现状作出科学的分析认识并提出具体工作建议的一整套实践活动。区别于一般的社会调查,它是以当前教育问题为研究对象,是为了认识某种教育现象、过程或解决某个实际问题而进行的有目的、有计划的实地考察活动。它有一套研究的方法和工作程序,有一套搜集、处理资料的技术手段,并以调查报告(含现状分析、理论结论和实际建议)作为研究成果的表现形式。

在近代教育史上,最早将调查法用于教育研究的是1910年由美国Kendall主持,为期一周的关于Boise地区学校制度的调查。接着,1911—1912年哈佛大学韩纳士为新泽西州两个地区所做的学校调查。当时调查研究法发展很快,不仅有个人主持的调查,而且有由各州、县、局团体主持的较大型调查。不仅用于对学校教育有关情况的调查,而且用于教育经费情况调查,特别是开始对调查材料计算分布情况,计算众数、平均数、中数,看集中的趋势,用统计法加以整理。1925年,斯坦福大学编辑出版了《学校调查》一书,至1933年,美国学校调查报告总数达四百多份,这些为调查研究法的形成和不断发展提供了重要的实践基础。

调查研究,含有调查与研究两个有机联系的过程。调查(survey)是用科学的手段和方法搜集有关研究对象的客观事实材料,研究(study)是对所搜集得来的事实材料进行整理和理论分析。因此,调查研究决不只是单纯地靠观察来记录有关事实,而是要综合运用观察、谈话、问卷、测验以及查阅有关文献资料等方法手段,从而使认识从经验层次深入到理论层次,进一步把握所研究的教育现象或问题的现状、发展特点以及存在的问题。

关于教育调查研究的类型,目前存在着不同的分类方法。

1.按调查对象的选择范围,分为典型调查、普遍调查、抽样调查、个案调查和专家调查(也叫德尔菲法)。①

2.按调查的内容,可分为学科性的典型调查,反馈性的普遍调

---

① 这是目前应用较为广泛的一种分类法,在袁运开等主编的《方法科学手册》(上海科学技术出版社1989年版)一书中做了较详细的说明。

查和预测性的抽样调查。

学科性的典型调查,多与学科建设相联系,且多属于专题性研究,是通过对具有代表性的个别事物或个别总体的调查研究,得出某专题研究的一般结论。例如,少年儿童心理健康状况的调查,关于影响大学生政治思想发展变化诸因素的调查与分析,关于大学生学习动机调查,关于制订新的课程计划调查,中学生社会成熟水平的调查等。这种类型的调查带有探索性,重在研究某教育现象或过程内部多种因素的相互关系以及发展的基本特点。

反馈性的普遍调查,多为制定政策和检查政策执行过程中的问题而进行的,一般由各级教育行政部门及教育研究单位承担。主要是为了解现状,解决当前存在问题以及提出决策办法而进行的。例如,关于我国大、中、小学教师队伍现状及在职培训的调查,地区经济与教育发展状况及其相互关系调查,农村中学办学效益调查,地区中小学校办厂(场)现状调查,关于中小学生课业负担过重问题的调查,学校德育效果的调查,等等。这是一种把握现状的调查,往往取样范围较大,如华中师大1991年10月至1992年3月在荆门市沙洋区与武昌县四个乡镇进行的"农村国民教育意向对初中后分流影响的调查",发放2750份问卷,75次座谈,64次个别访谈。[①] 这类调查,往往占有材料全面,得出的结论可靠性较高。

预测性的抽样调查,主要用于对某一时期的教育发展趋势动向进行预测研究。例如,为确定我国"八五"规划中教育投资渠道及比例,选取有代表性地区进行的预测性调查;通过对当前社会力量办学等有关问题的调查研究,对今后十年内适应社会主义经济体制改革的要求,我国办学体制的发展前景进行分析。

---

① 董泽芳、池云如、饶进:《农村国民教育意向对初中后分流影响的调查》,《教育研究与实验》,1992年第3期。

3.按调查采用的方式方法,可分为四类。第一类是调查表法、问卷法和访谈法,主要是通过被调查者自我报告方式搜集资料。第二类是观察法和个案研究法,是由研究者经过自己的感官等方式搜集资料。第三类是调查的测验方法,是通过一定的测试题来搜集有关资料。第四类是总结经验法。

另外,还有综合性的分类,将调查研究法分为三类,一类是包括学校调查、社会调查及公意调查的一般调查研究;一类是包括个案研究、因果比较研究、相关研究的溯因调查研究;一类是包括儿童发展研究、趋势研究的发展调查研究。①

二、教育调查研究法的主要功能

教育调查研究是研究教育发展的重要方式,是对教育的认识和改造的重要手段。因此,在教育科学的研究中应用极为广泛。

1.揭露教育发展中现实存在的问题,暴露矛盾,通过不断解决教育内外部的各种矛盾而促进教育的发展。

2.帮助教育工作者和研究者发现和总结、推广先进教育思想和先进经验,更好地改进工作,提高教育质量。

3.为实现不同层次和不同要求的教育管理和教育预测服务。通过搜集教育现象的事实材料,为各级教育行政部门制定政策、法令法规和制订教育发展计划提供依据。

我国目前正处在一场伟大变革的关键时期,为适应社会主义经济发展的需要,教育内部体制必须进行根本的改造,从而带来了各种新的问题、新的矛盾。只有通过调查研究,摸清情况,才能做到方向明、决心大,避免制定政策的失误以及工作上的盲目性。

---

① 《调查研究法》,见《云五社会科学大辞典》第八册《教育学》,台湾商务印书馆,1970年版。

三、教育调查研究的一般步骤

调查研究方法包括问卷、观察、访谈、测验等不同的具体方法，程序上虽各有所侧重，但都要遵循以下几个步骤。

1. 根据研究课题的性质、目的任务，确定调查对象、调查地点，选择相应的调查类型和调查方式。

2. 拟订调查计划。在确定调查提纲和安排调查工作程序时要考虑三方面的问题：一是调查项目能否有效地反映所要研究的问题，项目的构成是否合理简便；二是对项目如何进行比较科学的分类，大项目如何分解成若干具体的小项目并形成较完善的可操作的调查提纲；三是如何制定与分类标准相适应的评价标准，以便对获得的资料能进行统计处理。

3. 做好各种技术、事务和组织准备，包括培训调查组成员，资料及有关调查器材的准备。

4. 进行试探性调查，得到被调查对象的一般认识，修改调查提纲及工作方案。

5. 制定调查表格，观察、问卷、访谈提纲以及编制测验题目。

6. 实施调查。运用各种调查方式了解情况，占有材料。

7. 整理调查材料，分析调查结果，并得出调查结论。

8. 写出调查报告。对所研究的问题作出解释，提出问题的意见和建议。

第二节 调查表、问卷及访谈

调查表、问卷及访谈均属教育的自我报告研究（Self-report research）。

一、调查表

(一)调查表的基本特点

1.调查范围较广,调查对象多是某一教育群体或某一地区教育现状。

2.偏重于事实资料的搜集,包括某教育群体的概况、发展现状等基本数据资料。

3.由被调查群体有关承办人依据实际情况填写,具有可靠性。

4.调查表简明,便于统计。

(二)调查表的种类及基本格式

调查表可分为单一表和一览表两种,将研究对象按一个标志分类的调查表称为单一表(单项表),按两个以上标志分类的调查统计表为一览表(多项表)。

调查表格式多样,总的要求是:方便适用,项目内容要具体、确定,形式要整齐划一,经济美观。

组成调查表表格的基本要素是:

1.总标题。总标题是对本表基本内容所作的简要的概括说明。

2.横行与横标目,纵栏与纵标目。分别写在表的上方和左方,说明调查表所要研究的问题各具体组成部分的内容。

3.数字资料。

4.表尾。

5.附录:填表说明,数字资料的来源,特殊项的注释等。如说明:事业费栏中,"地方投资"指市县财政拨款,基建投资栏中"地方投资"指地区拨款。

(三)调查表的编制

如何编制一套较科学适用的调查表,不仅要掌握编制表格的基本技术要求,更重要的是要抓住以下两个关键环节,以确保表格的质量。

1.根据研究课题拟定研究的具体问题,从而界定表格涉及的内容范围。这就是从研究的课题出发,先要提出一个研究涉及哪些方面问题的基本思路。

比如,对中国师范教育现状与发展趋势的研究。要对中国师范教育发展现状有全局把握,那么就要搜集以下几方面的基本数字资料。(1)中国师范教育发展的现有规模(包括高等师范教育与中等师范教育);(2)师范教育的发展与我国经济发展的关系;(3)师范教育的教职工队伍基本情况;(4)师范教育课程设置与分科教师队伍现状;(5)师范教育招生与毕业生分配情况;(6)师范教育的经费来源及经费内部构成情况等。为了从动态发展上把握问题的基本脉络,以及对未来发展趋势进行预测,一般应统计近五年各方面内容的有关数据。

因此,用于教育研究的调查表格,往往是由一系列表格组成。这种全局整体的设计,从根本上决定了调查表格的质量和效果。

2.要对每一基本方面项目的具体内容有准确的把握,客观地反映事物的全貌及蕴含的特性,并便于分析和对比。

要研究国民经济发展与教育,就要了解表明国民经济发展水平的几个主要指标,如工农业总产值、国民收入、财政收入、财政支出、基本建设投资以及教育支出、教育基建投资,各年绝对值与增长率。

要了解各级各类学校教育发展的规模,就必然涉及学校数、学生数、教师数、班级数等。学生数又具体包括入学人数、在校生数、毕业人数、男女生人数、少数民族学生数等。

关于教师队伍状况,则包括年龄、性别结构、学历结构、职称结构、教育教学水平、工作年限、学科分布等。

至于教育经费问题,本身又是一个较复杂系统。主要包括:(1)教育投资的主要来源,如国家投资、地方投资、群众集资、学校自筹及学杂费收入等。(2)教育经费内部构成,有工资、行政管理费、教学费、科研费、助学金、设备购置费、修缮费、离退休金、职工福利费等。(3)教育投资的分配和使用,分为教育事业费部分和教育基建费部分。

(四)编制表格的基本要求

1.表的标题应简明醒目。

2.表的大小必须能容纳所有有关研究主题的调查项目,便于携带保管。

3.表中各项目排列应有系统,简明清晰。

4.为防止答案有误,宜有相互参证的项目。比如入学率项,可设"适龄儿童数""入学儿童数"。

5.表尾应注明调查单位,调查员或填表人姓名,填表日期。

6.表内数字的上下位置要对齐,如有相同数字仍须全部写出,不得填"同上"字样。暂时未获得的数字,栏内用删节号(……)表示;如果数字根本不可能获得,则用短线标明(——);如果数字是由推算得出来的,应在表下注明。

调查表举例:师范教育经费情况调查

课题名称:"中国师范教育现状、改革和发展设想",该课题是作为联合国教科文组织关于亚太地区各国师范教育状况调查研究课题的一个子课题。

确定研究内容项目:

1.历史(中国师范教育的沿革:清末、民国时期、革命根据地、当代)。

2.现状(师范教育的体制结构、专业设置、学制课程、经费来源及使用分配、师资队伍、评估)。

3.存在问题。

4.改革和发展设想。

研究方法:

查阅文献资料;抽样调查(列表、座谈和访问)。

确定抽样范围

(1)考虑到代表性,既有经济、文化发达地区,也有中等的地区和比较落后的地区,既有沿海大城市,也有内地偏僻乡镇(县)。

(2)考虑到工作的便利条件和可能性。
(3)师范大学(学院)、师专、中师、教育学院及教师进修学校。
设计调查表格：
1.经费情况：见表9-1、表9-2、表9-3。(五年情况数据)
2.师范教育发展情况(略)。
3.师资队伍情况：包括各类学校，各个学科，学历、工龄、教育教学水平及目前供求情况。(略)

表9-1　师范教育年度经费

单位：_____省_____地区_____市/县　　　　　　　　　　（千元）

项目\年份	财政支出		教育支出		师范教育支出		师范教育经费占教育事业费的比例(%)
	绝对值	增长率	绝对值	增长率	绝对值	增长率	

填表说明：

表9-2　师范教育事业费投资来源

单位：_____省_____地区_____市/县　　　　　　　　　　（千元）

项目\年份	总计	国家投资		地方投资		群众集资		学校自筹		其他	
		数额	%	数额	%	数额	%	数额	%	数额	%

填表说明：

表9-3 师范教育投资的分配和使用

单位：_____省_____地区_____市/县_____学校 （千元）

项目\年份	师范教育事业费分配					师范教育经费内部构成								
	总计	高等师范学院	师范专科学校	中等师范学校	教育学院	教师进修培训	工资	行政管理费	教学费	科研费	助学金	设备购置费	修缮费	离退休金	职工福利费	其他

填表说明：

二、问卷调查

问卷调查是以书面提出问题的方式搜集资料的一种研究方法。研究者将所要研究的问题编制成问题表格，以邮寄、当面作答或追踪访问等方式填答，从而了解被试对某一现象或问题的看法和意见，所以又称问题表格法。问卷调查区别于调查表法，它的调查范围较窄，偏重于意见、态度或看法，并往往以个人或一群人为对象。

问卷调查的优点在于：方便实用，省时，花钱少；由于可以不署名，在某种情况下结论比较客观；能搜集大样本信息资料，收效大；便于整理归类，能做量的统计处理，使调查结果具有一定代表性。该调查方法的局限在于：如果问卷中的问题不明确或题量过大，或被调查者不合作都会影响结论的代表性；应用范围较广，搜集的资料往往是表面的，还不能深入了解深层次的内心世界真实情况；若部分调查对象不作回答，难以知道不回答的原因，也会影响问卷的效度。问卷法的运用，关键在于编制问卷，选择被试和结果分析。

（一）问卷类型及问题形式

1.结构型

结构型，也称为封闭式问卷（Closed Form Questionnaire），是

把问题的答案事先加以限制,只允许在问卷所限制的范围内进行挑选。例如:"你购买××牌电扇的主要原因:(1)价格便宜;(2)保修期长;(3)看到电视广告宣传;(4)听亲朋介绍;(5)样式时髦。"这是固定应答题,对指定答案方式的回答。

结构型问卷包括以下问题形式:

(1)是否式,把问题可能的答案列出两个极端情况,从中择一,"是"与"否","同意"与"不同意"。

示例:关于学生自主性情况的调查
我自己决定的事,别人很难让我改变主意
①是　　　　②否
我的行为不受班里舆论的影响
①是　　　　②否
学习上,我总有自己的目标和计划
①是　　　　②否
当我干事情不顺利时,我从不轻易放下
①是　　　　②否
我不愿别人提示而愿独出心裁
①是　　　　②否
我每天坚持记日记,从没有间断过
①是　　　　②否
生活上我能自理,从不要别人帮忙
①是　　　　②否
学习中遇到挫折,我常常会半途而废
①是　　　　②否

(2)选择式:从多种答案中挑选最适宜的一个或几个答案,然后做上记号。

例一:关于儿童性格特点调查

对一些物体总爱观察、摆弄、拆开来玩:
①不这样 ②偶尔这样 ③有时这样 ④常常这样 ⑤总爱这样

与别的孩子发生争执时经常能谦让:
①不能 ②偶尔能 ③有时能 ④比较能 ⑤常常能

经常表现很任性:
①很任性 ②不很任性 ③一般 ④不大任性 ⑤不任性

能按要求认真完成作业:
①不能 ②不大能 ③有时能 ④比较能 ⑤能

例二:高中必修课教材修订要解决的主要问题是(最多选三项答案)

A.加强理论性;
B.减轻负担,少而精;
C.提高兴趣,注意可读性、可接受性;
D.便于自学;
E.加强教材的综合性;
F.联系实际;
G.注意培养各种能力;
H.增加弹性和灵活性;
I.请写明其他看法。

文科教材

1	2	3

理科教材

1	2	3

(3)评判式:每个问题后列有许多答案,要求被试依其重要性评定等次,所以评判式也叫排列式、编序式,是用数字表示几种答案的应排列顺序。

例一:请将以下所列的电视节目,依你喜欢的程度,由1到8排列。

( )动物世界　　　　　　( )天地之间,七巧板
( )文化生活　　　　　　( )儿童故事片
( )科技生活,科教片　　　( )美术动画片
( )世界各地,祖国各地　　( )电视连续剧

例二:你认为目前中小学的艺术教育存在的主要问题是
①领导不重视　　　　　④教学方法不适合
②教师水平不高　　　　⑤没有教室
③没有系统科学的教材　⑥说不清楚
(请按您认为的顺序选择两项)
1._____　　2._____

(4)划记式:按同意或不同意,在答案上分别做记号"√"或"×"。这是一种核对表形式。在核对表的细目中,被调查者通过选择一个提供选择的答案来回答,与选择式、评判式不同之处在于,答案在连续统计上并不代表分点,而是称名类型。

例一:关于你对考试的看法,请在你认为符合你的情况前划"√",在不符合你的情况之前划"×"。
(　)a.考试前我非常紧张,我常担心我的成绩会落后于他人。
(　)b.考试可以使我发现自己在学习上的不足之处,我并不害怕考试。
(　)c.我较关心名次,名次先后是促使我发奋学习的一大动力。
(　)d.如果不是为应付考试,我就不想去翻教科书。

例二:关于学生公德的调查
请将你的日常表现,在适当地方打"√"

	做不到	偶尔做	做得一般	做得好
A.在任何公共场所都不随地吐痰				
B.在任何公共场所都不乱扔废弃物				
C.随手关灯,人走灯灭				
D.在课堂、会场、考场上都遵守纪律				
E.过马路时走斑马线,不闯红灯				
F.礼貌待人,不说脏话粗话				
G.不破坏树木花草				

2.非结构型

非结构型也称开放式问卷(Open Form Questionnaire),问卷由自由作答的问题组成,是非固定应答题。

这类问卷,提出问题不列可能答案,由被试自由陈述。就题型分析,可以是填空式的,也可以是问答式的。

例:一项对中学生目前兴趣倾向情况调查
请你用最简洁的语言,回答你在日常生活学习中
①最希望的问题是什么?＿＿＿＿＿＿＿
②最关心的问题是什么?＿＿＿＿＿＿＿
③最担心的问题是什么?＿＿＿＿＿＿＿
④最不满意的问题是什么?＿＿＿＿＿＿＿
⑤最苦恼的问题是什么?＿＿＿＿＿＿＿
⑥最感兴趣的问题是什么?＿＿＿＿＿＿＿
⑦最高兴的事情是什么?＿＿＿＿＿＿＿
⑧最痛恨的事情是什么?＿＿＿＿＿＿＿
⑨最想干的职业是什么?＿＿＿＿＿＿＿
⑩最崇拜的人是谁?＿＿＿＿＿＿＿

非结构型问卷往往用于以下情况:一是较深层次的问题研究。被调查者不受研究者和题目答案选择范围已界定的限制,按各自对问题的理解回答。这种问卷能如实地反映出被调查者的态度、特征,对有关情况的了解程度以及所持看法的依据等。因此,用于探讨那些只能进行描述性分析的较复杂问题,以及获得有关人士对某些问题的看法。二是在研究初期,对所研究的问题或研究的对象有关情况还不十分清楚的情况下,采用开放式问卷,来帮助研究人员设计封闭式问卷。一般做法是:在小范围内进行问卷调查,并对搜集的资料进行归纳分析。在掌握相当的资料后,再采用结构型问卷进行较大规模的调查和进行定量分析。因此,在一定意

义上,开放式问卷调查正是封闭式问卷调查的基础。

这种问答式问卷,搜集到的材料丰富、具体,往往能得到许多意想不到的很有价值的资料。由于答案不集中,材料分散,难以对答案进行横向比较,所以不易进行统计处理。

3.综合型

综合型(Comprehensive form),形式一般以封闭型为主,根据需要加上若干开放性问题。也就是说,将研究者比较清楚、有把握的问题作为封闭性问题提出,而对那些调查者尚不十分明了的问题作为开放性问题放入,但数量不能过多。经调查,在积累一定材料基础上,问卷中的某些开放性问题就有可能转变为封闭性问题,这也是问题设计时常常使用的技巧。

(二)调查问卷的编制程序

问卷的设计过程,是研究者根据调查研究的目的和需要,编写问题和形成问卷的过程。编制程序包括下列步骤:

1.明确研究目的,根据研究目的和假设范围收集所需资料,并确定调查对象;

2.列出问卷调查所需研究问题的纲要,确定所要搜集的信息和问卷类型;

3.围绕主题草拟问题,列出标题和各部分具体项目;

4.征求有关人员、专家的意见,修订项目;

5.试测,从总体样本中抽取 30—50 人为试测样本,以检查问卷表述的方式、项目、内容能否被受试者所理解,并求出信度、效度;

6.再修订。根据试测结果,对项目内容、排列方式加以改进,然后打印。

至此,问卷的编制工作完成,可以按计划发放问卷,进行正式调查。

下面以中国社会科学院社会心理研究所几位学者进行的"关

于大学生学习动机的调查研究"为例,说明问卷的编制过程。①

该调查研究的目的:了解当前大学生学习动机的现状及其影响因素,研究其发展变化的心理规律,以培养和激发大学生学习动机,调动学习积极性,提高学习的心理效益和社会效益。

取样:为保证样本的代表性,该调查从全国各地的综合大学、工、农、医、师、民族、部队各类院校中抽取11所大学,1679名来自不同专业、不同年级、不同性别的大学生。

该调查研究的问题:(1)大学生学习动机特点,包括总体层次特点,具体内容特点,系科特点,年级特点和性别特点等;(2)大学生学习动机的影响因素,广泛涉及内外部因素及动机本身因素;(3)大学生学习动机的培养和激发。

调查形式:结构型问卷调查。

按照研究目的、问题以及所掌握的初步材料,根据小范围座谈会搜集的有关材料,整理出大学生学习动机的几个层次,具体包括:(1)奉献;(2)作为;(3)完善;(4)充实;(5)丰富;(6)社会提高;(7)社会相符;(8)性爱与生活;(9)社会安全。每个层次又具体分为若干个项目,每个项目内容尽可能选用访谈搜集的原始材料。如奉献层次,列举六项:"努力学习才无愧于时代的要求""以知识为人类造福,才能实现大学生的价值""学习是为了对人类进步有所贡献""作为一个大学生,就应该为振兴中华、实现四化而学习""努力学习,为祖国争光""实现共产主义理想,是我们学习的最终目的"。

在以上工作基础上着手设计问卷,然后在小范围内试查。将试查结果进行分析整理,找出主要项目,合并相近项目,对问卷项目进行修订。最后形成35个题目的问卷以测查大学生的学习动机。

从这一事例说明,问卷的编制过程实质是一个科学研究过程,需要提出科学假设,需要科学理论的指导,需要对问卷题目的信度、效度进行认真的考察。

(三)设计问卷问题的基本要求

问卷问题的设计关系到问卷的科学水平,是问卷编制中关键

---

① 参见李庆善、石秀印等:《关于大学生学习动机的调查研究》,《江西教育科研》,1988年第3、4期。

一环。因此在设计问卷的问题时必须考虑以下几点:

1.问题的范围

是用于小范围的典型调查还是大范围的统计调查;是了解人们思想态度方面的意向性问题,还是主要了解过程方面的事实材料。

2.问题的内容

是完全符合、基本符合,还是基本不符合该课题研究目的和假设的需要。所列项目对研究目的是否具有较好的覆盖面,答案要能较全面反映所要研究问题的主要方面,且不交叉、重叠。

3.问题的数量

是否适度。所谓适度是指通过控制时间以保持被调查者对应答问卷的兴趣和认真态度。一份问卷作答时间一般以 30—40 分钟为宜。问题太多,作答者容易产生厌倦情绪,导致敷衍塞责或不予回答;问题若太少,又不能得到有关研究的基本事实材料以致影响研究结论。因此,可问可不问的问题最好删除。而一些较复杂的超出被试知识和能力所及范围,需要查阅资料才能回答的问题要尽量避免。

4.问题的文字表达

是否准确简明扼要,通俗易懂,容易回答。结构上,一般一个问题只含一个疑问,不应包含两种以上内容的提问。类似这样的问题:"你经常参加社交与科研活动吗?"(两种内容并列),"我每天坚持体育锻炼和打乒乓球,从没有间断过"(一种内容从属于另一种内容)。此类问题回答者很难给予一个统一的准确答案。问题的语言,一般不用假设或推测用语,切忌繁杂和意义含混而引起误解或无从回答。用语应明确具体,避免冷僻或专业性太强的术语。对于理解可能有出入的词语,使用时应加以注释说明。

5.问题的排列顺序

是否分类清楚、层次分明和合乎逻辑。调查表首,要说明为什么要进行调查,要解除被调查者的顾虑。关于被试的基本资料,如填答者的性别、年龄、学历、经历及家庭基本情况等应放在问卷的前面部分;能引起兴趣的问题、简单问题放前,而容易引起紧张的、牵涉个人问题的或复杂的问题可放后,同时要按内容或性质,把同类方式回答的问题编排在一起,使同一内容或内容相近的一组问题相对集中且有内在逻辑联系。封闭式问卷中,划分水平程度的答案,或由低到高,或由高到低,要随机排列,以免产生定势而不认真作答。总之,问题的排列分类要清楚,层次要分明,前后一致连贯且彼此衔接,既便于被试回答,又便于统计处理。另外,问题的长短要适度,并尽可能在选择答案中分出等级,以便对问题有更深入了解。一般是3—7级,多为五级,如"很差、比较差、一般、比较好、最好""极为重要、很重要、比较重要、比较不重要、不重要""不能、不大能、有时能、比较能、能"等。

6.问题中隐含的心理因素

属于社会科学的调查问卷,常常不可避免地要涉及一些敏感问题。因此,问题的设计要格外谨慎。首先,问题不应具有暗示倾向性,避免诱导性用语或带有主观意向和情绪色彩的用语在问卷中出现。还要避免与社会规范有关或有情绪压力的问题。其次,问题不要涉及个人隐私程度较深而填答者不愿直接回答的一些问题。措辞要讲求礼貌。

为了使问题的设计规范化,有的学者按问题在问答中的功能。将问题分为五类,这就是:实质性问题,过滤性问题,验证性问题,补充性问题和调节性问题。[①] 了解问题的不同类型,可以更好地排列问题,提高问答的效度。

(四)问卷的发放、回收与偏斜估计

1.确定发放的形式

[①] 叶澜:《教育研究及其方法》,中国科学技术出版社,1990年版,第86—88页。

问卷发放有不同形式,且各有利弊。

(1)邮寄。邮寄简便易行,省时省力,但由于被试对所研究的问题或不关心不感兴趣,或问卷的问题设计不太合理,不便于回答,或其他技术措施问题影响被试作答,因此常影响问卷回收率。

(2)有组织的分配。发放迅速,回收率高,便于汇集和整理。

(3)当面填答。回收率高,不明白问题可当面提问;由于有情感交流,易取得被试的合作,但取样范围数量有限。

无论哪一种形式,在卷首应说明调查的目的意义以及对回答者的具体要求。邮寄问卷时,应附回件邮资,收到填好的问卷后要写一封感谢函。

2.对问卷回收率的计算

对回收的问卷,在剔除废卷的同时要统计有效问卷的回收率。一般来说,回收率如果仅30%左右,资料只能作参考;50%以上,可以采纳建议;当回收率达到70%—75%以上时,方可作为研究结论的依据。因此,回收率一般不应少于70%。

如果有效问卷的回收率不足70%,要再发一封信及一份问卷(follow-up)。另外,为保证结论的可靠性,如果有可能,可以做小范围的跟踪调查,了解未回答问题那部分被试的基本看法,以防止问卷结果分析的片面性。

3.对问卷回答偏斜(向)估计(response bias)

答案中的偏斜(向)指被调查者未真实反映事情的客观情况,因此对收回的问卷应作出偏斜估计。

(1)对事实的回答错误。比如根据记忆回答而造成事实有误。

(2)装假倾向。装假倾向往往发生在以下两种情况,或社会性期望,当问及有关社会不容忍的态度或行为时,答者按社会所认可的方式,故意作出符合社会倾向的回答;或提问涉及私人的问题,使回答者难以回答而做出不真实反应。

(3)默认倾向(acquiescence)。指问卷中有的问题答案的选择项,给填答者一个预定的框架,不管提问内容如何,都只能回答为"是"或"不是"。如类似这样的问题:"偷别人的东西是不道德的,是吗?""正直的人是不会假公济私的"。

(4)道义理论与事实相悖。如关于大学生社会公德的调查,问及对加塞插队的看法,100%的答卷者都认为,"在一般情况下最好不要加塞"和"不应该加塞",可是实际上多数人都有过加塞插队行为。

(5)无回答。一种是对整个答卷不答,一种是对部分项目不答。需要分析原因,或表示回避倾向,或判断力不足,或项目过多,内容过于复杂,或问题不好理解,因此要具体分析。如果不回答者甚多,就要修改栏目。

一、问卷调查适用范围举例

1.教育改革现状调查。如中央教科所"今日中国教育改革大思路"研究课题调查(1988年4月),对象广泛涉及大、中学生,大学教师,大、中学校长,教育局长。

2.关于教师队伍情况调查。如北京市教育工会、教育局关于中、小学青年教师情况调查,教书育人情况调查,涉及199个单位,7552人。又如北京师大社会科学处关于大学青年教师科研情况调查,中学生对班主任心理品质要求的调查等。

3.课程与教材改革情况调查。如关于制订九年义务教育课程计划的调查,制订新的普通高中教学计划的调查。

4.关于大、中、小学生有关情况调查。如关于大学生社会文化生活情况调查,思想意识状况调查,中学生交友和社交活动的调查及大、中专学生学情调查等。

5.关于少年儿童身心发展调查。如关于学生气质与性格、动机、意志、学习能力、社会适应性、品德结构乃至中、小学生近视主要成因调查等。

6.关于家庭教育,社会教育情况调查。

7.关于教育教学质量的评价调查研究。

二、调查问卷设计案例:关于家庭教育情况调查(选项内容范围)

(一)一般情况

1.家长职业:工作性质、职务。

2.家长文化程度:大专以上;中专、高中、技校;初中;小学;不识字;毕业后自学科目及所达到的程度。

3.家庭结构。

4.家庭关系:和睦、协调;多少有些矛盾;彼此不关心;关系紧张。

5.家庭收入(人均月收入):60元以下,60—100元,100—140元,140—180元,180元以上。

(二)少年儿童的家庭学习环境条件

6.学习条件:

(1)单独居室、专用桌椅、采光照明、通风、温度,是否有噪音干扰;

(2)文具用品、字典、课外读物、期刊画报、少年儿童报刊的购置。

7.文化生活用品:

(1)家庭订购的报刊及藏书;

(2)家庭的文娱活动(观赏书画和工艺品、看电视、听广播、听音乐或唱歌、体育活动、游艺、集邮、棋类);

(3)家庭成员关心和议论的话题(家务事、邻里传闻、市场供应、工作单位里发生的事情、文艺作品评析、时事新闻、工作业务、社会重大事件等)。

(三)家长对孩子的期望和关心情况

8.对孩子的期望:受到哪一级的教育,将成为什么样的人。

9.对孩子学习成绩的关心:

(1)关心考试成绩;

(2)指导作业,考前复习;

(3)购买学习参考资料;

(4)主动与教师联系,了解孩子学习情况。

10.关心孩子智力发展:

(1)订购书籍杂志,安排一定时间和孩子一起读书;

(2)节假日时带孩子参观游览,如公园、游乐园、动物园、植物园、博物馆、科技馆、天文馆、美术馆、影剧院、体育场、郊游、野餐;

(3)指导孩子观看电视节目;
(4)鼓励孩子积极参加课外小组,发展兴趣特长;
(5)激发孩子好奇心,引导孩子善于动脑动手,如小制作、小设计、小发明。

(四)家庭教育的方式

A.民主型

1.给孩子一定自主权利和活动机会;
2.让孩子表达自己的意见和要求;
3.平等关系,尊重、信任孩子,当错怪孩子时,能向孩子道歉;
4.凡孩子力所能及的事,让孩子自己做;
5.对孩子的错误严肃批评,说理引导,又持宽容态度;
6.满足孩子的合理要求。

B.溺爱型

1.娇惯、放纵孩子;
2.用物质奖励方式作为实现所提要求的唯一方法;
3.家长在孩子心目中没有威信;
4.一切为孩子代劳,使孩子养成依赖性;
5.为孩子的缺点与过失辩护(护短);
6.迁就孩子的任何要求,以孩子为中心,一切为了孩子。

C.权威型

1.家长说了算,不给孩子任何自主权利和活动机会;
2.不尊重孩子的自尊心,常当着孩子的面说孩子的缺点;
3.滥用惩罚,经常斥责孩子;
4.过于苛求,让孩子承受过重的不合理负担;
5.对孩子的无意过失不能宽容;
6.无视孩子的合理要求。

D.放任型

1."孩子不懂事难免做错事,长大自然会好";
2."孩子的事由孩子自己决定,不必过问";
3.很少关心孩子的学习和生活;
4.不把孩子的委托和要求放在心上;

5.不知道孩子的优点和缺点;
6.孩子做什么事都不干预和限制。

三、访谈

(一)概念和特点

访谈,就是研究性交谈,是以口头形式,根据被询问者的答复搜集客观的、不带偏见的事实材料,以准确地说明样本所要代表的总体的一种方式。尤其是在研究比较复杂的问题时需要向不同类型的人了解不同类型的材料。

适用范围:访谈法收集信息资料是通过研究者与被调查对象面对面直接交谈方式实现的,具有较好的灵活性和适应性。访谈广泛适用于教育调查、求职、咨询等,既有事实的调查,也有意见的征询,更多用于个性、个别化研究。

访谈的类型:访谈有正式的,也有非正式的;有逐一采访询问,即个别访谈(individual interview),也可以开小型座谈会,进行团体访谈(group interview)。

访谈研究法的优点:非常容易和方便可行,引导深入交谈可获得可靠有效的资料;团体访谈,不仅节省时间,而且与会者可放松心情,作较周密的思考后回答问题,相互启发影响,有利于促进问题的深入。

缺点:样本小,需要较多的人力、物力和时间,应用上受到一定限制。另外,无法控制被试受主试的种种影响(如角色特点、表情态度、交往方式等)。所以访谈法一般在调查对象较少的情况下采用,且常与问卷法、测验等结合使用。

(二)访谈的艺术与技巧

1.谈话要遵循共同的标准程序,避免只凭主观印象,或谈话者和调查对象之间毫无目的、漫无边际的交谈。关键是要准备好谈话计划,包括关键问题的准确措辞以及对谈话对象所做回答的分类方法。也就是说要事先做好如下准备:谈话进行的方式,提问的措辞及其说明,必要时的备用方案,规定对调查对象所做回答的记录和分类方法。

目前往往出现的问题是,访谈时总想跳过制订谈话计划这一步进入具体实施阶段,事先准备不充分,因而不能收到预期效果。一个不愿思考问题、不善于提出问题的人,在研究工作中是很难有成功的希望的。

2.访谈前尽可能收集有关被访者的材料,对其经历、个性、地位、职业、专长、兴趣等有所了解;要分析被访者能否提供有价值的材料;要考虑如何取得被访者的信任和合作。另外,在访谈时要掌握好发问的技术,善于洞察被访者的心理变化,善于随机应变,巧妙使用直接法——开门见山,间接法,迂附法等。

3.关于访谈所提问题,要简单明白,易于回答;提问的方式、用词的选择、问题的范围要适合被访者的知识水平和习惯;谈话内容要及时记录。记录也可以用类似下列表格整理谈话材料。

被访者姓名	性别	年龄	访谈时间	地点
谈话原因				
预定谈话问题				
儿童反映				
教师分析				
备注				

4.研究者要做好访谈过程中的心理调控。如,为了使被访者留下良好的印象,要善于沟通,消除误会隔阂,形成互相信任融洽的合作关系。研究者还要注意自己的行为举止,其中关键是以诚相待、热情、谦虚、有礼貌。有时访谈的失败正是在于沟通不够。如有人想对师范生职业理想状况进行调查,采用访谈法。问:"你为什么报考师范?"答:"喜欢。""你爸爸妈妈支持你报考师范吗?""支持。""周围亲戚朋友是什么态度?""不反对。"结果谈话进行不

下去,真实材料没有收集上来。

为防止被调查者出现反应效应,可先用非正式谈话沟通感情。至于如何开好调查会,还要注意以下几点:

第一,要选择好对象。参加调查会的人数不要太多,一般参加人数以6—12人为宜;参加成员要有代表性、典型性;参加者在学历、经验、家庭背景等各方面情况尽可能相近。事先要了解一下与会者的个人问题,避免触及个人隐私而造成被动局面。

第二,拟订好问题。问题设计要具体,如有可能,可事先发给每人发言讨论提纲,让他们事先做好准备,并约定好开会时间和地点。临开会前应追发一个通知。

第三,要创造一个畅所欲言的气氛。座谈会要按计划进行,目的明确,中心议题要集中。视具体情况,也可根据调查课题的需要临时提出提纲上没有的问题,让与会者作答。重要的是要创造一个畅所欲言的气氛。讨论中若发生争执,如果争执有利于课题的深入,支持争执下去;争执与结论无关,要及时引导到问题中心上来。主持人一般不参加争论,以免堵塞与会者的思路。主持人应以谦虚、平等的态度,诙谐、亲切的语言,争取与会者的合作。

实际研究中,访谈往往与问卷相结合使用。

案例　国家教育领导部门关于制订新的普通高中教学计划有关问题的调查研究

△课题论证

制订新教学计划是目前在教育管理上的重要决策,决策正确与否关系整个民族的发展。现行的1981年颁发的普通高中教学计划在指导思想、培养目标、课程设置、教学活动安排等方面不能很好地适应社会主义"四化建设"和21世纪国际激烈竞争的需要,也不能适应我国各地社会主义经济和文化教育发展不平衡的国情,因此有必要制订新的普通高中教学计划。

△方法　专家访谈与问卷相结合

专家座谈提纲:主要了解以下几个问题:(1)对普通高中性质、任务、培养目标的看法;(2)制订普通高中教学计划的指导思想和原则;(3)从学科发展、社会发展和人的素质全面提高三个方面看高中教育应增加或更新哪些内容;(4)普通高中办学模式。

问卷调查:问卷共24题,基本包括以下几个方面内容:(1)普通高中任务:是单一的(为高校输送人才或进行国民素质教育,或其他),还是双重的,有无主辅之分?师资生源条件不同,任务是否应有侧重?(1—6题)。(2)普通高中的培养目标:全国统一或各有不同(7—9题)。(3)普通高中办学模式:几种主体模式(三年基础教育,增加职业技术教育;在一年级基础上,高二分为大学预科和职业技术教育班;高一、高二基础,高三分流),办重点高中问题、文理分科问题(10—12题)。(4)普通高中教材内容问题:深、广、难度;文理科比重、理论性与实践性内容比重、必修课与选修课内容及比重,劳动技术课比例、现代科技发展内容及政治课的改进(13—24题)。

调查范围:七省和北京市教育局。

提前一个月寄出信件及所有有关材料,开座谈会前一周再发一个通知,以免遗忘。

第三节 教育的观察研究

一、什么是教育的观察研究

1.概念和特点

观察,是指人们对周围存在事物的现象和过程的认识。"观"是看,"察"是分析研究。它是一种有目的、有意识的感性认识活动,属于认识论范畴,而不是生理学范畴的概念。观察的重要特点正是在于强调"自然发生"的条件下,对观察对象不加任何干预控制。

所谓观察法(Observation method),是指人们有目的、有计划地通过感官和辅助仪器,对处于自然状态下的客观事物进行系统考察,从而获取经验事实的一种科学研究方法。科学研究中如果没有研究对象的第一手原始材料,就无法进一步认识事物的本质和规律。恩格斯正是通过对英国伦敦市区以及居民的社会经济状况具体生活条件的详尽观察、了解和分析,于1844年完成了《英国工人阶级状况》一书,不仅全面地描述了当时英国工人阶级作为一个社会阶级的状况,而且揭示了资本主义经济发展、社会发展和社会意识之间的关系。观察法正是人们最早采用也是最基本的一种研究方法。随着现代科学技术的发展,观察技术手段现代化水平的不断提高,观察法的应用范围也愈加广泛并取得更好的成效。

观察法分为两种,一种是广义的观察,即一般日常的观察。即通过研究者的亲身感受或体验来获得有关研究对象的感性材料,带有一定的自发性、偶然性。日常观察是科学研究观察的基础和初级形式。另一种是科学观察,研究者按照预定的计划,对于观察对象的范围、条件和方法作明确选择,有目的地直接观察处于自然条件下的研究对象的言语、行为等外部表现,搜集事实材料并加以分析研究从而获得对问题的较深入认识。

教育研究中的观察法则属于科学观察,科学观察的基本特点是:(1)观察的目的性。观察是根据研究课题的需要,为解决某一问题而进行的。因此,观察前有明确的观察目的,并确定了观察的范围、形式和方法。(2)观察的客观性。观察,是在自然状态条件下,不改变对象的自然条件和发展过程,直接观察某教育现象发生发展过程,综合运用各种途径和方式,对观察结果作明确、详细、周密的记录。由于研究人员不干预研究对象的活动,从而能较客观真实地收集第一手材料。(3)观察的能动性。作为研究手段的教育观察是按事先制定的提纲和程序进行的,同时规定了观察的时间和内容,是从大量教育现象中选择典型对象、典型条件,力求全面地把握研究对象的各种属性并以科学理论去分析、判断和理解观察结果,因此同样具有能动性。应该看到,科学的研究性观察,远远高于日常观察,是有目的性、选择性的主动的自我实践过程。

2.观察法在教育研究中的作用与局限

作为一种最基本的科研方法,观察法贯穿在教育科学研究的全过程,并在研究中起着十分重要的作用。

第一,通过有目的、有计划地对教育领域某一现象及变化过程进行全面、细致和深入地观察,从而获得认识该事物的比较充实、比较客观的事实材料。在此基础上确定某个教育现象得以发展的条件,科学地分析和说明所研究的教育现象及过程。通过观察获得对事物的最直接的认识,它有利于教育科学理论的提出,也是总结研究教育经验基本方法之一。

第二,观察研究也是检验教育科学理论观点是否正确的重要途径。教育研究假设所推导出来的关于未知事实的结论,只有通过观察到的科学事实加以检验时才是科学的,有价值的。正如爱因斯坦所说,"理论所以能够成立,其根源就在于它同大量的单个观察关联着,而理论的'真理性'也正在此"[1]。

第三,观察有助于研究课题的选择和形成。通过观察可直接导致形成某些新课题,发现某些新观点、新理论,为教育研究开拓新的方向和领域。

观察方便易行,不必使用特殊设计的复杂仪器设备,不需要特殊条件,适用于广大的研究范围。观察法不妨碍被观察者的日常学习、生活和正常发展,因此不会产生不良后果。广大教育工作者在教育教学实践中,通过对学生的兴趣、动机、个性以及认识能力的研究性观察,更客观地了解学生行为的各个方面及个别差异,才

---

[1] 《爱因斯坦文集》第一卷,商务印书馆,1976年版,第115页。

能正确评价学生行为并有的放矢地提出教育设想和方案,真正收到成效。

观察研究方法的本质同时也规定了它的局限性。由于观察是在自然条件下进行,必然会受到错综复杂的各种各样偶然因素的干扰;由于研究者在观察时原则上不能支配和控制研究对象及其发展过程,从而带来了以下几方面的局限。(1)不能判断"为什么"这一类因果关系的问题,只能说明"有什么"和"是什么"问题。原因在于,"单凭观察所得的经验,是决不能充分证明必然性的","必然性的证明是在人类活动中,在实验中,在劳动中"[①]。(2)由于观察时间和观察情境的限制,在研究对象人数多且分散的情况下应用较困难。(3)由于教育现象的复杂且处于不断变化之中,观察项目归类推论性太多,会影响研究的信度。(4)观察研究往往取样小,观察的资料琐碎不易系统化,普遍性的程度不高。要将研究结论类推到其他总体中时,应谨慎小心。特别是观察者个人意识形态、价值观以及感情色彩可能影响到观察对象的态度和行为,而研究的偏差又不易被察觉,从而影响观察结果解释的客观性。看到以上这些局限性,一方面要使观察法与其他研究方法结合使用;另一方面说明要真正科学地使用观察法进行教育研究,需要研究者有科学的态度和掌握方法的使用要领。

3.观察的类型

观察法从不同角度可以分为不同的类型。了解分类及其特点,以便在研究中根据实际情况灵活加以运用。

(1)自然情境中的观察与实验室中的观察

这是按观察的情境条件分的。自然情境中的观察法包括自然行为的偶然现象观察和系统的现象观察,能收集到客观真实的材料,但材料往往是观察对象的外部行为表现。实验室的观察,由实

[①] 恩格斯:《自然辩证法》,人民出版社,1971年版,第207页。

验法特点决定,这种观察有严密计划,有利于探讨事物内在因果联系。

(2)直接观察与间接观察

这是按观察的方式分的。直接观察是凭借人的感官,在现场直接对观察对象进行感知和描述,因此直观具体。间接观察是利用一定的仪器或其他技术手段作为中介对观察对象进行考察,这类观察突破了直接观察受人的主观能力的局限,扩展了观察的深度和广度。

(3)参与性观察与非参与性观察

这是按观察者是否直接参与被观察者所从事的活动来分的。

如教育社会学的研究中,参加学校、班级的活动,观察教师期望与师生交互作用,观察师生关系,学生伙伴关系及班级文化等现象。人类学家深入偏远地区对落后地区部落和氏族生活习惯、风土人情、宗教信仰、社会文化与艺术的研究。一名早期社会学家为获得监狱的第一手资料,不惜被当作一名犯人关进监狱,观察犯人生活,了解监狱里种种内幕,最后写出调查报告。这一类属参与观察法,研究者直接参加到所观察对象的群体和活动当中去,不暴露研究者真正身份,在参与活动中进行隐蔽性的研究观察。其好处是,不破坏和影响观察对象的原有结构和内部关系,因而能够获得有关较深层的结构和关系的材料。但由于研究者主观因素的影响,处理不当易影响观察的客观性。

另一类是非参与性观察法。不要求研究人员站到与被观察对象同一地位上,而是以"旁观者"身份,可采取公开的,也可以采取秘密的方式进行。如美国社会学家贝尔斯对小群体的互动行动的研究,设隔离观察室,列出 12 种行为,每当其中一种行为发生时,观察者及时进行观察记录。见表 9-4。此表在美国社会学和社会心理学研究中广泛运用。

表9-4　贝尔斯记录群体互动行为标准分类①

社会情感部分	积极情感	(1)团结(表示团结、尊重他人,给予帮助、赞同) (2)轻松(消除紧张,开玩笑,发笑,表示满意) (3)一致(同意,表示消极接受,理解,参加,让步)
	消极情感	(4)分歧(不同意,消极拒绝) (5)紧张(出现紧张) (6)对抗(表示反对,贬低他人,进行自卫)
工作任务部分	提供情报	(7)提供情况(提出建议、指导,暗示他人自卫) (8)发表意见(提出意见、评价、分析,表示感情、愿望) (9)提出建议(提出方针,报道,重复,阐述,证实)
	获取情报	(10)打听情况(指导,报道,重复阐述,证实) (11)听取意见(评价,分析,表示感情) (12)征求建议(指导,行动,不可能方式)

非参与性观察结论可能比较客观,但易表面化,不易获得深层次的材料。

(4)结构式观察与非结构式观察

这是按观察实施的方法分的。结构式观察是有明确目标、问题和范围,有详细的观察计划、步骤和合理设计的可控性观察,能获得翔实的材料,并能对观察资料进行定量分析和对比研究。常用于对研究对象有较充分了解的情况下。非结构式观察则是对研究问题的范围、目标取弹性态度,观察内容项目与观察步骤不预先确定,亦无具体记录要求的非控制性观察。方法较灵活,但获取材料不系统完整,多用于探索性研究,用于对观察对象不甚了解的情况下。

以上各种观察类型有各自的基本特性、适用条件和各自的局限性,而它们之间又存在相互联系、相互补充的关系。教育科学研

---

① R.F.贝尔斯:《交互作用分析:小组研究的方法》,1950年版。

究中,由于教育现象、内外在各种因素的相互影响和制约,常常需要进行综合观察,根据具体情况将几种有关的观察方法有机结合,才能获得最有价值的观察材料。

4.观察研究法的步骤

根据桑代克及哈根的论述,观察研究的步骤是:(1)选择所要观察的行为的某一方面(selecting the aspect of behavior to be observed);(2)确定所要观察的范围(defining the behaviors that fall within a category),最好列出表格;(3)训练观察人员(training observers);(4)量化观察(quantifying observation);(5)发展可行的记录程序(developing procedure of facilitate recording),目的是使观察进入科学化范围。要努力减少误差,提高信度与效度,记录程序要尽可能标准化。关于实施步骤,基本图式如下:

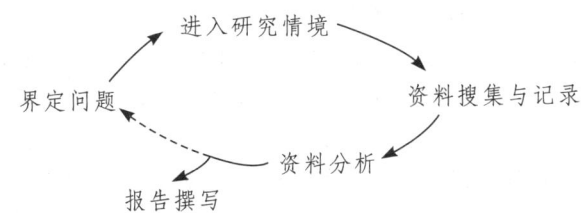

观察研究区别于一般实证性研究步骤,后者往往是直线模式:界定问题—建立假设—研究设计—研究实施—分析资料及成果的呈现。观察研究则是一个循环模式。具体说,它包括以下几个程序:

(1)明确观察目的和意义(在观察中要了解什么情况,搜集哪方面事实材料),确定观察对象、时间、地点、内容和方法。也就是说要回答为什么观察和如何观察等问题。

(2)通过检索资料、专家访谈等,搜集有关观察对象的文献资料,并进行阅读分析,对所要求观察的条件有一个最一般的认识,为观察做好充分准备。

(3)编制观察提纲。对观察客体单位要进行明确分类,对所观察的事物确定最主要的方向。观察提纲要有一定灵活性和可变通性,防止有效资料被遗漏。

(4)实施观察。进行有计划有步骤、全面而系统的观察。

(5)资料收集记录。

(6)分析资料,得出结论。

二、观察研究的记录

观察研究记录一般有以下三类方法:

1.描述记录

日记描述法:最早使用这种方法的是瑞士教育家裴斯泰洛齐。1890—1920年间这种记录有关儿童成长和发展的儿童传记形式的日记描述法,是研究儿童的一种主要方法。

轶事记录法:着重记录某种有价值的行为,可以是有主题的,也可以是没有主题的,随时记录感兴趣的问题,不受任何时间条件限制,事先也不需要作特别的编码分类。如对一个3岁幼儿推理思维发展情况的观察:当她听爷爷说不吃糖时,她对爷爷说:"爷爷不吃糖,等爷爷长小了才吃。"一是用了归纳推理:家里大人都不吃糖,只有小孩吃糖;二是用了演绎推理:大人不吃糖,爷爷是大人,所以不吃糖;三是用了类比推理,"长大"也可以"长小"。错在类比推理上,对"长"的概念错了。类似这种事例常常能为我们的研究提供宝贵的资料。

连续记录法:这是对学生行为作更详细、更完善的记录,要求在较长时间内作持续不断的记录。如苏联巴甫雷什中学校长苏霍姆林斯基,在30余年工作中善于观察,不断进行研究和积累,写了40多本教育专著,600多篇论文和1000多篇供学生阅读的文艺作品。他追踪研究了1000多名学生,著作中大量生动活泼的事例均来自观察,被誉为"活的教育学""学校生活的百科全书"。

2.取样记录方法

取样记录于 20 世纪 20 年代后兴起,这是一种以行为为样本的记录方法,较之描述观察,具有更好的客观性、可控性和有效性。既可获得可靠的观察资料,又节省了人力、物力,减少记录所需的时间。取样记录可分为时间取样、活动取样和事件取样。

时间取样法:以时间作为选择标准,专门观察和记录在特定时间内所发生的行为,主要记录行为呈现与否,呈现频率及其持续时间。如对小学低年级学生上课时注意力集中时间和程度的观察研究(见下例)。[1]

记一次 20 分钟的语文字词抄写作业

时间		百分比(%)
开始—5 分钟	全班学生踏实认真书写,没有任何声音动作	100
5 分钟后	3 人开始看别人的作业,并提出别人的书写毛病	7.8
6—10 分钟	7 人开始有动作,或开始发愣,有的玩铅笔、橡皮等学习用具	18.4
10 分钟后	20 人开始有动作、发愣,有的开始发出声音	52.03
13 分钟时	6 人完成作业	15.79
20 分钟时	14 人完成作业(24 人未完成作业)	36.84
又延续 5 分钟后	又有 30 人完成作业(4 人未完成)	52.65

初步分析:一年级学生在完成一些重复性记忆作业(如字词抄写、生字书写等)时,最佳时间段为 10—15 分钟。这段时间内,学生有较强的注意力,以认真态度完成作业,符合这一特点布置作业,能达到较理想的效果。

活动取样,以活动作为选择标准。如:社会心理学中研究儿童

---

[1] 该例内容来自:北京羊坊店中心小学同禾,《班主任》,1988 年第 3 期。

的社会参与行为的发展,把儿童参与社会集体活动的行为分为六类:不参与行为,袖手旁观,个人玩耍,平行地活动,协助性地、有联系地玩,合作或有组织相互补充地玩。42个孩子,记录一定时间内每个孩子的表现。结论:年龄小的幼儿喜欢一个人玩,稍大时平行玩,到接近上学前,更多的喜欢有联系地玩或合作地玩。

事件取样:如对班级集体、群体结构分析的观察,对课外活动小组、数学奥林匹克班学生学习活动的观察。这种观察记录,或个人或以群体为单位。使用取样记录法,观察者在观察开始前先要确定观察目的。目的确定后,决定观察的范围,所需被试的数量,需要观察的时间。特别是要对观察的行为进行分类,如果分类的概念不统一,就会影响效度。进行观察时,根据预先分好的类别行为,将它发生的次数、时间记录在纸上。记录的形式有两种:一种只记录行为的出现与不出现;另一种记录次数,指在限定记录的一段时间内行为出现次数。

3.行为核对表

主要是用来核对重要行为的呈现与否,观察者将规定观察的项目预先列出表格,当出现此行为时,就在该项上划"√"。此法只判断行为出现与否,不提供行为性质的材料。

具体做法:必须事先制定表格,列出所需观察的项目,然后才能进行观察。另外,必须在表格上列出一些具体要求,表格应有一定的顺序性,按确定的观察项目,依难易程度排列。

例如,对5岁儿童认知水平的观察研究。见表9-5。

表9-5 5岁儿童数概念知识和技能核对表

内容	次数和时间(日期)
能从1数到10	— —— ——
能按名称拣出下列形体	
圆形	— —— ——

正方形　　　　　　　　　　— ——— ———
　　三角形　　　　　　　　　　— ——— ———
　　长方形　　　　　　　　　　— ——— ———
能举例表示下列相对概念
　　大些　　　　　　　　　　　— ——— ———
　　小些　　　　　　　　　　　— ——— ———
　　长些　　　　　　　　　　　— ——— ———
　　短些　　　　　　　　　　　— ——— ———
能一一对应地数物件
　　2个　　　　　　　　　　　 — ——— ———
　　3个　　　　　　　　　　　 — ——— ———
　　5个　　　　　　　　　　　 — ——— ———
　　10个　　　　　　　　　　　— ——— ———
　　多于10个　　　　　　　　　— ——— ———
表示理解
　　多于　　　　　　　　　　　— ——— ———
　　少于　　　　　　　　　　　— ——— ———

　　这类行为核对表,可按以上基本要求自行设计。比如要研究学生在上课时主体能动性行为表现,则可列表作观察记录。

行为表现　　　　　　　　　**行为次序**
　　　　　　　　　　　　　　　1 2 3 4 5 6

1.老师提问,学生没有举手

2.老师提问,学生举手

3.学生举手,并被老师提问,回答一般

4.学生举手,并被老师提问,回答很好

5.学生没有举手,但被老师提问,回答错误

6.学生没有举手,但被老师提问,回答一般

7.学生没有举手,但被老师提问,回答很好

8.学生主动积极举手,向老师提出问题。

无论哪一种记录方法,记录时都要力求真实,对记录的事实材料要作比较,便于核对事实,交流情况和意见,有利于统一认识。对同一现象应从不同的方面和角度进行观察,防止观察的片面性。通过观察方法获得的资料,应通过其他途径,如访问、查阅有关文献资料等进行对比分析和检验。

三、观察研究应遵循的基本原则

运用观察研究,根本在于如何提高观察效率,保证观察结果的可靠性,使观察得到的经验事实材料与被观察研究对象的客观事实保持最大限度的一致。

1.观察的目的性

观察要有明确的目的,研究者必须知道每次观察的重点和方式,特别是要按照研究目的认真选择典型的观察对象、环境条件和工具。也就是说,要按照研究课题确定的目的作为标准,撇开那些暂时无关的内容和次要的过程,排除干扰的因素,使研究的主要对象及其主要过程得到充分的暴露。这种典型对象具有较好的代表性,能为研究提供足够的观察材料。正如有的科学家所谈的,"研究人员必须运用其绝大部分的知识和相当部分的才华,才能正确选出值得观察的对象。这是一个举足轻重的选择,往往决定几个月工作的成败,并往往能把一个卓绝的发明家同……一个只是老实肯干的人区别开来"[①]。要善于抓住最主要的东西,同时又要注意捕捉那些意外的偶然现象。

2.观察的客观性

观察中常会因以下主观因素而影响观察的客观性:(1)先入为主的偏见,表现为只收集某些似乎能证明自己研究假设的观察材料,或用自己的假设去修正观察结果,甚至用某种理论框架牵强附

---

① 转引自贝弗里奇:《科学研究的艺术》,科学出版社,1979年版,第107页。

会地解释观察结果,从而歪曲了事物的本来面目。(2)无意过失。往往表现为研究者利用自己已有的知识经验去修正、填补观察中的空白,从而作出错误的分析。(3)假象与错觉。

要坚持观察的全面、系统、客观,使观察所得的经验事实比较正确地反映客观事实,就要做到:要尽可能地从多方面观察事物,把握客观对象的各种因素、各种关系和各种规定,如实地反映现实情况,不能带有任何主观感情色彩。恩格斯指出,"道义上的愤怒,无论多么入情入理,经济科学总不能把它看做证据,而只能看做象征"。① 我们要以严格而谨慎的批判态度对待观察过程,以及观察的结果,有意识地克服主观偏见。

坚持观察的客观性,有一个非常重要的方法论问题。比如,要研究书店图书流通中的有关社会问题,可以有两种不同的研究方法。一种搜集资料办法是,拟定一个调查提纲,然后找书店经理抄录有关书籍销售的数据,即使亲自去一趟书店门市部,也主要是为收集素材以证明自己预先提出的论断的正确(如工人喜欢买价廉的生活类消遣书,青年人喜欢琼瑶作品和武侠小说)。另一种搜集资料的办法是,到书店门市部,用2个小时时间认真仔细地、不带任何主观臆断地观察记录书店售书情况,不同背景读者的不同兴趣,书店服务员与顾客间的关系等,不遗漏每一个细节,敏锐抓住那些稍纵即逝的想法。相比较,我们提倡后一种观察方法。方法的运用关键在于研究者本人要有科学的思维方式,不先入为主,不带框框,从实际出发,实事求是,这正是辩证唯物主义的基本观点。

3.观察的自觉性

指观察时要坚持科学理论的指导。观察的自觉性,不仅表现在收集事实材料的可靠性上,而且也表现在对观察结果的科学解释,表现为从事实材料中概括提炼形成的观察结论的可靠性。作

---

① 《马克思恩格斯选集》第3卷,人民出版社,1972年版,第189页。

为研究性的有目的的观察,理性思维渗透于观察过程的始终。对同一教育现象,由于各人的认识、经验、理论、背景知识和思维方式的不同,观察得出的结论往往有异,这正是自觉性存在不同程度的表现。观察由感觉、注意力、理解力三部分组成,研究者要在观察研究中有意识地提高自己的观察力和理性思维的能力。要当科学的教育家,首先要当观察家,通过不断磨炼形成良好的研究品质。

第四节 教育的测验调查

一、测验调查及其在教育研究中的适用范围

(一)定义与分类

1.什么是测验调查法

所谓测验调查法,是用一组测试题(标准化试题或教师自编题)去测定某种教育现象的实际情境,从而收集资料数据进行研究的一种方法。其基本特点是根据一定法则,以测验为工具对研究对象进行测试并进行数量化分析。它可以把抽象、概括的理论研究成果(诸如群体发展的平均指标、一般特征、理论学说等)转化为反映个体发展水平的方便工具并提供可靠依据。它在教育调查研究、评价研究、实验研究中是不可缺少的一种手段。

测验法用于教育研究,已有近百年历史,早在1865年英国菲舍(George Fisher)发表《重要学科量表集》,后来美国莱斯(Rice)于1897年发表《拼字测验》,美国桑代克于1903—1904年发表《学习算术与各科能力的关系》和《心理与社会测量》,至20世纪二三十年代形成测验热潮,心理学家们几乎可以针对每一种心理现象编制出一种相应的心理测验作为测量工具。由于学者们在编制各

种量表时,都是以自己有关理论假设为基础,测验效度只可能是相对的结构效度,因此,所要测量和实际测得的不可能是同质的,从而引起了许多争议,而争论又进一步促进了发展。目前,世界上已形成一套内容庞杂、体系宏大的测验系统。仅以美国为例,教育测验就涉及15种类型,包容了近1200个测验。① 随着计算机科学的发展,在计算机模拟实验及测验技术处理方面取得突破性进展。但是在广泛使用中也存在不少问题,关键问题是如何正确使用测验方法,如何使定性研究与定量研究结合。测验法用于教育研究,我国起步较晚,缺乏实践经验,对测验法在我国教育研究中的地位与作用,适用范围及如何正确使用等问题,需要我们重新认识。

测验法,最早始于用自然科学中的数理方法来研究作为社会科学的教育问题,它的基本特点是:(1)测验题目,无论是标准化题目还是教师自编题目,都要能反映研究课题;(2)严格按规定进行操作,统一指导语,统一评分标准;(3)测验人数较多时,需要作抽样调查;(4)分析统计材料时,要特别注意材料中反映的特点。

测验调查法区别于传统的考试法,主要表现在:

(1)取材范围不同。考试一般限于所教的某一学科,涉及的范围不确定。用于研究的测验范围较广,可涉及各个学科、各种可进行量的分析的材料或教材。

(2)编制试题手续不同。考试题一般由教师个人编制,在所教学的班级使用。测验题也可以由教师编制,但是多数情况是由有关专家主持审慎地选题,并对试题的信度、效度进行测试分析,经

---

① 这15类测验及所占比例是:成套成就测验 3.2%;英语测验 3.8%;艺术测验 1.5%;外语测验 6.2%;智力测验 6.5%;数学测验 5.4%;学科综合测验 13.8%;拼读测验 4.4%;阅读测验 9.3%;自然科学测验 3.9%;社会科学测验 3.5%;感觉运动测验 1.5%;职业测验 17.5%;多项能力倾向测验 1.0%;人格测验 18.5%。

过试测修改后定稿,编制过程较严密。

(3)施测过程不同。考试相对来说不太规范严格,而用于研究的测验却是严格控制,且有指导语和施行规则。

(4)对分数的解释:考试无常模,无参照,加上评分者主观因素影响,易使评分标准不客观。测验有一个常模参照系,说明在团体中的相对位置。

(5)应用范围方面:测验范围较广,不仅有成就测验,而且有智力、能力、人格测验。

一定意义上讲,测验是标准化过程。

2.测验的基本类型

依据不同的分类标准,可以得出不同的测验类型。

一种是二分法分类:标准化与非标准化测验(按测试方法),个别测验和团体测验(按施测对象),速度和难度测验(按测试时间),发展性测验和诊断性测验(按测验目的),文字和非文字,如图形、实物类的辨认和操作测验(按测验呈现材料)。

一般是按行为目标、测验内容分类,可分为四大类:

(1)智力测验(Intelligence Tests)。测被试的智慧的高低。

(2)能力倾向测验(Aptitude Tests)。测被试潜在的某种能力,包括一般能力和特殊能力,了解其发展倾向。

(3)成就测验(Achievement Tests)。测被试某种学科或训练的学业成绩,了解其已达到的水平。即在一个规定范围内知识或技能方面目前所达到的熟练水平情况。分为成套检查测验、单科检查测验、诊断性测验和预测性测验四种类型。

(4)个性人格测验(Character and Personality Tests)。评价、测量被试的气质、兴趣、态度、价值观、动机、性格等人格特征。具体包括:情绪测验(内倾或外倾、情绪稳定或不稳定等)、品德测验(个人的态度、情绪等)、性格测验、气质类型测验等。

(二)测验调查法在教育研究中的适用范围

在教育科学研究中,测验调查法的应用通常表现为两种基本形式:一种是单纯使用测验作为收集资料的工具,另一种是与其他方法特别是实验法结合使用。

测验调查法的主要功能是:

1. 诊断的功能

通过测验,进行量的分析,搜集信息数据,支持某一论点或得出新的结论,以提高教育科学研究的科学性。

对学生学业、智力能力水平以及行为倾向的诊断,也包括教学过程中教师通过测验对学生实际情况的甄别,同时发现学术性向和特殊性向优异学生,根据测验提供的信息,更好地对学生进行因材施教、个别指导。

例如:中央教科所赵裕春对小学生数学能力测试的研究,美国中小学采用的测验的分析方法,等等。据我国有的学者进行的初步研究,证明学习成绩(均值)与智力水平间有着显著相关:$r=0.28(p<0.05)$。通过测验调查揭示各科学习或成绩与智力相关程度,这就是:语文 $r=0.30(p<0.02)$,数学 $r=0.28(p<0.05)$,物理 $r=0.26(p<0.05)$,化学 $r=0.25(p<0.05)$。以下两科相关不显著:英语 $r=0.11$,政治 $r=0.04$。另外,学生成绩和思维的变通性相关最高 $r=0.39$,依次是思维独创性 $r=0.30$,与思维的流畅性相关不显著 $r=0.18$。[①] 这方面的问题,还有待深入研究。

2. 建立和检验科学假设的功能

通过测验,帮助研究者建立假设,并同时用测验来检验这一假设。如北京某重点中学,为了探索当前中学生知识与智力发展的相关情况和该中学学生知识与能力发展特色,设计了思维能力、记

[①] 王树秀:《试论心理测验在教育实验中的应用》,《西北师范大学学报》(社会科学版),1990年第5期。

忆能力测查题,通过测验获得的信息,分析出该中学学生基本特点,建立起"该中学学生知识与能力发展水平基本是同步的,但是也存在发展不平衡的倾向"这一假设。

尤其是在教材教法研究的实验中,往往通过测验调查来分析实验结果。如北京师大数学系孙瑞清在中学进行的一个教材实验,实验程序为:第Ⅰ学习→第Ⅰ测验→第Ⅱ学习→第Ⅱ测验→分析评价→讨论。通过比较两次学习后测验的效果从而对教学内容及教法改革引起的计算能力和技能变化作出检验。

3.评价的功能

测验往往用于探索性研究课题,通过提供人的行为的描述,告诉研究者关于研究对象行为的某种量的程度,为科学评价提供可靠依据。

评价的范围:一是对学制、教学计划、教学大纲、教材与教法的评价;二是对教师、学生的评价;三是对教育研究成果的评价。

例如,中学生理科能力的评价。① 对学生数学水平,运用语言文字能力水平不是凭语言描述或一次考试可以说得清楚准确的,使用比较客观的测验进行诊断便于得出可靠结论,同时也易于进行比较。

4.预测、选拔功能

测验法用于预测、选拔方面的功能,为教育研究提供重要条件。如中国科学院心理研究所查子秀对超常(资优)儿童的研究。1978年以来对数百名超常儿童进行7—15年追踪研究和教育,总结概括出超常儿童表现的多种类型、心理发展的共同特点和成长因素。通过学能测验对超常儿童进行鉴别选拔和发展评价。

---

① 详见本节末的"案例3"。

二、测验调查的施行步骤

编制测验是经过了一个从确立实验目的到写题、预测分析修改的过程。此过程程序如图9-1所示：

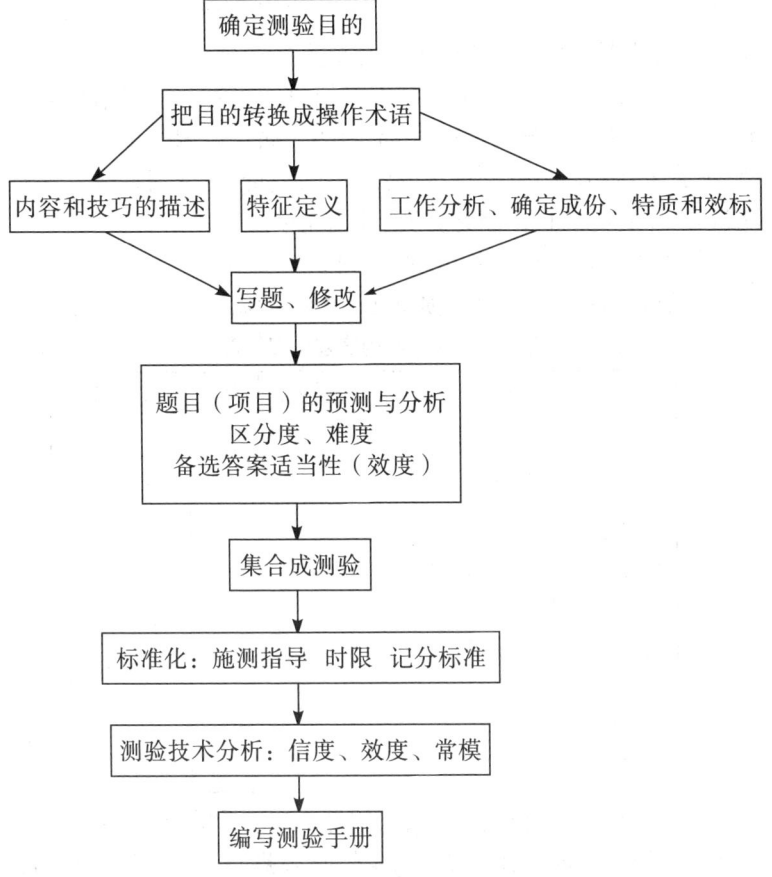

图 9-1 测验编制的程序

设计测验、具体步骤如下：

1.决定测验目标

首先要确定测验目的,是用于诊断,还是建立和检验假设,还是用于评价。从而考虑操作水平选择什么类型测验,形成性的(Formative Tests),还是总结概括性的(Summative Tests),还是诊断性的(Diagnosis Tests)测验。第二要明确测试对象,即测验用于什么范围,测谁,测哪些人?是个人或团体,有什么年龄个性特点,社会经济水平等各方面状况。第三,具体明确测试目标,即测什么。因为不同测验,目标是不同的。如你要测学生的创造能力,那么具体测试目标是思维的流畅性、独特性、变通性等。如要测认知,布鲁姆的目标分类提供了初步依据。

2.制订一个达到目的的测验计划

一般采用双向细目表。如表9-6所示例。

表9-6 目标与内容双向细目表

		短故事 (40%)	短论、小品文 (30%)	戏 剧 (30%)
目 标	理解上下文中的意思(35%)	14%	10.5%	10.5%
	理解文字上的手段方法(30%)	12%	9%	9%
	鉴别主要观点(20%)	8%	6%	6%
	识别作者目的(15%)	6%	4.5%	4.5%

一般按教学大纲教学时间、比例等确定测题的数目分配比例,而列双向细目表,可以提供编题的依据,看题目分布,按百分比出题和计分。如对某一学科教学内容测试的题目分布数(表9-7)。

表9-7　某学科教学内容测试题目分布情况

内容＼行为方式	掌握的概念	理解	分式计算
定义	7	5	0
历史	7	4	3
技术	2	10	20

3.编制测验栏目

测验栏目应与测验计划中每一个目标相匹配。

编题时,要收集有代表性的尽可能全面的有关资料,同时选择测验题的形式。根据测验目的,比如要测学生的识记情况,可用简答题;考推论判断,用论文题。幼儿及低年级学生,可用口头与个别施测。人数多、时间少情况下,可用团体测验;人少、时间较充裕时,可用仪器施测。

4.在使用测验项目前检查测验题目并判断题目的质量

判断题目质量的最好办法是,在小范围内试测并进行题目分析,主要分析题目的信度、效度、区分度和难度(有效性 validity、可靠性 Reliability、鉴别力 Discriminative ability)。

5.进行正式测试

施测时要按测试的指导语及操作程序进行。

6.利用测验题目中有关学生的反馈信息

这样,便于:第一,改进题目以得到一个更好的测验;第二,判断学生学习到的和没有学习到的。

三、测验的编制

(一)一个比较好的测验的基本标准

1.测验的准确性要高

即测验的效度问题。测验效度表示一个测验研究的真实性和准确性程度。测验效度分为内容效度(content validity)、结构效度(construct validity),并存效度(concurrent validity)和预见效度(predictive validity)。[①] 但无论何种效度,测验本身要确实能测出它所拟的目标程度。比如学生成就测验,要切合该年级学生的程度和经验,切合教材内容,符合教学目标。

2.测验的可靠性要高

即测验的信度问题,测验的稳定性、同一性程度。测验结果确实能真正反映学生的实际水平,因此,测验内容要包括该所测项目的基本内容,试题要多一些;题目能代表各年级程度,有易有难;要尽量避免足以影响学生作答的种种外界因素,计分方法要客观。

3.教育测验还应有常模以便比较

这样可以恰当解释测验的结果。年龄常模先求每种年龄在某测验上的平均分,年级常模是求每个年级儿童在某种测验上的平均分。测验分数与常模比较,方能说明测值的水平。

(二)测验中的目标分类

目标分类是进行测验的关键一环,目标分类是否科学合理,从根本上决定了测验的方向和水平,从而影响提供的调查材料的可靠性。

目前国际上影响较大的主要有:

布卢姆(Bloom)的目标分类理论,分为认知、情感、操作技能三个领域。认知领域的教学目标具体分为知识(Knowledge)、理解(Comprehension)、应用(Application)、分析(Analysis)、综合

---

① 内容效度:指测验题目对有关内容或行为范围取样的适当性,即检查测验内容从而确定测验是否所想要测的行为领域的代表性取样,成就测验特别关注这种效度。结构效度:指测验分数能够说明理论上的某种结构或性质的程度。并存效度和预测效度都属效标效度,反映的是测验预测个体在某种情境下行为表现的有效性程度,是测验分数与效标间的关联程度。并存效度用于诊断现在状态,预测效度则是预测未来的结果,是一段时间间隔后被试行为表现的程度。

(Synthesis)和评价(Evaluation)六级。布卢姆分类理论的特点是:(1)以外显行为作为教育目标分类的统一重点(因为外显行为可观察测量);(2)以行为的复杂程度作为划分类别的依据;(3)具有连续性;(4)具有累积性(后者包括前者,在前者基础上产生);(5)具有层次性;(6)具有超越性(能把凡是具有相同行为复杂水平的教育目标显示出来)。问题是指标烦琐,且项目交叉重叠,实际工作者较难把握。

加涅(Gagne)的分类水平,具体包括如下项目:(1)能力技能;(2)认知策略;(3)文字信息;(4)运动技能。

借鉴国外的研究成果,20世纪80年代中期开始,我国学者对教育目标分类问题从理论与实际结合的高度进行了深入研究,制定了学校教育管理、教育、教学各方面的具体明确的目标体系,且具有可操作性。

(三)编题

目标确定后,就要着手测验题的具体编制。

1.通过任务分析,选择教育测验材料,要将目标转换为可操作性的语言

选择教育测验材料的基本方法有:(1)以实际行为表现为选材标准的方法;(2)分析文字材料的方法;(3)借鉴有关测验或量表。

在学业成就测验中,还需要掌握任务分析(Task Analysis)的技巧。所谓任务分析,具体包含两方面含义:一是信息加工或过程分析,二是学习任务分析。

如两位数减法的信息加工过程分析。见图9-2。

任务分析,主要是对学生们能否学习这部分材料,如果学习这部分材料需要什么知识以及思考步骤进行分析判断,从而为测验材料的选择提供根据。

2.确定题目类型

常见的测题形式和编题要领,在这里仅做简要归纳。要做更

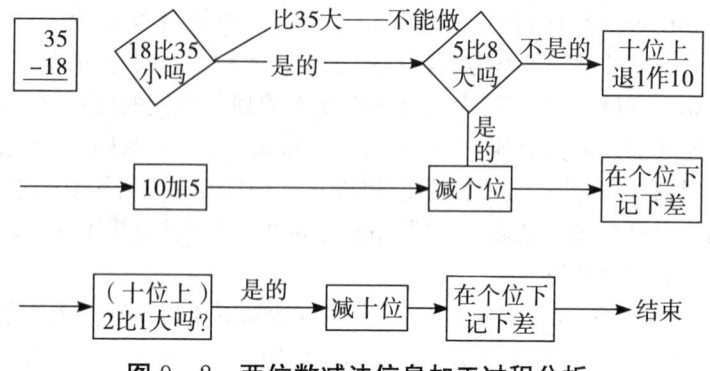

图 9-2 两位数减法信息加工过程分析

深入了解和研究,可参见各类教育测量书籍。

第一类:备择式

(1)多重选择题。一个问题后有三四个或五个备选答案,其中只有一个是对的。问题的形式为,一个陈述句作为题目主干(主干可以是一个问题,也可以是一个不完全的叙述,它要包容主要陈述的内容),后面几个答案供选择。

多重选择题,应用范围较广。要注意出题的迷惑性,答案顺序要随机排列。

(2)是非题、正误题。主要是让被试判断是与非,"是"——要求"再认"已学过的知识,"非"——要求从相似与相异之点进行辨认,从而检查被试对问题的辨认能力。

编制此类题目,要注意以下问题:叙述要简单明了,避免否定叙述,特别是模糊的词语;每题只包括一个问题,避免两个以上概念出现,特别是半对半错的问题;论点陈述不照搬书本上的词语;真与假、对与错的叙述要同样长、同样多,题目数要大致相等,排列不必有序。另外,前后题目不要有暗示作用。而在设计时,错题需加以扣分计算。

(3)匹配题(配对)。此类题主要用于测验被试对字词、文法、日期、事件、地名、人物、公式、原则等关系的了解与联结的能力。

编制此类题目,左列陈述的应与右列是同质形式,同一题目应放在同一张纸上。如果匹配题范围在2、3对以上10对以下,还可用不完全配对,如下例:

作者与书名:

_____ 曹雪芹　　1.三国演义
_____ 罗贯中　　2.红楼梦
_____ 梁启超　　3.史记
_____ 司马迁　　4.汉书
　　　　　　　　 5.清代学术概论

指导语要讲清匹配的依据,要让被试知道每个反应只能用一次。

(4)排列题,如按语法把打乱的词语连起来。

(5)改错题:一句话,划上线,标上题号,要求被试指出错处。如语文测验,可设计不同类型的错误,有字词错、语法错,或内容、逻辑错误。

备择式题目,答案固定,解答迅速,试题容易编制,学生容易作答,评阅省时,应用广泛。但被试常有猜测成分,受机遇影响大。

第二类:自由反应式(自由选择答案)

(1)简答题:往往只用一两句话回答,用于考查记忆的概念。

(2)填空题:空出的地方应是关键性的,而且每句话中空白不要太长,空白最好放句尾。评分时,答案如果是变式,也应适当给分。

(3)论文题:此类题目主要用于考察对所学知识的组织、综合、表达、评价能力,是属于再创造范畴。能给予学生独立思考、发挥能力的机会,但评分不易客观,加上答题时间有限,不易测出构思能力。因此,要制定好评分标准、规则,同时要让被试了解答题的要求。

(4)应用题:主要用于检查被试应用所学知识解决实际问题的能力。题目中应包含解决问题时需要的信息,并适当多一些信息以检查判断选择能力。题目陈述要明白,能让被试看出答题的形式。

(5)操作题,包括画图,走迷津,拼物等。让被试了解操作程序步骤及要求,并限定一定的时间。如果按犯错误的次数评分,考前要告诉被试。

(6)联想题,如连词,连事。

自由反应式题目,由被试自己作答,答案灵活,能提供被试较深层的信息,但不易作题目分析,评分不易客观。

3.试题的编排

在试题合成时,或采用并列直进式,将整个测验按性质归为若干分测验,要本着先易后难的原则,容易的题放在试卷前部。也可采用混合螺旋式,将各种类型的测题依难度分成若干不同的层次,再将同等难度水平中不同性质和类型题目组合在一起,形成若干系列。每一个系列从易到难排列,几个系列间又逐渐增加难度。

教育研究常遇到需要进行多次测验,需要多次使用某个测验的情况,这就需要编制复本。复本的关键在于等值。分法可多样,如下列分法。

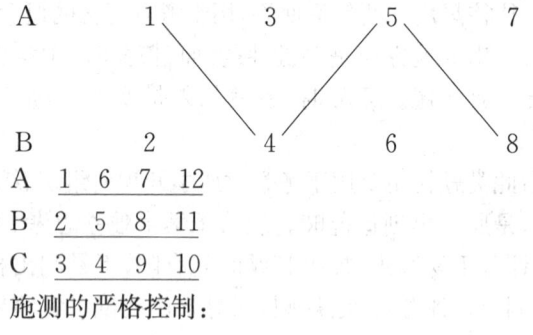

施测的严格控制:

(1)定指导语、时间限制。速度测验,时间限制要严;难度测验,时间可以松一点。

(2)评分标准:正确答案定1分,不正确答案定0分。

(3)分数合成:按各题满分相加——单位加权,等量加权:折合Z分数相加。

在实施测验过程中,对如何发卷、收卷,如何向被试说明做法,如何解答问题,如何控制时间等都应严格按施测要求执行。

四、测验调查应用案例

案例1 小学生数学能力的测查与评价

这是由我国中央教科所教育心理研究室数学能力研究组主持,全国多个地区参加的研究项目,用近十年时间完成了小学各年级数学能力测验的编制,为教师结合数学实际诊断评价学生的数学能力提供信息。[①] 这里主要介绍的是他们使用测验法进行调查研究的方法。

▲研究目的:对我国小学生数学成绩和能力水平进行分析评价。

▲确定操作定义——什么是学生的数学能力,它的基本结构因素是什么。

总体分析:数学能力是形成和运用数学概念的能力。数学能力结构包括:思维的概括能力,可逆思考能力和函数思考的能力,以及对空间关系的知觉与想象能力等。

结合各年级数学教学的具体目标以及各年龄阶段儿童思维发展具体特点,使数学能力总体目标具体化。如小学一年级,根据统编小学数学第一册的要求(即:从一开始就渗透集合、对应和函数思想,强调数的分解、组成和培养互逆互算的思考方法,以便使学生能在真实意义上掌握数的概念和培养他们的数学思考能力),具体确定指标体系为:

数概念(1):对应、守恒、分类

---

① 见赵裕春主编:《小学生数学能力的测查与评价》,分为"低年级""高年级"两卷本,教育科学出版社,1987年版,1990年版。

数概念(2)：分组数数、分解数大小、序数、数的组成
数概念(3)：按群感知计算、组数计算、基数、序数关系、选择算法
基本能力：数的概括、数列推理
空间关系：数立方体、面积、辨认图形。

▲写题并修改

与测试指标相匹配编制测试题，前后三年时间，分别在全国九个地区重点、普通和较差三种类型学校的一年级部分学生中进行测试，共测24个学校46个班，1871名学生，不断分析和修改试题。

▲编制数学能力测验实施说明书，内容包括：施测程序和注意事项，指导语（附各题所需时间计分和答案）

▲对学生数学成绩和能力水平的分析

第一步：统计平均数和标准差

题目类别	数概念(1)	数概念(2)	数概念(3)	基本能力	空间关系
平均数	5.11	8.99	6.50	7.17	1.71
标准差	2.51	4.95	3.27	4.47	1.39

第二步：绘制能力轮廓图

测验项目	最高分数	测验分数	T分数
1 数概念(1)	13	6	54
2 数概念(2)	20	9	50
3 数概念(3)	18	10	61
4 基本能力	18	12	61
5 空间关系	6	6	81
总分		43	61

第三步：标记学生各试题的通过情况

试题	数 概 念 Ⅰ			……
	对 应	守 恒	分 类	……
题号	1 2 3 4	17 18 19 20 21	9 10 11 12	……
通过否	0 1 1 0	0 1 1 0 1	1 0 0 0	……

一共75题。某个学生的成绩和能力水平是:
总分:43　　　　　　　　到达度指标:87
五级评定:中上　　　　　到达度评定:良

即:通过43题,到达度指数为87,实际上他掌握了本测验内容的87%,评定为良。但他在"良"一级中不是优者,接近"良"的中等水平。

$$t=\frac{43}{75}\times 100+30=57+30=87$$

注:计算到达度指数

计算公式:$t=\frac{通过题数}{总题数}\times 100+30$

指数范围是:$30\leqslant t\leqslant 130$

评定	到达度指数 t	掌握的程度(通过百分数)
全优	t=130	100%
优	$100\leqslant t<130$	70%—99%
良	$80\leqslant t<100$	50%—69%
中	$60\leqslant t<80$	30%—49%
差	$30\leqslant t<60$	30%以下

此测验法,不仅用于考查学生数学能力水平,而且广泛用于下列研究课题中:数学能力差异的研究;数学能力强和数学能力差的学生在数学思维过程中反映出的不同本质特点,在运用数概念解决实际问题和根据已有知识经验判断空间关系这两方面同一学生的能力水平存在的显著相关性;独生子女与非独生子女,男生与女生数学能力差异情况等。

案例2 北京某中学采用测验法对中学生知识与能力关系的研究

研究目的:了解本中学学生知识与能力发展情况、年龄差异、性别差异、能力因素之间关系。

取样:本校初一、初二和高一、高二学生。

研究方法:设计了两个能力测验,一个知识测验。

一是思维能力测验,九道题,包括有逻辑思维、空间想象、解决实际问题等能力,时间90分钟。

二是记忆能力测验,共三道题。第一题写十个成语,看一分钟然后默写;

第二题写十个英文单词,看一分钟然后默写;第三题,有格言一则,古文一段,人名五个,谜语两个,汉字十个,看五分钟,然后依次默写下来。

三是各年级的基本知识测验。

<u>研究结果</u>:通过测验分数的统计处理,得出以下结论:该校学生思维能力的发展明显弱于记忆能力;男女生记忆能力相当,思维能力在初三以后有明显差别,总体上男生要高于女生;思维能力发展,学生呈正态分布,中间部分比例大,而记忆能力发展,成绩优良的比例数大。

特别是通过测验显示出学生中知识掌握与能力发展不同水平上形成的四种基本学习类型:第一种是学习成绩好,基础知识扎实,知识面广,思路开阔,兴趣广泛,思维能力强;第二种是学习成绩好,基础知识扎实,但知识面不够广,局限于课堂上和书本上所学的东西,思路不灵活,思维能力处于中下水平;第三种是学习成绩不稳定,基础知识有严重缺陷,但知识面广,思路灵活,思维能力较强;第四种是学习成绩差,思维能力也差,其中不少又是由于学习态度及学习方法原因造成的。

正是通过测验调查研究,获得不少可供研究的信息。由于仅仅在一个学校内取样,题目的效度问题还缺乏检验和修正,所以要使这些结论具有普遍性,还需要在更广泛的范围内进行深入研究。

案例3 初中理科教育的评价研究

这是自我国1984年正式参加国际教育成就评价协会(简称 IEA: International Association for the Evaluation of Educational Achievement)后,在北京、天津、山西、河北四省市进行的科学研究试点项目。

<u>研究目的</u>:对我国四省市初中理科教育现状进行系统、客观的评价分析,了解科学教育的成就和存在问题,为改进中学科学教育的决策和采用具体措施提供比较科学的依据。

<u>研究方法</u>:从学校的初三学生总体中随机抽样,搜集数据的工具主要是测验和问卷。

测验题主要采用国际上已编制的一套题目,并补充部分国家试题。即组织科研人员和各学科有经验的教师,就我国现行使用的地理(自然地理)、生物、化学、物理课本的内容,对照国际上所规定的七十二项内容(包括地球科学、生物、物理、化学四学科共五十七项内容和其他学科的十五项内容)逐一评出等级,基于课程分析的基础上,参照评定的等级及国际试题,编制补充国

家试题。

测验中国际认知测验由 30 道国际核心测验试题及轮换测验的各 10 道国际试题组成。为了能充分反映各国的理科课程和需要研究的特殊方面,各国可以在轮换测验题中各增加 5 道国家试题。

问卷是一组书面问题以回答者自我报告的方式提供信息,包括学生问卷、教师问卷和学校问卷。

正式测试前,培训人员进行预测,严格控制测试过程。最后在国家计委计算中心进行数据的处理和分析。

科学测验的结果:从这次大规模研究中获得的大量数据,不仅向世界提供了 80 年代我国四个地区理科教育的概况,在国际比较中了解了我国教育的现状和问题,同时也提出了一些值得研究的问题。如:各层次之间,不同学校所在地和不同类型的学校之间,不同年龄学生之间、男女生之间、学科之间科学教育成绩存在的差异,影响学生学习理科的因素、学校理科教学中存在的问题,等等。

附:国内常用的教育测验

我国教育研究工作者在对国外一些权威性测验进行修订的同时,也编制了一些适合中国教育实际的测验。为研究者便于选用,这里仅介绍常用的几个重要测验。

一、中国比奈测验[①]

测验性质:个别智力测验

测验内容:分为语言文字、数目、解题和技巧四类,共 51 个项目:

---

① 1982 年吴天敏对陆志韦编制的《第 2 次订正的中国比奈-西蒙测验》的再修订。

1. 图形大小比较
2. 说物体名称
3. 比长短线
4. 拼长方形
5. 辨别图形
6. 数纽扣 13 个
7. 问手指数
8. 上午和下午
9. 简单迷津
10. 解说图
11. 寻找失物
12. 倒数 20 至 1
13. 心算(一)
14. 说反义词(一)
15. 推断情景
16. 指出缺点
17. 心算(二)
18. 寻找数目
19. 寻找图样
20. 对比
21. 造句
22. 正确答案
23. 对答问句
24. 描画图样
25. 剪纸
26. 指出谬误
27. 数学巧术
28. 方形分析(一)
29. 心算(三)
30. 迷津
31. 时间计算
32. 填字
33. 盒子计算
34. 对比关系
35. 方形分析(二)
36. 记故事
37. 说出共同点
38. 语句重组
39. 倒背数目
40. 说反义词(二)
41. 拼字
42. 评判语句
43. 数立方体
44. 几何形分析
45. 说明含义
46. 填数
47. 语句重组
48. 校正错数
49. 解释成语
50. 明确对比关系
51. 区别词义

为了节省测验时间,编者从 51 个题中,选出 11、18、27、28、29、34、38、42 等八个项目组成《中国比奈测验简编》,每测 1 人约需20分钟,使测验得到简化。

适用对象:2—18岁的城乡儿童和青少年。

操作要点:首先根据被试的实足年龄从表9-8中(测量指导书的附表)查到测验的起点题,然后按指导书的测验程序和要求进行测验。每通过一题记一分,连续五题不通过即停止测验。最后根据得分(包括补加分),从指导书的智商表中查出该被试的智商。

表9-8 《中国比奈测验》各年龄组测验起点题

年龄	测验起点题	补加分	年龄	测验起点题	补加分
2—3	1	0	10	18	17
4	1	0	11	20	19
5	1	0	12	22	21
6	7	6	13	22	21
7	7	6	14	23	22
8	10	9	15	23	22
9	14	13	16—18	24	22

二、韦克斯勒智力量表

测验性质:个别智力测验。分以下三种:

(一)中国——韦氏幼儿智力量表(C-WPPSI-R)①

适用对象:4—6.5岁儿童(城市和农村)。

测验内容:从整体智力观点出发,将智力分为言语和操作两部分,共11个分测验,即:

言语量表	操作量表
1.常识(23题)	2.动物的房子(1题)
3.词汇(22题)	4.图画补充(23题)
5.计算(20题)	6.迷津(10题)

---

① 在湖南医学院龚耀先主持下,根据1967年韦氏幼儿智力量表修订而成。

7.类同(16题)   8.几何图形(10题)
9.理解(15题)   10.积木图案(10题)
备用题:语句(10题)

操作要点:言语量表和操作量表按顺序轮换进行,连续五道题都不能通过即停测。正确回答一个问题得1分,最后每个年龄组可根据测验实得分数在指导书中查到量表分数、智龄及离差智商。

(二)韦克斯勒儿童智力量表(中国修订本)[①]

适用对象:6—16岁城乡男女儿童

测验内容:将测验题或项目按智力的不同侧面分类,分为言语测验和操作测验,共12个分测验,每种测验又自成系统,采用离差智商作为统计智力的相对稳定的程度。

言语测验   操作测验
1.常识(30项)   2.图画补缺(26项)
3.类同(17项)   4.图片排列(13项)
5.算术(9项)   6.积木图案(11项)
7.词汇(32项)   8.物体拼图(4项)
9.理解(17项)   10.译码A(45项)(图形对符号,
                      用于8岁以下儿童);
                   译码B(93项)(数字对符号,
                      用于8岁以及更大儿童)

11.背数(14项)(备用测验) 12.迷津(9项)(备用测验)

操作要点:主试要熟悉测验手册和指导语,记分及评分方式,按说明书规定程序施测。原则上从言语测验开始,言语测验和操作测验按测验序号顺序交叉进行,使测验过程更有趣和富于变化。主试以自然的谈话语调来表达测试指导语,以消除儿童顾虑和恐惧心理,使儿童在良好的情绪状态下参加测验。要严格遵守时间

---

① 1980年林传鼎、张厚粲主持,在对1974年版韦氏儿童智力量表修订而成。

限制,每名儿童施行十个测验大约需 55—30 分钟,全部测验最好一次施行完毕,如有困难,可分两次进行,但间隔时间不应超过两周。

(三)修订韦氏成人智力量表(WAIS—RC)[①]

适用对象:16 周岁以上男女成人。

测验内容:6 个言语量表,5 个操作量表。

言语部分　　　　　　操作部分

1.常识(29 项)　　　1.数字符号(90 项)

2.理解(14 项)　　　2.填图(21 项)

3.算术(14 项)　　　3.积木图案(10 项)

4.类同(13 项)　　　4.图片排列(18 项)

5.背数(19 项)　　　5.拼图(4 项)

6.词汇(40 项)

综上所述,韦氏量表具有以下特点:

1.可提供三个智商分数(言语智商、操作智商和全量表智商),能更全面地反映智力的各方面。

2.量表把测量同一种能力的项目集中起来组成分测验,各年龄都接受同样的分测验,可以对各年龄组的各种能力加以比较。

3.三个量表有衔接性,覆盖面宽(4—70 多岁)。

问题是:不太适合智力极高和智力极低者;施测方法较复杂和费时间。

三、瑞文标准推理能力测验[②]

测验性质:非文字式的智力测验(抽象推理能力)。

适用对象:儿童青少年或成人、不同性别,个人或团体。

---

① 1982 年龚耀先主持下,依据韦氏成人智力量表修订而成。
② 英国学者 J·C.Raven 设计。1986 年张厚粲主持下对瑞文测验做了修订。

测验内容:共 60 道题目,包括五个系列,每个系列 12 题。测题形式是非文字式图形,被试根据图形的规律进行推理和填补。

五个系列是:

1.测知觉辨别力,图形想象力;

2.测类同、比较、图形组合;

3.测比较、推理;

4.测系列关系、比拟、图形组合;

5.测互换、交错。

操作要点:每张图上端有一张大图,下端有六张小图。大图上留有一块空白,六张小图中仅有一张补在这个空白上恰好合适。受试者需从选项中选出一个能完成该题图画组型的最佳答案。按测验手册施测。测验完毕,按标准答案评分,总分 60 分。把得分对照常模(见表 9-9),即可得知被试者的智力等级。

表 9-9　瑞文标准推理测验参考常模

年龄 等级	5½	6	6½	7	7½	8	8½	9	9½	10	10½	11	11½	12	12½	13	13½	14	14½	15	成人
优秀	34	36	38	40	42	44	47	48	51	52	53	53	54	55	56	57	57	58	58	58	
优良	28	32	37	39	40	41	44	46	48	50	51	51	53	54	55	56	57	57	57	57	
中上	20	24	29	34	36	37	40	42	45	47	48	49	51	51	52	54	54	55	56	56	56
中等	15	17	19	22	26	29	33	36	40	43	44	44	47	48	49	51	51	51	51	51	53
中下	11	12	13	14	16	19	23	28	21	35	38	38	43	46	47	47	48	48	48	48	49
较差	9	10	10	11	12	15	17	19	26	27	28	34	34	37	41	41	42	42	44	46	
差	8	8	9	10	11	12	12	12	17	19	20	29	31	32	38	38	38	39	41	43	

四、中国儿童发展量表 CDCC[①]

测量性质:3—6 岁儿童心理发展水平测验。

---

① 中国儿童发展量表 CDCC(3—6 岁)是中国儿童发展中心与北京师范大学张厚粲合作,并得到联合国儿童基金会的支持,从 1985 年开始进行编制的。量表由北京师大张厚粲、陈帼眉、赵钟珉、王晓平、冯伯麟,新疆师大周容等集体设计。

适用对象:大、中、小城市及大城市近郊县 3—6 岁正常儿童。

测验内容:测言语、认知、社会性、身体素质与动作技能四方面,共 16 项分测验。

言语能力:第 1、2、4 项测验。包括语言理解与表达。

认知能力:第 3、5、6、7、8 项测验。包括空间知觉能力、色彩辨别能力、观察力、记忆力、分析概括和类比推理能力、数概念的掌握以及运算能力。

社会认知能力:第 9、10、11 项测验。包括社会常识、道德判断以及对人、人际关系的认知能力。

身体素质和动作技能:第 12、13、14、15、16 项测验。包括平衡性、爆发力、灵敏性、耐久力以及协调能力。

16 项分测验是:

1. 看图命名(10 题)
2. 量词使用(8 题)
3. 看图补缺(10 题)
4. 语言理解(7 题)
5. 按例找图(10 题)
6. 袋中摸物(8 题)
7. 拼摆图形(12 题)
8. 数数算算(16 题)
9. 错误分析(6 题)
10. 社会常识(8 题)
11. 人物关系(11 题)
12. 单脚站立
13. 立定跳远
14. 左跳右跳
15. 蹲蹲站站
16. 快捡小豆

操作要点:

1. 如果要进行取常模样本测验,则要注意样本的代表性。3 岁至 $6\frac{1}{2}$ 岁共 12 个年龄组,每一年龄组对样本的性别、家长文化程度、地区、城市级别等进行比率分层取样,每年龄组共抽取 204 人,12 个年龄组共计 2448 人。

2. 测验环境适合儿童的生活经验,安静且适宜幼儿接受。

3. 施测方法严格按手册规定进行。施测者态度亲切、热情而认真,语调轻柔,语言准确。

4.计时一般用秒表,施测速度须适合不同儿童特点。

五、南加利福利亚大学测验①

测验性质:个别的创造力测验(发散性思维)。

适用对象:初中水平以上被试。

测验内容:测流畅、弹性、创新和精细四种能力,共 14 个分测验(前 10 项言语反应,后 4 项作图):

1.词语流畅　　　2.观念流畅　　　3.联想流畅
4.表达流畅　　　5.异常用途　　　6.解释比喻
7.效用测验　　　8.情节命题　　　9.推测后果
10.职业联想　　 11.组成物体　　 12.略图
13.火柴拼图　　 14.装饰设计

创造力测验已有多种,目前仍然处于实验阶段,有待进一步修改完善。

六、卡特尔 16 项人格因素量表(sixteen personality Factor Questionnaire,简称 16PF)②

测验性质:个别或团体人格测验,自陈量表(自我评定问卷)。

适用对象:16 岁以上具有高中程度阅读能力的成人。

测验内容:16 种人格因素分别编制 16 个分量表,每一个分量表由 10—13 个测题组成,共 184 个项目,每个项目(问句)有三种反应。凡答案与记分标准符合者得 2 分,相反者 0 分,中间者 1 分。

---

① 由美国吉尔福德(Guiford, Joy Poul)主持下编制。
② 卡特尔运用因素分析法获得 16 个人格因素,他认为人格可以放在 16 个相互独立变量的坐标体系内加以描述。基于此,他绘制了 16 项人格因素量表,基本适合我国,但有的测题需修改。1986 年张厚粲主持部分院校协作已进行这项工作。

16项人格因素及该因素代表符号是：

1. A 乐群性（warm, sociable）
2. B 聪慧性（bright, intelligent）
3. C 稳定性（mature, calm）
4. D 恃强性（dominant, aggressive）
5. F 兴奋性（enthusiastic, talkative）
6. G 有恒性（conscientious, persistent）
7. H 敢为性（adventurous, thick-skinned）
8. I 敏感性（sensitive, deffeminate）
9. L 怀疑性（suspecting, jealous）
10. M 幻想性（bohemian, unconcerned）
11. N 世故性（sophisticated, polished）
12. O 忧虑性（insecure, anxious）
13. Q_1 求新性（experimeting, critical）
14. Q_2 独立性（self-sufficient, resourceful）
15. Q_3 自律性（controlled, exact）
16. Q_4 紧张性（tense, excitable）

说明：16项人格因素是各自独立的，它们间的相关度极小，既能明确描述16种基本人格特征，推算出许多种可以形容人格类型的次级因素类型（平和与焦虑型 x_1，外向与内向型 x_2，感情用事与安详机警型 x_3，怯懦与果断型 x_4），还可以对心理健康者、从事专业而有成就者及创造力强者的人格因素进行推算预测，以此了解深层次的人格特征并进行职业指导。经我国学者们的研究修订，现在成人、大学生和中学生男女的六个全国常模可供使用。

操作特点：被试凭直觉性反应依题回答，不遗漏和跳答。用计分模版计分，并通过查阅常模表将原始分数转换成标准拾分（比标准九分多一个等级），再按标准拾分在剖析图上找到相应圆点，最后将各点连成曲线，即可得到一个人的人格轮廓图形。

第十章 教育科学的比较研究法

有比较,才有鉴别;有鉴别,才能有认识。教育科学研究方法中,只有对经验事实材料进行比较分析研究,进而通过分析综合,归纳演绎,分类类比,才能揭示教育的本质规律。比较研究,是教育研究中的一个重要方法。

第一节 教育比较研究法的基本认识

一、什么是教育比较研究方法

1.比较研究的基本概念

比较(Comparative)一词的意思是,根据一定的标准,把彼此有某些联系的事物放在一起进行考察,寻找其异同,以把握研究对象所特有的质的规定性。比较研究是确定对象间异同的一种逻辑思维方法,也是一种具体的研究方法。

教育科学的比较研究是对某类教育现象在不同时期、不同地点、不同情况下的不同表现进行比较分析,以揭示教育的普遍规律及其特殊表现,从而得出符合客观实际的结论。

2.比较研究的实质

将比较研究仅仅作为一种收集信息资料的手段,这实际上是一种误解。比较研究需要搜集资料与事实,并进行加工整理,但远不止如此。比较研究的本质在于:从事物的相互联系和差异的比较中观察事物、认识事物,从而探索规律。比较,也是一种认识。正如爱因斯坦所指出的:"知识不能单从经验中得出,而只能从理智的发明同观察到的事实两者的比较中得出"[1]。

教育比较研究与其他教育研究方法的不同之处在于:(1)从比较的角度把握对象特有的规定性;(2)研究对象必须具有可比较性,从而限定了研究的内容和范围;(3)研究方法上以比较分析方法为主。比较研究,方法简单、生动、鲜明。由于研究结论是从比较分析的推论中得出,其客观性程度还有待实践证明并加以检验修正。

二、教育比较研究的历史发展

比较研究,早在纪元前就得到了应用。公元前4世纪,亚里士多德曾对158个城邦政制(宪法)进行了比较研究,写出了著名的《雅典政制》一书。但比较研究作为教育研究的一种重要方法是在19世纪以后。据国外学者的考察,一般认为教育比较研究法的发展可分为以下几个阶段。[2]

1."旅游者的传说"。希腊、罗马以及后来的马可·波罗(Marco polo),以直接观察者的立场,将所见到的国外统治者对年轻一代教育的情况所做的"口头描述"。

2.纪实研究阶段。19世纪,研究者通过实地考察访问,搜集不同国家的教育制度和教授法资料并作简单类比,以为借鉴。如

---

[1] 《爱因斯坦文集》第一卷,商务印书馆,1976年版,第278页。
[2] 资料来源:The Encyclopedia of Comparative Education and National Systems of Education,1988;日本筑波大学教育学研究会编,《现代教育学基础》,钟启泉译,上海教育出版社,1986年版。

英国的马瑟·阿诺德(Arnold,Matthew 1822—1888),对欧洲各国考察后撰写《欧洲大陆的学校和大学》的考察报告。还有美国的亨利·巴纳德(Barnard,Henry 1811—1900),法国的维克托·库森(Victor Cousin 1792—1867),他们借鉴外国先进教育观点,研究外国的教育制度,并为本国所用。这是一种带有功利与实用目的的教育借鉴活动,还不能解释现象的种种内在原因。

3.分析研究阶段。20世纪前60年期间,受社会学发展的影响,一批学者逐渐采用了分析教育现象因素的方法。用理性推断法努力探究影响各国教育体制差异的根本原因,特别是对社会与教育之间关系的深刻分析。代表人物是美国的阿萨克·康德尔(Kandel,I.L. 1881—1965)。他采用分析法,根据搜集到的各国情报,在客观描述的基础上进行历史的、功能性的分析。分析特定教育现象形成和发展的各种相关因素。康德尔认为制约各国教育的一大因素是民族主义和国民特性。他还预测,世界上几乎所有国家将会在教育目的和课程上趋于接近,只是各国用于解决教育课题的方法和手段依存于本国的传统和文化罢了。由于过分强调析因比较分析而陷入割裂的非此即彼的形式主义误区,单独抽取因素而整体受到肢解,导致不能真正把握事物的本质属性。

4.多样、综合的系统比较研究方法阶段。60年代以后,比较研究运用社会科学的、准自然科学的方法,用定量、定性资料深入分析认识变革中的教育结构,确定各种因素在教育发展中所起的作用,寻求更科学、更精密的方法。

当今,比较研究方法面临的挑战,表现在:要求改变过去那种将单一国家或个体作为唯一研究的框架,更强调区域性大型研究;强调以群体为研究对象,要求改变过去那种线性单向的输入或输出的二元比较研究格局和简单的归因分析,更强调在复杂的社会背景中进行全方位、多层次的比较分析,要求跨文化、多学科的参与;要求改变过去那种对量化方法的盲目迷信,更关注实际的生动丰富的教育实践和过程的定性研究,同时注意定量分析。而新的研究热点的出现,逐步改变了研究的方向,比较研究方法必须现代化、科学化。

三、比较研究在教育科学发展中的作用

比较研究作为一种思维方法,贯穿在教育研究的全过程。通过比较研究,选定有重要价值的研究课题;通过比较分析,在搜集文献情报与资料过程中,不仅对所需要的材料进行定性鉴别,而且有助于揭示一些较专深的不易明察的资料信息;在进行教育调查和教育实验时,也需要运用比较方法对实验结果进行定性与定量分析;对理论研究的结果与观察、实验实践的事实之间是否一致作出判断,从而对理论研究的结果进行实践检验。没有比较,就不可能获得更好的研究结果。

作为一种一般方法广泛应用于教育研究各个领域的比较研究,其主要作用有以下几方面。

1.比较研究法和历史研究法结合,帮助我们从现实问题入手,追溯事物发展的历史渊源并研究事物发展的过程和规律。

如果说自然科学研究中运用历史比较方法曾导致19世纪地质渐变论和生物进化论的创立,给地质学和生物学带来了划时代的变革,那么在社会科学、教育科学研究中同样具有重要意义。通过历史比较,较好地揭示了以赫尔巴特为代表的所谓"传统教育派"和以杜威为代表的"新进步主义教育派"的根本分歧,进而把握科学主义与人文主义教育观的不同观点。

在关于教学原则、课堂教学组织形式、教学模式等研究中,通过不同历史发展时期的比较,分析其哲学理论基础、基本观点、基本方法的异同,深化对该问题的研究,从而把握今天发展的特质,中国教育在漫长的几千年的历程中积累了丰富的经验,通过中外教育历史的比较研究,可以更深刻地揭示本国的教育传统特点及

东西方相互交融、渗透的关系。

2.运用比较方法,分析教育发展过程中的本质联系,有利于深化教育科学理论的研究。

揭示教育发展的本质联系是进行教育科学研究的最终目的,而比较研究提供了一种有效的方式。通过比较研究,将个别事物属性纳入广阔的背景,能激发思维,从而产生新的发现并深化认识。

比如关于教学活动问题的研究。活动方式是研究人的认识和个性发展规律的基本模式,因此活动问题成为现代教学论研究深化发展中的一个基本问题。这个问题的研究在于揭示教学认识发生发展的基础和源泉,探索一条使青少年儿童主动发展的途径。我们在对这一重大问题进行研究时,首先就要用到比较研究方法。一方面进行纵向比较。要超越历史,就要研究历史,要把该问题放在有一定深度的历史发展过程中加以考察,比较分析杜威、皮亚杰、列昂节夫等人关于活动的理论,分析他们理论的价值、贡献和局限,有助于对教学活动论理论基础的考察。另一方面进行横向比较,借鉴哲学、心理学界关于活动理论的研究成果,通过吸收科学研究的最新成果带来新的研究视角。同时要对学校丰富生动的教学实践经验进行整理和比较分析,使教学活动问题的研究提到一个新的水平。

又比如在教育文化学中关于文化心理结构与教育关系的研究,[①]通过对代表人类两种文明的东西方民族文化心理结构与教育关系的比较,探讨不同民族文化心理结构与教育的关系,从而回答怎样在借鉴与选择外来文化的过程中保持教育的民族特点,在民族化的前提下实现教育的现代化。这一研究从更深层次上挖掘文化变迁和社会发展的动因,从而深化了对教育自身及教育与其

---

① 习培尊主编:《教育文化学》,江苏教育出版社,1992年版。

影响因素之间关系的认识。

通过比较研究,对教育现象进行定性的鉴别和定量的分析,鉴定事物的差别和量的比例关系,从而准确地把握事物的多种属性,更好地认识本国、本地区的教育发展状况和特点。

应该看到,自进入20世纪以来,人们越来越注重开展对处于两种事物之间的状态和性质的研究。如对教育问题进行的跨群体、跨民族、跨宗教、跨地区、跨国的研究,从综合和整体的角度来认识教育发展的趋势,与此同时,比较研究在教育领域得到越来越广泛的运用。

3.通过对教育现象问题的比较研究,为制定正确的教育政策提供科学依据。

教育的发展是一个复杂的系统工程,涉及诸多因素。我们要使决策科学、合理,就要对某一方面的问题有客观和全面的认识。这就需要将这一问题与其他相同事物加以比较,通过比较找出事物的本质属性和非本质属性,找出问题的症结所在,使决策有的放矢,建立在科学依据基础上。因此,从宏观的国家教育决策到微观的教育教学方法的改革,无不渗透着比较研究,也无不需要比较研究。

比如,为了进行高等教育的结构改革,就要对世界各国高等教育结构进行分析比较,分析各国高教体制与该国科技发展、政治经济体制、文化传统等的关系,从而加以借鉴。为了制定科学的考试制度,就要对各国大学入学考试进行比较,对各国普通中学国家考试制度进行比较研究。

又如,关于藏汉儿童数学思维能力发展差异的研究。[①] 通过对调查材料的比较分析,说明藏汉儿童数学思维能力发展存在显

[①] 孙名符、吕世虎、王仲春:《藏、汉儿童数学思维能力发展差异性的研究》,《教育研究》,1991年第8期。

著差异,这些差异是与儿童家庭、学校环境以及语言文化背景因素和某些个性特征有关,而与民族性无关。据此,对藏族学校的数学教学改革提出设想和建议。

正如列宁所说的:"任何比较都不会十全十美","任何比较只是拿所比较的事物或概念的一个方面或几个方面来相比,而暂时地和有条件地撇开其他方面"。[①] 我们不能把比较研究方法孤立化、绝对化,而要与其他方法相结合。

第二节 教育比较研究方法的种类

由于比较是一种多层次、多形式的认识活动,因而产生了多种类型。比如:直接比较与间接比较,顺时顺事比较与逆时逆向比较,整体比较与部分比较,形式比较与内容比较,现象比较与本质比较,宏观比较与微观比较,等等。英国有的学者把它归纳为两种主要比较方法,一是经验范例法(the empirical paradigm),二是历史和解释法(the historical and hermeneutic approaches)。我国学者们一般将教育比较研究法分为以下三类。

一、同类比较研究与异类比较研究

这是根据事物之间存在差异性和同一性而分的。

1.同类比较研究

比较两种或两种以上同类事物而认识异同点的方法。同类相同点比较,可以找到事物发生发展的共同规律。同类相异点比较,可以找到事物发生发展的特殊性。如对我国社会经济发展水平不

---

① 《列宁全集》第8卷,人民出版社,1959年版,第423页。

同的农村地区基础教育发展的比较研究。① 通过三个抽样县调查说明,虽然经济发展水平不同,但在普及九年制义务教育方面都采取了若干共同措施,也正是通过对不同地区普及义务教育的经验教训的比较分析,力图对促进农村地区基础教育发展作出若干概括性结论。

2.异类比较研究

比较两种或两种以上性质相反的事物或一个事物的正反两方面,通过比较表面相异的两类对象以发现异中之同,找出其中的共同规律。这种比较,反差大,结果鲜明,有利于鉴别和分析。如有人对老子、赫拉克利特辩证思想的比较研究,发现二者在天道观、发展观、矛盾观等方面有惊人的相似之处,又有各自阐发的侧重和局限性,而该问题的研究,对探讨古代哲学的发展有重要意义。②

通过"同中求异""异中求同"的分析比较,可以使我们更好地认识事物发展的多样性与统一性。

二、纵向比较研究与横向比较研究

这是根据比较对象历史发展和相互联系而分的。

1.纵向比较研究

纵向比较,是比较同一事物在不同时期内的发展变化。世界不是一成不变的事物的集合体,而是过程的集合体。纵向比较研究是按时间序列的纵断面展开的,它强调的是从事物的发展变化过程来研究教育发展变化的规律,是以动态观点来研究现状,揭示

---

① 这是北京师大外国教育研究所与联合国儿童基金会、英国苏塞克斯大学合作研究项目,详情见陆仁:《我国普及义务教育面对的挑战与对策》,《比较教育研究》,1993年第4期。

② 见施庆:《老子、赫拉克利特辩证思想之比较》,《南京师范大学学报》(社会科学版),1990年第1期。

其历史演化性,从而弄清其发展的来龙去脉。

2.横向比较研究

横向比较,是对同时存在的教育现象进行比较,因为每一事物都不是孤立存在的,所以必须在相互关系的比较中认识事物的本质。横向比较研究是按空间结构的横断面展开的,强调的是从事物的相对静止状态中研究事物的异同,分析其原因。比如,通过不同地区中等教育结构和高等教育结构的比较,找出教育结构与产业结构的关系;通过中、日、美儿童适应能力的跨文化比较,数学认知能力的比较,中学理科教育水平等比较研究,掌握东西方教育模式的不同特点。横向比较获得的信息是多方面的,有助于我们全面地把握事物。

对一个复杂问题的研究,往往要求我们既要进行纵向比较,又要进行横向比较。比如马克思对资本主义生产以前的各种形式的生产方式进行的纵向和横向比较研究,恩格斯对此进行了这样的概括:"只知道资本主义的生产、交换和分配的形式是不够的。对于发生在这些形式之前的或者在比较不发达的国家内和这些形式同时并存的那些形式,同样必须加以研究和比较,至少是概括地加以研究和比较。到目前为止,总的来说,只有马克思进行过这种研究和比较"①。我们应该很好地掌握和灵活运用这一方法,使教育问题的研究有一定的深度。比如关于新中国成立前教师工资待遇问题的研究②,纵向上抽取1917、1927、1940年大学教员月薪标准进行比较,横向上以1933年大专、专科、小学,以及不同学校(如国立、省市立、县市立、区立、乡立、镇立、联立、私立等不同情况)加以比较分析,较好地勾勒出旧中国几十年间教师工资待遇基本情况

---

① 《马克思恩格斯全集》第20卷,人民出版社,1956年版,第164页。
② 刘来泉:《我国教师工资待遇的历史考察》(1909—1949),《教育研究》,1993年第4期。

及影响因素,为今天分析研究教师工资待遇问题提供了参考。

三、定性分析比较与定量分析比较

这是根据所有事物都是质和量的统一的观点而分的。

定性分析比较,是通过事物间本质属性的比较来确定事物的性质。定量分析比较是对事物属性进行量的分析以判断事物的发展变化。二者结合,能使比较的内容更加清晰,比较的结论更加正确。

从目前比较研究的实际情况看,我们应建立量的观念。正如毛泽东指出的,"我们有许多同志至今不懂得注意事物的数量方面,不懂得注意基本的统计、主要的百分比,不懂得注意决定事物质量的数量界限,一切都是胸中无'数',结果就不能不犯错误"[①]。例如关于各地区教育经费在该地区国民收入与财政支出中所占比例,各级各类学校的数量与结构比例,公立与私立学校的比例分析。有人尝试以系统聚类分析方法(Hierarchical cluster Analysis)对世界112个国家或地区教育发展情况进行分析,以讨论教育发展分类模式问题,[②]就是运用了定量比较分析研究方法。

在教育研究中,我们对某个复杂问题进行探讨时,往往要采用多种比较方法对研究对象进行综合比较,从而在整体上全面认识研究对象。

---

① 《毛泽东选集》合订一卷本,第1332页。
② 宁虹:《112个国家或地区教育发展聚类分析》,《教育研究》,1991年第12期。

第三节 教育比较研究的方法要求

一、运用比较研究法的步骤

与其他研究方法一样,比较研究法同样存在一个基本的实施程序。各国学者对此发表了不同见解。如联邦德国的希克尔(Hilker,F. 1887—1969)和美国乔治·贝雷迪(Bereday,G. 1920—)提出比较研究区分为纪实、解释、并列、比较四个阶段:(1)纪实——收集整理有关研究对象的资料,客观地描述事实;(2)解释——多元地解释所描述的事实的含义;(3)并列——将判明了的事实加以整理、并列,揭示其异同,提出比较分析所必需的假说,作出结论;(4)比较——通过比较研究,验证所提出的假说,作出结论。

英国布赖恩·霍姆斯(Brian,Holmes 1919—)试图赋予比较教育学以准自然科学或预测科学性质,提出比较教育的"问题研究法"(problems approach),仿效杜威的"反省思维",提出比较教育研究的四个阶段:(1)问题的选择与分析;(2)解决对策(政策)的计划;(3)相关因素的确认;(4)根据三种范型,进行有关资料的系统选定、分类与相关分析,借此作出某种一般的教育预测。即从搜集资料开始,经过选择问题,政策研究,问题分析,政策制定,相关因素的识别,政策结果的预想,得出正确的预测。[①]

运用比较研究,基本步骤是:

[①] 参见日本筑波大学教育学研究会编:《现代教育学基础》,钟启泉译,上海教育出版社,1986年版,第499—500页。

1.明确比较的目的,选定比较主题。

这是进行比较研究的前提。其基本含义是:第一,根据研究课题确定比较的内容,限定比较的范围,从而使比较目标明确而集中;第二,按比较主题统一比较标准。比较标准既有可比性又有稳定性。这是比较的依据和基础。

2.广泛搜集、整理资料。

通过查阅文献、调查、实验等多种方法,尽可能客观地搜集所要研究的教育现象的有关资料。

3.对材料的比较分析。

这是比较研究的重要环节,从初步分析到深入分析,要对搜集的资料进行解释、分析和评价。分析时要注意事物间的因果性和全面性。

4.作出比较结论。

最后要通过理论与实践论证所得的结论。

二、运用比较研究法的基本要求

1.要保证可比性

所谓可比性,是指比较对象之间的现实性必须属于同一范畴,有一定的内在联系,并能用同一个标准去衡量和评价。可比性由两方面因素构成,一是差异性和矛盾性(具有各自本身的特点才能进行比较),二是同一性和相似性。否则,就如列宁所批评的那样,"不是作历史对比,而是信口开河"[①]。

为保证可比性,必须做到:比较的标准要统一;比较的范围、项目要一致;比较的客观条件要相同。

例如一项关于初等教育入学率的比较研究。据联合国教科文组织《1985年统计年鉴》统计资料,在201个国家和地区中,第一

---

① 《列宁全集》第17卷,人民出版社,1956年版,第57页。

级教育(即初等教育)的年限情况①,见表 10-1。

表 10-1　201 个国家和地区普及初等教育的年限

年　限	国家(地区)数	年　限	国家(地区)数
3	1	7	27
4	8	8	23
5	34	9	4
6	103	10	1

事实说明,各国初等教育年限是不同的,同是亚洲发展中国家,尼泊尔 3 年,斯里兰卡却是 9 年。因此在这种情况下,"入学率"就不一定有可比性。

2.资料的准确性和可靠性

用于比较研究的资料必须是真实可靠的,具有客观性;能反映普遍情况,具有代表性;能反映研究对象的本质,具有典型性。这就需要研究者对国内外教育有较为深刻的认识了解,具有较扎实的教育理论基础以及掌握相应的工具和方法。

3.坚持全面本质的比较

科学的比较,不能限于罗列一些表面的异同现象,也不能抓了枝微末节而忽视了本质的东西,而是需要理性思维。黑格尔对此曾做过生动阐述,他说:"假如一个人能看出当即显而易见之异,譬如,能区别一支笔与一头骆驼,我们不会说这人有了不起的聪明,同样,另一方面,一个人能比较两个近似的东西,如橡树与槐树,或寺院与教堂,而知其相似,我们也不能说他有很高的比较能力。我们所要求的,是要能看出异中之同和同中之异。"②也就是说,要透过现象分析原因,从共性中揭示矛盾的普遍性,从差异中阐明矛盾

---

① 资料来源:《联合国教科文组织 1985 年统计年鉴》。
② 黑格尔:《小逻辑》,商务印书馆,1980 年版,第 253 页。

的特殊性。

要坚持本质的比较,就要努力做到:要通过大量的、典型的材料分析其内在关系,原因在于事物的本质一般隐藏在事物的内部;由于事物的本质有一个暴露和发展的过程,因此不割断历史,要尽可能从社会政治体制、经济科技发展水平、历史文化传统、自然地理环境、社会风俗等多方面加以探讨。

为了运用好比较研究法,我们还必须克服主观片面性,坚持客观的科学态度,不能仅凭一些似是而非、片面零碎的材料轻率下结论。

第十一章 教育科学的实验研究法

实验方法(Experimental method)是教育研究的一个重要方法。为了实现教育理论的科学化,必须积极开展各种教育实验。通过实验研究,探索教育规律,验证和检验基本原理和研究假设。因此,作为一个教育科学工作者,应该学习和掌握实验研究这一基本的研究方法。

第一,掌握实验研究方法的实质及基本特点。搞清什么是实验研究,它与观察调查研究、历史研究、理论研究的区别;什么是教育实验研究,它与自然科学的实验、心理学实验方法的联系与区别。

第二,理解实验研究方法中的关键性概念,如变量、内外部效度、操作、处理等,初步树立实验方法规范意识。

第三,了解教育实验设计的基本类型以及每一种类型的基本特点和操作程序。

最后,要了解如何分析一个教育实验及实验研究报告,明确提高教育实验科学水平的基本要求。

第一节　教育实验研究法概述

一、教育实验研究法的历史发展

教育实验研究方法本身经历了一个历史发展过程,考察这一过程,理清具体的发展脉络,目的在于进一步揭示教育实验研究方法的本质及基本特点。

(一)教育实验历史发展的两条基本线索

科学实验萌芽于人类早期的生产活动中,后来逐渐分化出来,从16世纪开始成为独立的社会实践形式。伽利略(Galileo,Galilei 1564—1642)第一个将实验作为研究自然科学的一种必要方法,弗·培根(Bacon,Francis 1561—1626)制定了实验方法论原则而被誉为"实验科学始祖"[①]。他们创立的实验方法论对近代科学的兴起和发展起了关键的作用,其原理所包含的基本思想在现代的科学实验观念中大致都保留下来。

教育研究从一般教育实践中的试验到19世纪末20世纪初科学的教育实验的形成和运用,前后大约二百多年。教育实验的形成发展是与现代教育的产生发展是密切联系的。

总体上分析,教育实验是从以下两条线索发展起来的。一条线索是受自然科学实验方法的影响,另一条线索是教育实验从一般教育活动本身分化发展而来,并发展成为当今教育实验的两种基本范型。

[①]　弗·培根认为,任何科学都应该是实验的科学,并提出了包括变化法、延长法、转移法、反转法、应用法、结合法、偶然实验等八种实验方法。

1.从自然科学实验经由心理学而引进教育领域,这就是物理学→生物学→实验生物学、实验心理学→实验教育学的发展过程

科学实验法最早用于物理学的研究,后引入动物学、生理学和医学。以人作为研究对象则始于19世纪上半叶,首先是实验生物学研究的发展。德国生理学家约翰内斯·穆勒(Johannes Peter Muller 1801—1859),对当时大量的生理实验研究进行收集、整理和总结,极力提倡在生理学中应用实验方法。不少生理学家用实验方法研究脑的机能。继1861年法国医生布罗卡采用临床法发现言语中枢后,科学家们又研究了脑的运动中枢,各种感觉中枢。特别是德国心理生理学家韦伯(Ernst Heinrich Weber 1795—1873)对感觉阈限的研究,德国费希纳(Gustav Theodor Fechner 1801—1887)提出心理物理学的三种基本方法,①为定量的实验心理学的产生提供了条件。

作为实验心理学产生的根本标志,是德国生理学家、哲学家冯特(Wundt,W. 1831—1920)于1879年在莱比锡大学创办了世界上第一个独立于生理实验室之外的心理实验室,正式采用实验方法研究心理学问题,从此,心理学才逐渐发展为一门独立的学科。与冯特同时代的,还有艾宾浩斯(Hermann Ebbinghaus 1850—1909)和G.缪勒(Georg Elias Muler 1850—1934)关于记忆问题的研究,屈尔佩(Oswald Kulpe 1862—1915)对思维过程的实验研究。②

实验研究方法通过实验生理学和实验心理学,以人作为研究

---

① 指:最小变异法(极限法),恒定刺激法(正误法),平均差误法(调整法),以控制生理变量作为自变量,报告感觉作为因变量。

② 以上参见沈庆华:《浅谈实验心理学的形成建立及其对心理科学发展的意义》,《西北师范大学学报》(社会科学版),1989年第2期;朱智贤主编:《心理学大词典》,北京师范大学出版社,1989年版,第438、509页。

对象并扩展到教育领域,在20世纪初形成对教育问题进行实验研究的一种潮流,从而产生了实验教育学派。实验教育学派是以自然科学方法为典范,经验主义为哲学理论基础,通过观察、统计、实验等方法研究教育行为,他们反对建立在感觉的内省基础上的古老教育学,其代表人物是德国的心理学家梅依曼(Ernst Meuman 1862—1915)和赖伊(Wilhelm August Lay 1862—1926)。1901年梅依曼首次提出了"实验教育学"的名称,并进行了关于感觉(1902)、语言发展(1903)、智慧与意志(1907)、记忆(1908)和艺术欣赏(1914)实验。赖伊在他的主要著作《实验教育学》中提出,只有通过实验,有意识地简化要素条件下研究教育现象中各种复杂的,因果关系,教育学才能成为一门科学。[①] 他们主张要在对儿童生理、心理进行实验研究的基础上来阐明教育和教学方法,其观点对教育研究产生了广泛的影响。1890年,J·M·Rice编制拼字测验、算术测验和语言测验,首次将实验法应用于对学生拼字、算术和语言成就的研究;1902年,吉德(Juld)发明用活动照相法研究读法;1903年,美国桑代克(Thorndike,Edward Lee 1874—1949)对算术上各项学习能力的关系的研究,等等。其共同趋势是,试图把实验这种"精确的科学方法"运用于教育问题,对所收集的信息作"精确的定量处理",从而使实验方法进入教育研究领域。

我们在对以上历史进行考察时,不能不涉及自然科学研究的数学方法,数理统计和心理测量等学科的发展对实验方法发展的深刻影响。

近代自然科学是沿两个脉络发展的,这就是实验方法和数学方法。数学方法的发展,最早可追溯到从笛卡儿到莱布尼兹(Leibniz,Gottfried Wilhelm 1646—1716)时期的数学方法上的变

---

① Lay,W.A,Experimental pedagogy(translated by Weil, A. & Schwartz, E. K.),New York,1936,pp.143—144。

革,从直观的几何思维向更抽象的代数思维过渡,数学作为进行演绎推理的方法论工具。而牛顿(Newton, Isaac 1642—1723)则创造性地把实验和数学结合,数学和逻辑结合,归纳和演绎结合,以其"哲学推理法则"的独创方式处理实验提供的经验材料,用数学——逻辑方法,在经验基础上建立"实验哲学"[1]。

由于数学方法引入教育和心理学研究领域,法国的弗兰西斯·高尔顿(Francis Galton 1822—1911)始创心理测验。接着,1905年"比奈—西蒙智力测验量表"的发表,在20世纪二三十年代形成了遍及欧美各国的"测验运动",不仅有智力测验,而且有成就测验,倾向、兴趣的测量等,用数理统计和测量的方法对教育实验对象进行量的研究,当时在一定程度上达到盲目崇拜的地步。尽管使用上有一定偏颇,但它毕竟为教育实验的测定、数据处理与检验等提供了较为科学的一种工具。

正是实验与数学方法结合并运用于教育研究,从而形成了注重定量研究的教育实验基本研究方式。它的形成,有利于克服以往教育研究中的主观性和各种偏见,提高研究的客观性。

2.从一般教育活动的本身分化发展而形成的教育实验

文艺复兴时期以后,受自然科学实验思想的影响,在人文主义思想指导下,瑞士教育家裴斯泰洛齐(Pestalozzi, J. H 1746—1827)于1774年、1789年两次创办孤儿学校,并进行教学制度、初等教育新方法的研究与实验;1840年法国教育家福禄培尔(Friedrich Wilhelm August Froebel 1782—1852)创办幼稚园,还有罗素的皮肯希尔学校,蒙台梭利(Maria Montessori 1870—1952)的幼儿之家,尼尔的萨沫希尔学校,等等。教育家们按照自己的设想和理论,长期从事教育实验活动。

在这一种类型的教育实验发展过程中,美国教育哲学家杜威

---

[1] 详见周昌惠:《西方科学方法论史》,上海人民出版社,1986年版,第185页。

(Dewey,John 1859—1952)于1896—1904年创办的芝加哥实验学校可称之为范型。他的实验是在实用主义教育理论指导下,按1895年拟订的"组织计划"进行的。杜威认为,传统教育严格强调形式训练和枯燥无味的练习,学生丧失了学习主动性,教育脱离社会、经济和生活现实。基于对旧教育、旧学校的批判,他着手对课程、教材和教法进行改革,并将学校作为社会生活的形式。如:第一阶段,4—6岁,使学校生活与家庭邻里的生活密切联系;第二阶段,9—11岁,重点是获得读写算、操作能力;第三阶段,13—15岁,进行中等教育,儿童掌握每门学科所使用的方法和工具,并在一定程度上进行专业化活动,如纺纱织布、烹饪、木工、农艺等。经过几年实验,于1890—1903年,对证明有效的课程、教材和教法进行修正提高。杜威进行的教育实验,立足于教育的现场情景,虽然没有像在实验室进行的对无关因素进行严格控制,但它体现了实验最重要特征,这就是对自变量的操作,有目地变革现实,并力图探讨教育发展内在的因果关系。杜威通过实验验证的所谓"新进步主义教育理论"以及他的实验研究法,对后来教育理论及教育实验法的发展产生了极为深远的影响。

在当时这股教育实验的潮流中,主流是一批与杜威相类似的教育实验。如课程分科研究(1907年),设计教学法(1911年),道尔顿制(1917年),文纳卡制(1920年)。在中国,陶行知先生1927年在晓庄进行的乡村师范教育实验,晏阳初先生1929年在河北省定县进行的为时7年的平民教育运动实验,梁漱溟先生于1931年在山东省邹平进行的乡村教育改革实验等。一直到五六十年代美国心理学家斯金纳进行的程序教学实验,苏联教育家赞科夫引入实验心理学方法和心理分析方法进行的教学与发展实验等。这些典型的教育实验,为教育、教学理论的发展提供了丰富、生动的依据,同时形成了教育实验的另一种基本类型。

基于对教育实验历史发展过程的考察,我们做以下三点概括:

第一,正是通过两条基本线索的历史发展,形成了目前两种各具特点的教育实验的基本模式类型。一种是模仿自然科学,强调数学工具的运用,强调严格控制实验条件,将事实与价值分开以追求结论的客观性。另一种是选择教育自然环境,强调研究目的的应用性,对象的整体性以及定性的说明方法。两种基本模式各有其哲学的方法论基础,各有其局限性又各有其合理之处,因而在研究简单问题和复杂问题、微观问题和宏观问题上各有其有效性以及运用的范围和条件。

第二,无论是哪一种类型的教育实验,其共同的本质特征是变革,是创新,是为了探索教育现象、青少年儿童发展的内在的因果关系。

第三,近百年来教育实验研究方法的发展经历了一条艰苦曲折的道路。从模仿自然科学的实验进而寻求适合教育研究的实验方法特点,从注重定性到关注定量,再到定性与定量分析方法结合,从以实验室实验为主到以教育教学实际场景为主。这一切变革的中心点是探索科学的教育实验具体表现形式,而这一点,正是现代教育发展的要求。

有的学者还从教育实验方法论发展角度进行了深入分析。认为教育实验在方法上的改革,主要是引进了"相对"的思维方法:在相对的意义上求纯化,求平衡,求稳定。是用"相对"补充了"绝对",扩展了实验法的运用对象,使实验规范具有了更丰富多样的具体表现形式和更一般的价值。①

(二)当代教育实验研究方法发展的基本特点和趋势

在现代,随着世界教育改革的进行,教育实验的广泛开展,教育实验研究方法本身也在不断发展。从费歇尔提出随机化概念,

---

① 叶澜:《关于我国教育实验科学性问题的思考》,《教育研究》,1992年第12期。

到坎贝尔等人对实验设计中效度问题的研究,以及准实验设计得到的广泛应用,这一切表明,教育实验研究法进入了一个新的发展时期。

1.日益重视哲学方法论对教育实验的理论指导

如果说过去是把实验观察事实仅仅当作事实来看待,极力排除理性的因素,那么现在则是克服传统的归纳主义观念的束缚,重视理论导引。

2.重视研究教育理论与实践问题

以往的教育实验,尤其是在20世纪初,关注的目标是通过实验验证和发展某个教育理论或教育原则,是追求体系的完整。现代,不仅要检验某种教育理论思想观点,而且更主要关注于研究和解决当代教育所面临的一系列重大的问题,以培养现代社会所要求的合格人才。

3.教育实验类型的多样性、丰富性

教育现象及其过程的复杂性,研究者的主观意识性,常常造成方法论上的困难。可是,也正是在这一点上,恰恰又为学者们提供了相对自由的从不同角度进行研究的选择权。在不同的学派理论指导下进行了不同类型、不同层次、不同水平的实验研究,从而丰富了教育实验的类型。

4.教育实验技术手段的变革

在教育实验形成初期,技术手段凭借简陋的实验仪器和用具。到了现代,是以运用新的实验技术、在更高程度上与教育实践结合以及科学规范程序与艺术把握结合为主要特征。特别是,当代科技进入一个向高技术延伸的新阶段以及随之而来的对人本身主体发展的关注,信息科学、生命科学的发展,包括人体科学的研究,大脑机能的研究取得的新进展,对原有教育实验研究法提出了新的挑战。要求直接揭示人大脑活动的秘密,直接研究高级复杂的心理活动,从而探索使人生动活泼主动发展的可能性。而现代科学技术的发展，又提供了许多有利的研究条件和方法，特别是计算机应用，物理模拟，数学模拟，功能模拟，智能模拟，等等。研究方法上，一方面，要求简化实验过程，揭示思维活动的微观机制；另一方面，要求放在现实生活和文化背景中，对实验过程的诸因素进行整体的、综合的考察，使结论更符合实际，从而揭示深层次的教育规律。

也正由于此，作为实验的研究者也发生了根本变化，从过去单个科学家的个体研究进入到以群体为主的协作研究；从某一领域学者的专门研究到有关专家学者的从相关领域进行的交叉综合研究，发挥出前所未有的优势互补效应。特别是在我国，由于广大实践工作者的积极参与和充分发挥能动性、创造性，形成了由学者型的管理干部、教师和专家组成的教育实验研究队伍，充分发挥群体优势，从而促进了教育实验蓬勃发展。

二、教育实验研究法的性质和基本特点

(一)什么是教育实验研究方法

教育实验研究方法是研究者按照研究目的，合理地控制或创设一定条件，人为地变革研究对象，从而验证假设探讨教育现象因果关系的一种研究方法。

教育实验，或许是变化某个条件而使其余条件保持恒定，或许是让多个条件同时变化，分析这些条件的影响以及它们之间可能的相互作用。无论是哪一种教育实验，在以下几个方面是共同的。

第一，教育实验必须揭示变量间的因果关系。正是从这一点出发，在研究问题的基础上，提出研究假设并以此来设计教育实验，规范实验的进程和结果的解释。比如，语文学科的阅读教学，自学辅导法、情境教学、系统讲授加点评等不同方法与提高学生阅读水平有什么关系；理化生学科，教师的演示实验、学生验证性实验、学生获得性实验，每种方式的特点、适用的范围条件与培养学生实验能力间有什么关系,等等。

第二,要主动变革研究对象,即要使研究对象接受不同的实验处理,这就是对自变量的操作。或改革教材,或改革教学方法,或改善环境条件,而这一切又主要是在教育教学现场中进行。

第三,实验研究必须控制条件。通过采用某些实际操作手段和多种方法,人为地控制或创设某些条件以证明实验结果的有效性。比如,目的是比较两种教学方法优劣,那么就要设立对照班(组),使两个组其他条件尽可能保持均衡。包括教材内容,教师的知识能力、教学经验及其对实验的态度,上课的时间,课外作业的辅导、分量及指导作业的方法,学生的智力水平,参与的课外活动,家庭生活、家庭环境及家长指导等方面。在教育实验中,在设立对照组有困难时,也可以采用整体参照的方法进行分析。

(二)教育实验法的基本特点

近年来,随着教育改革的深入发展,实验研究方法开始被广泛采用。但对什么是教育实验,它的基本特征是什么,至今仍存在不同的看法。关于教育实验的界说争论,尤其集中在两个问题上:一是关于实验的条件控制问题,主要指对无关变量(无关因素)的控制问题。有的学者认为,教育实验应借鉴科学实验,要坚持严格的条件控制,以保证实验的科学性。有的学者则认为可以宽泛一点,教育实验研究的现象复杂多样,具有模糊性,因此区别于自然科学实验,往往对非实验变量是不可能做到严格控制的,只要可行、有效益则可。[1] 有的学者提出,教育实验不可能是真实实验,只能是准实验。[2] 有的学者从"控制是实验法的精髓"观点出发,从有无

---

[1] 柳微:《教育实验理论问题讨论纪要》,《教育研究与实验》,1991年第1期。
[2] 郑继伟:《教育实验只可能是准实验》,《教育研究与实验》,1989年第1期。

自觉的、明确的控制作为标准分析,认为教育实验的主体是准实验。① 二是对实验的"可重复性"的不同理解。一种看法是,教育实验应该有"可重复性"特征;另一种看法正好持相反观点,认为教育实验不可能重复,不应把它作为衡量是否是实验研究的标准。这些争论,实质问题在于对教育实验方法本质的不同理解和把握。

教育研究是一个方法论研究的大系统,每种研究方法都是为解决一定的矛盾问题而产生的。那么,实验研究方法在教育研究这个系统中处于什么样的地位,起到什么样的作用呢?教育实验的基本特点是什么?它与自然科学实验、心理学实验有什么联系和区别?教育实验研究法应用的范围、条件是什么,它存在什么局限性?只有搞清这些问题,才能使我们对教育实验本质有基本的了解。下面试从两方面进行分析。

1.教育实验研究是一种科学实验活动

教育实验研究首先是一种科学实验,从而区别于教育研究的其他方法。

所谓"科学实验",是"人们为实现预定目的,在人工控制条件下研究客体的一种科学方法,它是人类获得知识,检验知识的一种实践形式"②。教育实验本质上是一种科学实验,它是按照一定研究目的,在合理控制的条件下,主动采取某种措施,诱发一定的教育教学现象在同样的条件下重复发生,这样就能用反复观察到的事实对以往的实验结果加以核对,以探索二者间的因果联系,从而验证、修正、丰富、发展某种教育理论和主张,证明客观必然性。只要是教育实验,其实验结果都会对与之相关的理论、研究假设的正

---

① 杨银付、瞿葆奎:《教育准实验的科学规范探讨》,《教育研究》,1992年第10期。

② 《中国大百科全书·哲学Ⅰ》,中国大百科全书出版社,1989年版,第410页。

确性提出某些肯定或否定的证据,而任一教育理论观点、假设也都在与之相关的教育实验中经受着检验。因此,教育实验同样是检验教育科学理论的重要手段。

正由于教育实验本质上是科学实验,所以它具有科学实验的几个基本特征。

(1)因果关系的推论

区别于历史研究、调查研究和相关研究,实验研究可以系统地变化条件,观察因这些条件变化所引起的事物相应变化,从而揭示事物发展过程中各种变量间的因果关系。历史研究是研究过去发生的事件;调查研究以收集、分析存在的客观事实或材料为直接认识任务,是对现状的认识把握,只表明"是什么""怎么样";相关研究说明事物发生、发展过程诸因素的相互关系,"表明两个事物之间有联系"。它们都不能直接对原因和结果作出确定的判断。只有实验研究,才揭示变量间的因果关系,说明"为什么",推论因果关系的逻辑性。

教育实验研究的目的正是要寻求假说命题"若 A 则 B"的正确性,确实是因素 A 影响了因素 B 的变化。A、B 两个因素之间的因果关系不外乎呈现出两种状况:一种是共同变化,A 的特征出现时,B 的特征也出现,并且影响 B 的强度和水平。例如,学习兴趣、学习动机与学习成绩之间关系。另一种是时序关系,A 作为原因发生于作为结果的 B 之前,且构成时间序列的变化。例如,练习的次数与操作性技能熟练程度之间的关系,教师启发式教学与学生主体性发展的关系。

探索推论教育现象的因果关系,还有理论研究。与实验研究不同,理论研究是在一定实际材料基础上,根据一定的逻辑规则进行抽象和概括,得出合乎客观实际的科学结论。这是一种纯思辨的理性研究方法。而实验研究则是实践与理论的有机结合,是把抽象的理论思维活动再现于感性的具体之中,通过实验,进一步论证思辨的结论使它具有说服力。正是多种方法的相互结合,相互补充和验证,才能使我们对复杂的教育现象有所认识。

(2)自变量的操作

科学实验是人工控制的条件下复制或模拟研究对象,并在实验过程中主动干预对象的发生、发展过程。它是通过改变研究对象的性质或状态来研究事物发展的因果关系。因此,要求对研究过程中涉及的各种变量作出分析和控制,把复杂的条件分解(简化)成若干单独的因素,使自变量和因变量的关系不受干扰地以相对纯净的形态,清晰的、可作定量分析的方式呈现出来,以利于我们认识和研究。

教育实验是为了变革现实,探索和创新,是要索取,不是消极等待研究现象的自然发生。因此同样必须主动操纵自变量的变化,否则就不成其为教育实验。

自变量,即变化的措施、条件。操作自变量,意指研究者人为地去干预、控制现象发生的条件和进程,有意识地变革研究对象某一方面的条件从而得到自己所要的结果。例如,想要提高本班学生的学业成绩,就要主动采取某种措施,或使用新的教学方法,或改变学习环境的安排,或改造学习材料的类型,或变动学习小组的大小及人员结构,等等。这些就是所操纵的自变量。

一般来讲,操作自变量的方式有三种:A 对非 A,一点 A 对许多 A,A 对 B。但无论哪一种,在一个教育实验中,研究者至少操纵一个自变量,控制其他的无关变量,观察在一个或更多的变量上的效果。

在操纵自变量这一点上,同样显示出教育实验研究与经验总结、调查研究的不同。

经验总结是把自己或他人的实践经验累积起来加以分析和归纳整理,成为符合客观实际的具体丰富的材料,从而为进一步进行实验研究提供思路和假设。经验总结受到概括范围的限制,且带有很强的个性特征,容易囿于感性概括。而教育实验由于主动的变革,具有较强的目的性和针对性,从而能超越经验的局限。而调查研究中广泛应用的观察,只能在自然状态下进行,不能改变对象的自然条件和发展过程,常常受到错综复杂的各种各样的自然因素的干扰。因此,得到的资料,不一定能充分证明因果联系和必然性,不能在深层次上认识研究对象的特性和规律性。实验离不开观察法,但它比观察方法具有更多的主动性,是在实验者人为地使现象发生,并对产生现象的情景或影响现象的条件加以操纵的情况下进行的观察。所以,它是比观察更复杂的一种特殊的科学观察。

(3)控制无关变量

控制无关变量,也叫控制变量,指在实验中应该保持恒定的变量。教育实验中,为了探索因果关系,证实确实是自变量 X 导致因变量 Y 的变化,就必须排除其他无关因素的影响,使实验的其他条件保持恒定。只有控制外来的无关变量,保证各方面变量平等,才能保证实验结果是可靠的。如果没有控制,就无法显现假设中提出的因果关系,实验也不可能有效度。

"控制",在教育实验中主要含有以下三层含义:一、研究对于外部因素和实验情境的控制能力,包括各种无关因素的控制;二、研究对于实验所操纵的自变量的控制程度;三、研究实验设计过程中的控制成分,即研究如何通过实验的设计控制无关变量。

以上我们一般分析了教育实验作为科学实验的几个基本特征,这是与自然科学实验法、心理学实验法相共同的特点。

有的学者从实验研究方法本身分析,认为实验方法优越于其他教育科学研究方法,"一是它的综合性,它不是一种单一方法,而是经验性研究方法与理论性研究方法的优化组合体;二是它的可重复性,它在有控制的条件下可以重复观察、重复操作、重复检验;三是精密性,这种精密性是靠事先的符合验证要求的设计、过程中的有效控制、严密操作、追因研究、补充性的实验室实验以及统计处理等取得的;四是意识性强,在验证假设的思维运动模式上是:认识—实践—认识,或理论—经验—理论,前一个认识(理论)是假定性的构思,后一个认识(理论)是概括性的结论,可以此为起点建立模型,再经反复验证达到高层次理论的形成"①。

2.教育实验研究是一种特殊的实验活动

教育实验,虽然起源之一是从自然科学实验经由心理学而引进教育领域,可是由于教育现象和对象的独特性,教育实验又具有与自然科学实验相区别的特征。从总体上分析,教育实验基本上属于社会科学实验范畴。

第一,在实验研究的对象上:自然科学实验以物为研究对象,着力探讨人与物质的关系。教育实验则是以人和人所从事的教育活动为研究对象,揭示正在成长的、处于不断发展变化的青少年儿童在教育影响下全面发展的过程和规律,着力研究的是社会中人与人、人与社会的关系。

正是由于教育实验研究对象的特殊性,带来了教育实验的几个特点:(1)是在一定社会关系和生动情境中进行,具有很强的社会性;(2)是一种充满了情感、有明确目的和价值观的,表现出多样个性的人的积极活动;(3)教育现象的模糊性,是将研究对象作为一个整体,用整体性观点和综合性方法处理实验变量,尤其是对思想品德及个性形成方面的研究。

事实表明,教育实验远比自然科学实验丰富、生动、复杂和多样。它不可能像自然科学实验那样,可以人为地改造研究对象,不能改变对象的有关属性,如性别、年龄、社会经济地位等。

第二,作为主客体中介的实验物质手段(仪器,设备):自然科

---

① 张定璋:《论加强理论探究的教育实验模式问题》,《教育研究》,1992年第12期。

学实验一般远离生产实践,主要在实验室人为地严格控制条件下进行,强调仪器手段工具的先进性。教育实验则主要在教育和教学的自然环境状态中进行。原因在于,学生是生活在特定的班级和学校环境中,离开了这一特定的社会环境,相应的教育现象就不会发生。因此,教育实验不能脱离教育教学的实践活动。

第三,研究方法上:自然科学实验更关注的是量的描述,是随机对比求其精确度。而教育实验由于教育现象变量的不确定性,教育概念范畴界限的模糊性和歧义,以及涉及价值判断,且周期长,因素复杂,要想达到精确表达的量化分析是困难的。因此,更强调的是定量研究与定性研究相结合。

另外,教育实验的结果不能完全客观测量,教育实验中还涉及对青少年儿童的实验道德问题。

这里还要说明的是,心理学实验也是以人为研究对象。教育实验与教育心理学实验研究基本一致,但与普通心理学的基础研究实验又有一定区别。心理学中的基础研究实验,一般以小样本范式为主要研究方式,在复杂因素中分离出简单因素加以分别研究,以心理物理学方法,探讨物理量与心理量之间的数量关系,用反应时间等作为测量标准,是通过对反应时间的测量来推测不能直接观察的心理活动,常强调单因单果。定性研究一般在个案分析,进行文献综合时使用。因此,教育实验研究可以借用心理实验的某些方法,但不能完全照搬。

如何分析和把握教育实验的特殊性,这是世界各国学者们共同关注的问题。日本有的学者对此发表了看法。他们认为,教育上的实验之所以不同于实验室的实验,是因为"应变量的多义性,自变量的交织,设置控制组的困难,能倾处理的交互作用,伦理性、社会性因素的制约"所致。再者,教育实验之所以是一种相对于实验室实验的"准实验",是因为它受到各种各样效果的制约:来自实验时间推移的"履历效应",来自受试的疲劳与生理变化的"生成效应",来自重复测验次数的"测量效应",来自测量者和测量工具本身变化的"工具效应",具有最高、最低测值的统计上的"回归效应",来自实验组、控制组的挑选的"归组效应",及其他种种效应。①

三、教育实验研究法的基本类型

现实的教育实验是多种多样的,存在不同类型、不同层次。这是由于研究对象性质的不同和情境的不同,实验就有了不同的特点,因而表现为不同的类型。教育实验的多类型特征正是反映了教育现象和对象的丰富性、复杂性。

正如恩格斯指出的,科学分类就是这些运动形式本身依据其内部所固有的次序的分类和排列。为了在教育研究中正确运用实验研究法,为了促进实验法的发展,必须把握基本特点,对教育实验作出较科学合理的分类。掌握不同分类标准,确定教育实验的类型、水平、特点及操作程序、适用范围和条件,这是搞好教育实验的一个重要前提。

我国开展教育实验研究起步较晚,总体上看水平还不高,对广大教育实际工作者丰富的卓有成效的实验改革经验缺乏科学总结。如何尽快建立符合我国国情的教育实验类型体系,是摆在我国教育科学研究工作者面前的一项十分重要而有意义的任务。

(一)对教育实验类型的一般划分

目前我国学者从不同角度提出了关于教育实验的分类标准,大致有以下几种。

1.按实验假设命题"若 A 则 B"的构成,分为:

(1)因素型实验。实验目的是探索性的,追求规定反应(或行

---

① 日本筑波大学教育学研究会编:《现代教育学基础》,钟启泉译,上海教育出版社,1986年版,第496页。

为)的条件是什么的实验。主要关心的是通过实验来观察要达到的一定的实验效果的条件是什么,形成这些效果的因素是什么,其结论是怎样的。也就是假设命题中条件 A 是由怎样的因素构成的实验。

(2)反应型实验。追求的目的主要是探索在一定的实验条件下,被试对一定的教育课题的反应,并考察这些反应是否是本质的,是否合乎实验目标且具有教育价值。这是关注假设命题中反应 B 的实际构成的实验。

(3)函数型实验。这是寻求各种条件与行为之间有什么样的函数关系的实验。追求的目的是:当多种实验条件(自变量)起变化时,观察相应的反应(因变量)的变化,以便从中把握这种相关联的变化间的规律性,或函数关系。这是对假设命题中 B 与 A 中间是否具有某种函数关系进行探讨的实验。当然,只有在因素型实验基础上才能进行函数型实验。

2.按实验研究对象的质或量,分为:

(1)定性实验与定量实验。定性实验是判定研究对象具有哪些性质,或者鉴别某种因素是否存在以及某些因素之间是否具有某种关系的实验。定量实验则是用来测定某个研究对象的性质、组成、各因素间的数量关系的实验。定量实验是以定性实验为基础的,只有确定了某些因素的性质以及各个因素是否具有相互联系的特点,才能进一步安排定量实验。

(2)对照实验。是通过对比、对照比较来揭示研究对象的某种特性或某种原因的实验。

(3)模拟实验。是根据研究对象(原型)的本质特征,创造条件以模拟现实条件下某教育现象发展演变过程。教育研究面对的是综合、复杂、充满了价值取向的教育活动,由于受到各种主、客观条件的限制,不能对人头脑信息加工过程、思维过程进行直接的观察实验,所以要采用模拟法以及借助计算机进行模拟实验研究。类比推理及相似理论则是模拟实验的逻辑基础。①

3.按实验研究的目的,分为试探性(或确认性)实验、探索性实验、验证性实验。

4.按实验研究范围,分为单科单项教改实验、多科性教材或教法改革实验、综合实验、整体改革实验、常态与超常实验。

5.按自变量因素的多少,分为单因素实验(也称单一变量实验)和多因素实验(也称组合变量实验,同时操作自变量中的几个因素);按实验的组织形式,分为单组、等组和轮组实验。

6.按实验进行的场所,分为自然实验(在教育教学情境中进行)和实验室实验(在专门的实验室中进行)。

7.按实验控制程度,分为前实验、真实验和准实验。

……

以上不同的分类法,各有某些合理性,并各自发挥对实验的指导解释作用,这是我国教改实验蓬勃发展的生动反映。但是教育实验是一种特殊性质的实验,在讨论分类标准时,一方面不应以自然科学实验角度来划分和命名,另一方面也不应把不具实验研究本质特征的方法纳入而导致概念泛化;一方面要移植自然科学实验或西方的教育实验的一些概念,但另一方面还要消化、改造以至创造,使之为广大教育工作者理解和使用。这就要从我国教育实验的实际出发,同时借鉴国外已有的有关研究成果,按照教育实验本身所固有的次序的分类和排列来构建教育实验类型。这个问题的合理解决,将有助于提高教育实验的科学化水平。

(二)对我国教育实验类型及水平的理论构想

面对我国丰富多样的教育实验,能否按照发展的、综合的观点

---

① 关于模拟法,可参见张定璋《谈谈教育实验评价问题》一文中提到的在培养小学生"三自"能力中尝试用模拟法建立理想模型与实验验证。(《教育研究与实验》,1990年第3期。)

从相互交叉联系的三个方面进行分类。

1.按教育实验研究的内容分

(1)教育体制改革的实验。这类实验大致涉及两个层次,一是宏观的决策性实验。如属"六五"期间国家教委重点科研项目的"五·四·三"学制改革实验;招生考试制度改革的实验;1985年后在"教育事业必须同国民经济发展的要求相适应"的思想指导下,国家教委确定一百多个农村教育改革实验县进行农村教育综合体制的改革实验。实行基础教育、职业技术教育、成人教育的"三教统筹",农科教结合。按农村经济发展需要,各级教育机构合理布局,教育内容和教育方法面向生产实际,不仅为经济建设培养合格人才,而且产教结合,直接为经济建设服务。二是学校或学校群体综合整体改革实验。如北京景山学校从1960年开始的教改实验,近年来全国几十所中小学进行的综合整体改革实验,在学制、课程、教材教法、思想教育、课外活动、学校管理、师资培训等方面进行了许多有益的探索。这类实验的基本特点是以解决当前教育重大问题为中心,目的主要是为国家决策提供依据,研究方法带有综合性、全面性和经验性,以相类似群体或以自身原有水平作为对实验结果评价的参照系。

(2)课程内容与结构的改革实验。这是80年代以来发展最快并取得显著成效的一个领域。例如,从1985年后进行的九年义务教育大纲与教材的研究,特别是各具特色的九套义务教育教材的实验;普通高中课程结构改革实验与研究;东北师大附中关于"初中课程设置与综合教材的研究"实验;为达到初中三年语文基本过关,建立高中语文教学新体系,北京师大实验中学关于探索中学语文教学新途径的语文教材改革实验;中央教科所等单位主持的小学一年级开设自然课以及小学数学教学改革实验;课程教材研究所"改革小学数学内容和方法的实验研究";天津市上海道小学"大课程论"的实验研究;安徽省当涂县关于"农村初级职业学校'双元制'课程改革实验",等等。这类实验,既有宏观的较大范围规模的应用性研究,也有微观的较小范围的理论性研究,目标集中单一,可操作性强,实验研究结果具有较大的应用价值和推广性。

(3)教育教学模式与教法实验。在教学模式研究方面,具有代表性的,如中国科学院卢仲衡主持的"初中数学自学辅导教学实验",中山音乐学院赵宋光在他的综合构建教育体系实验中对"语言符号镶嵌结构教学模式"的探索,江苏南通师范附小李吉林的"小学语文情境教学实验",还有小学科学教育的"探究—研讨"教法实验,中学"主体参与教学模式体系"实验等。在教法方面,不仅有一般教法实验,如"六课型"教法,讨论式教学法,尝试教学法,暗示教学法,快乐教学法,探究教学法等实验,还有分科教法实验,如黑龙江教育学院主持的"注音识字、提前读写"实验,中央教科所主持的"集中识字—大量阅读—分步习作"实验,南通十二中李庚南的初中数学"自学、议论、引导"教法实验等。这类实验研究以单项小型为主,有丰富的实践基础,具有探索性。

(4)儿童、青少年发展的实验。这类实验是以促进学生在智力、体力、道德及审美情感方面充分自由的发展为研究目标,主要涉及三方面内容。一是综合整体性的研究,围绕促进学生发展,全面规划教育目标、课程、教学活动、教育环境及教育管理。如上海师大教科所在上海市实验学校进行的"充分开发少年儿童智慧活动的中小学教育整体改革"实验;杭州大学教育系与杭州天长小学联合进行的"整体优化教育"的综合实验,与杭州第十一中学联合进行的"促进初中生个性最优发展整体实验";列为教委"七五"教育科研重点项目的北京市"中学生智力发展与培养"实验;上海一师附小、北京一师附小、无锡师范附小等七所小学进行的"愉快教育"实验;南京市长江路小学关于促进儿童和谐的整体性发展实验;列为"八五"国家教委人文社会科学研究博士点重点学科项目,北京师大教育系与河南安阳市人民大道小学联合进行的"少年儿童主体性发展"实验,等等。二是分科单项性的,以充分挖掘少年儿童智力潜力和培养良好品质为主要目的的实验。如中国科学院心理所张梅玲的促进小学生数学能力发展的"现代小学数学"教学实验,北京师大心理系冯忠良的"结构——定向教学实验",上海顾泠沅主持的"上海市青浦县大面积提高数学教学质量的改革实验",运用尝试指导、效果回授等心理效应改革中学数学教学;中央教科所吕敬先主持的"小学生语文能力整体发展"实验,北京市朝阳区幸福村中心小学马芯兰关于改进知识结构,加强能力培养的小学数学改革实验,临汾市实验小学早期开发儿童外语能力的实验,以及上海教科所梅仲荪为探索儿童、青少年爱国之情的形成发展规律而进行的"幼、小、中分阶段进行爱国主义教育"的实验,等等。三是对超常儿童发展的实验研究。中国科学技术大学1978年创办第一个大学少年班,1984年天津实验小学建立我国第一个小学超常儿童实验班,1985年北京八中、湖南师大附中等校建立中学超常儿童实验班。目前我国已有30余所中小学建超常儿童实验班,10余所大学招收超常少年大学生,另外还有各种专业特殊班(包括音、体、美、数、理、化和计算机等学科)以及奥林匹克学校。① 丰富的实验已积累了大量可供研究的资料。这类实验有较完善的理论体系和研究假设,以马克思主义哲学认识论、教育科学和心理科学作为研究的理论基础,借鉴心理学的实验方法,有严格合理的条件控制,通过数据统计分析以检验理论。因此,在这类实验中形成了一部分可称为"龙头"的教育实验,为提高教育实验科学化水平提供了范例。

2.按教育实验的目的功能分

(1)确认性实验。这类实验主要在于通过实验收集事实材料,确认所研究的对象是否具有研究假说内容的基本特征,并推动教

---

① 参见查子秀:《关于超常儿童的教育》,《教育研究》,1991年第4期。

育实践的发展。研究问题来自实际,具有直接的实践意义。实验强调的是研究的应用价值,在丰富的事实基础上达到有理解的概括,得到经验性规律,追求最大限度的有效性。这类实验是在现场情境进行,在研究方法上带有很大的试探性,开放的不太规范的操作程序,因此内外在效度均不高。

(2)探索性实验。包括有预测作用的超前实验。是以探索某种教育现象以及受教育者个性发展的规律为目标,通过探索研究对象的因果关系及问题解决,尝试建构某种理论体系,具有很强的创新性。这类实验,有科学的理论假设,严格合理的条件控制,比较规范的实验程序以及对资料数据的统计处理,寻求尽可能大的内部效度,并以科学理论解释实验结果。由于在研究方法上,既体现教育实验特点,又吸取心理学临床实验的方法,从而增加了科学性。探索性实验一般研究教育理论体系中的根本性问题,不仅有重要的理论意义,而且在指导教育改革中发挥了重要作用。

(3)推广、验证性实验。是以验证已取得的实验成果为目标,是对已取得的认识成果用再实践的经验来检验、修订和完善。这类实验具有显明的重复性,是在不同环境条件下进行的,不仅对实验条件有明确分析,而且实验方案具有可操作性,关注实验结果应用的普遍性,追求的是实验较高的外在效度。

以上三类实验是实际存在的教育实验的三个不同水平的发展阶段,这是确认—探索—验证,进而形成理论的过程。它反映了人类认识发展从现象描述(具体)到形成理论性认识(抽象)再到本质的深入(思维的具体)这一运动变化发展的过程。由于教育现象与对象的复杂,一部分的实验也可能只能是经验性实验,但是相当部分实验是可以创造条件向高一级水平发展的,这就需要研究者不仅具有实验的意识,而且要掌握进行教育实验的基本方法,不断提高自己的基本素养。

3.按教育实验的基本方法分

按教育实验的方法分,这就是前面已论述过的两种基本模式类型。一种是仿效自然科学方法,强调定量的研究,严格的条件控制以说明结论的客观性。另一种是人文科学的方法,强调对象的整体性和定性研究。

正是以上三个方面(或称为三个维度)的交叉组合,形成了教育实验丰富多样的具体类型,这种交叉联系的基本结构如图 11-1 所示。

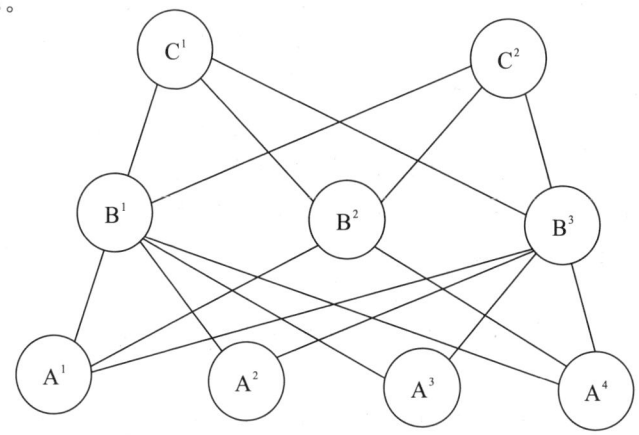

图 11-1 教育实验类型结构示意

说明:A^1、A^2、A^3、A^4 为教育实验的不同内容
　　　B^1、B^2、B^3　　　为教育实验的不同水平
　　　C^1、C^2　　　　　为教育实验的不同方法

$C_4^1 \cdot C_3^1 \cdot C_2^1 = 24$

也就是说,如按 $A^1B^1C^1$,$A^1B^1C^2$,$A^1B^2C^1$,$A^1B^2C^2$,$A^1B^3C^1$,$A^1B^3C^2$ 等不同组合,依此类推,可以组成 24 种具有不同特点的教育实验类型。

这一结构图是一个理论构想,这个理论构想能否成立,将取决于它能否合理解释实际存在的多种教育实验类型,因此还有待实践检验和修正。

四、实验研究在教育科学发展中的主要功能及局限

(一)教育实验是发展教育科学理论的源泉和检验科学理论真理性的重要手段

实验研究是唯一能真正检验因果关系假设的研究,"是检验科学假说、理论的重要手段。任一实验的结果都对与之相关的理论、假说提出某些肯定或否定的证据,而任一理论、假说都在与之相关的实验中经受着检验"[①]。实验作为一种相对独立的社会实践活动,是科学理论的源泉和检验科学理论真理性的重要标准。教育实验作为教育研究中的一种基本形式、方式,有它独特存在的价值。关于教育实验的功能,各国学者都发表了自己的看法。[②] 总体分析,由教育实验的本质特征所决定,它能超越教育经验的局限,探索和发现客观事物的内部联系和规律性,并获得利用这些规律来预测和驾驭事物的发生和发展的能力。具体分析,有以下四点。

1. 检验现有教育理论的科学性、先进性,并改进教育教学过程与方法

通过教育实验,人为地创设一定系统和环境,在科学教育理论指导下改革教学内容或教学方法。通过提供有意义的可信赖的信息,不仅对现有教育教学理论进行筛选、改造、提炼和发展完善,而

[①] 《中国大百科全书·哲学Ⅰ》,中国大百科全书出版社,1989年版,第410页。

[②] 苏联学者巴班斯基认为,教育实验具有五个基本功能:(1)具有对教育过程中各种不同教育因素之间联系的特点和性质,进行实验确证的功能;(2)具有对某种教育新成果的效益和真伪进行检测评定的功能;(3)具有对教育过程中各种结构成分的变化以及各种教育因素效果进行实验比较和优选的功能;(4)具有在已知的各种教育手段综合运用情况下,对完成或达到某种教育目标所需要的必要条件,进行综合规划的量化功能;(5)具有在新的教育条件下所进行的教育过程中,发现和揭示出各种新的教育特点和规律的功能。

且直接促进教育质量的提高,产生较好的社会效益。

例如,80年代以来我国围绕传授知识、发展能力、培养品德,既提高教学质量又减轻学生过重的课业负担,从而促进学生德智体生动活泼、主动发展的一系列实验,取得了很多很好的经验,对教育理论的发展,对提高教育质量起了很好的促进作用。

2.为发现和揭示新的教育特点和规律提供必要基础

正是通过教育实验,我们方能发现未知,开拓新的研究领域,从而不断加深对教育发展的规律性认识。例如,通过发展性实验,探索少年儿童智力发展的潜力、不同年龄阶段发展的特点以及充分挖掘潜力、发展主体性的方法和途径。通过教育实验,探索开设活动课程、选修课程的范围、内容及可能性,从而为我国课程结构体系的改革提供依据。也正是通过教育实验,才打破了50年代以来形成的单一僵化教学模式的束缚,形成了多样综合的教学模式系统,以教师系统传授知识作为基本教学模式,活动教学、自学辅导教学、探究发现式教学、情境教学等多种模式作为补充,提高了课堂教学的效率,促进了教学模式理论的研究。实验正是新理论、新观点、新方法形成的基础和源泉。

3.对引进教育理论的检验、变通、改造与发展

这里所说的"引进"的教育理论,既包括国外的先进教育思想理论和方法,也包括国内在较大范围内相互借鉴学习的教育理论与方法。

例如,中国科学院心理研究所卢仲衡主持的中学数学自学辅导实验,这是一项历时较长、规模较大、效果较好的实验。最初是引进美国程序教学的做法,在以后二十多年的教育实验中不断加以改造,结合我国实际,不仅创造了中学数学教学的"启、读、练、知、结"这种自学辅导式教学模式,探索了一条培养学生学习能力和学习主动性的有效途径,而且为如何进行科学的教育实验提供了很好的经验。当然,也正是通过教育实验的检验,淘汰了若干不

符合中国教育教学实际的国外教育教学原则和方法。

国内教改实验的推广也必须通过教育实验。原因在于,某个实验所揭示的原理以及经验体现的精神是限于某一个群体范围,且受到多种因素的制约。因此,通过实验结合本地区本学校实际情况加以修改、补充和完善,从而探索在不同条件下新教育经验的具体表现,使新的教育思想经验扩大了适用范围,提高了外在效度和普遍性程度。

4.为新的科学理论假说应用于实践寻求操作程序

当研究者提出一套较完善的教育教学理论后,必须通过教育实验将理论转化为可操作的实验方案从而付诸教育实践,才能发挥科学理论的指导作用。通过实验,一方面寻求将这些理论具体化并运用于教育教学实践过程的操作程序;另一方面,实验的结果又将进一步检验、充实、完善这些理论的科学性、先进性和可操作性。这正是发展教育科学理论的一条重要途径。

例如,中山音乐学院的赵宋光,经过长期潜心研究,提出了他的"综合构建教育体系"理论,在生成学习理论基础上,设计了"语言符号镶嵌结构教学模式"。赵宋光认为,当学生经历了"操作语言镶嵌活动—呈现文字符号—符号间形式转换(理性操作)—内化,达到操作完形—理性直观"几个阶段,才能在获得知识的同时,发展学生的心理结构。不仅培养学生程序化的逻辑思维能力,而且培养直觉思维能力,并找到美的形式,从而实现学生综合素质的发展。再如小学数学教学中采用的"质因积"记数结构模式,"操作完形"、配音珠算的教法,用"两岸阵""四方阵"这种理性直观解应用题等。通过学生主体的实践活动,以直观教(学)具、符号格局、肢体动作、言语活动四要素结合形成一套严密的操作方式,通过摆弄具体实物或点子画的感性操作与摆弄符号的理性操作结合,言语直观活动与内涵理解镶嵌,把脑内的推演过程外化,把抽象的东西操作化,从而形成高层次的操作活动,构建主体。

考察现代教育发展的过程,事实说明:正是教育实验的广泛开展,促进了教育科学理论的现代化;正是多种多样的教育实验,丰富了教育理论各范畴的内涵;正是通过教育实验,形成了多样综合的教育教学模式。因此,推动现代教育理论与实践发展的教育实验研究的发展,也就成为现代教育科学发展的重要标志。

(二)实验研究法在教育研究中的限制

教育实验,作为解决科学认识的一种重要手段,由于面对的是极其复杂的教育现象和过程,因此,要想通过教育实验获得教育科学的研究信息并加以科学处理,就必须了解实验研究在运用中的条件限制和了解实验研究法本身的局限性。

1.一般而言,实验研究适合于研究自变量数目较少且清晰、可以分解并加以操作的问题。由于教育实验研究对象的特殊性,无论是研究教材教法改革,还是研究个体学生或学生群体的行为,往往包含许多变量和复杂的相互关系,且处于一定的教育情境之下。教育中的一些领域用实验法是无法解决的,必须以调查或理论研究的方法,也就是说,要与其他研究方法结合使用才能真正揭示教育发展规律。

2.教育研究对象是人,不仅研究者与被研究者之间容易产生交互影响,而且研究者本身的价值观、态度、动机会自觉不自觉地影响观察和资料收集的方向。而教育领域里的许多重要争端需要通过价值判断来研究,需要在事物的深层结构或内在机制上加以理性解释。也就是说,教育研究涉及的价值判断将对实验的客观性产生积极的或消极的作用和影响。

3.每个实验的设计不能离开现有分析手段所达到的水平,现有的测量的工具还不能十分正确、恰当地测量教育情境下的复杂行为,对实验结果的分析也必然受条件限制。正由于此,描述的模糊性,定性分析程度,研究者的主观体验以及理论的合理性等,就成为教育实验研究中的特殊问题。

进行教育实验本身不是目的,实验方法仅是教育研究方法中的一种,各种方法都有自己独特的功能,不能相互取代。客观地分析教育实验研究运用中的限制,按照教育实验本身的特点,创造条件,并通过比较科学的实验设计来消除无关因素的影响,从而提高教育实验的科学性,在教育科学研究中发挥更大的作用。

五、教育实验研究法的一般程序

总的分析,教育实验的全过程可分为准备—实施—总结三个基本阶段。这是一个相对稳定的、有序的结构序列。

1.实验的准备阶段

教育实验成功与否,很大程度上取决于实验前的准备工作。具体包括以下内容:

(1)选定实验研究的课题形成研究假说。在概述假设的陈述句中,要清楚地表明自变量和因变量的关系。一般来说,一个实验至少被一种假设指导,陈述两列变量间所期望的因果关系。

(2)明确实验目的,确定指导实验的理论框架。这种指导性理论,启发研究者按照研究目的对实验研究的方向、范围以及如何搜集、分析和解释数据资料作出明确的具体规定。如果实验目的是发展少年儿童主体性,那么,依据马克思主义关于人的全面发展理论和教学认识论基本原理,就要对少年儿童主体性行为表现、影响主体性发展的基本因素、主体性发展的内在机制和基本途径以及如何发展少年儿童主体性等问题做出明确具体的分析,尽管这种分析是粗浅的、极不完善的。为了使这一理论系统分析更切合客观实际,需要做先期的调查研究,查阅有关文献资料以及课题组全体成员充分的讨论。没有这一步骤,就不能从实验目的和研究假设过渡到具体的实验设计上去。

(3)确定实验的自变量。选择被试和形成被试组,决定每组进行什么样的实验处理,并确定操作定义。

(4)选择适合的测量工具并决定采用什么样的统计方法,从而明确评价因变量的指标。

(5)选择实验设计类型,确定控制无关因素的措施,以最大限度地提高实验的内部效度和外部效度。

2.实验的实施阶段

按照实验设计进行教育实验,采取一定的变革措施(实验处理),观测由此而产生的效应,并记录实验所获得的资料、数据等。

3.实验结果的总结评价阶段

要对实验中取得的资料数据进行处理分析,确定误差的范围,从而对研究假设进行检验,最后得出科学结论。实验中的系统误差和偶然误差,是认识的相对性的具体表现。分析实验结果时要区分什么是实验应该消除的误差,什么是实验应有的结果。只有同时给出实验误差范围的估计,才能获得具有科学价值的结果。

在实验研究结果分析的基础上,写出实验报告。

以上整个过程,可用下图简示:

实验的设计 {
 选定研究问题,形成实验假设
 决定实验目的,构建实验的理论框架
 选择被试及形成被试组
 确定实验处理及适当测量方法
 判定需要控制的无关因素、控制方法
 确定实验设计的类型并形成实验方案
}

⇓

实验程序的执行

⇓

分析资料数据

⇓

形成结论并撰写实验报告

⇓

进行重复实验或扩大实验

图 11-2 教育实验研究的一般程序

第二节 教育实验的设计

在确定研究课题的基础上,研究者必须科学地确定和描述教育实验进行过程的一系列活动,论述它的内容和方法,这就是教育实验的设计。实验设计(Experimental Design)是进行教育实验的计划、构架和策略。

实验设计的主要内容是:考虑如何在一个实验中构造、安排自变量及呈现方式、因变量的指标及测定方法、控制无关变量的具体措施、确定取样大小及方法、安排实验的具体步骤及选择适当的统计方法。进行教育实验设计的研究,主要目的在于以最小的人力、物力消耗获得最大的和最有效的信息资料,并对它进行比较科学合理的统计分析。实验设计在很大程度上制约着实验结果的处理,它是影响一个实验是否有效及有效程度的关键因素。要提高教育实验的科学水平,就要研究实验设计并不断提高实验设计的质量。

一、教育实验设计的效度

内在效度与外在效度是实验设计质量的评鉴标准。自从坎贝尔(Donald T.Campbell)和斯坦利(Julian C.Stanley)1966年起用内在效度和外在效度概念以来,各国学者皆沿用此两种效度来讨论实验研究结果之正确性。[1]

---

[1] Donald T.Campbell and Julian C.Stanley, Expenmental and Quasi—Expenmental Designs for Research(Chicago: Rand McNally & co, 1963).Chapter 5 in Handbook of Research on Teaching, N. L. Gage, ed. (Chicago: Rand McNally & co., 1966). pp171—246.

1979年,Cook和Campbell认为此分法还不够完善,因此由内在效度抽出一部分命名为统计结论效度(Statistical Conclusion Validity),由外在效度抽出一部分命名为预先假定的因果关系的构想效度(Construct Validity)。

内在效度是决定实验结果的解释,外在效度是直接影响实验结果的推广。

(一)内在效度(Internal Validity)

内在效度指自变量与因变量的因果联系的真实程度,即研究的结果。因变量的变化,确实由自变量引起,是操作自变量的直接结果,而非其他未加以控制的因素所致。也就是说,内在效度表明的是因变量 y 的变化在多大程度上来自自变量 x——有效性。

一个实验是有效的,意思是指:得到的结果仅仅是由于操作了自变量和控制了无关因素的干扰。应该指出的是:没有内在效度的实验研究是没有价值的,因为内在效度决定了实验结果的解释。例如:研究如何分配复习时间才能收到较好的复习效果。[①]

研究假设:分散复习效果优于集中复习

取样:一定数量的高一学生,按智力水平、外语水平分成四个等组

控制条件:时间总量相同,复习内容相同(背诵同一篇外语课文),后测相同

自变量:复习时间分配方式,处理1.2.3.4(不同时间/天)

因变量:复习效果,统一测验的成绩

---

① 此例参见王汉澜主编:《教育实验学》,河南大学出版社,1987年版,第162—163页。

组别\实验日(天数)	1	2	3	4	5	6	7	8
第一组	20′	20′	20′	20′	20′	20′	—	统
第二组	30′	30′	30′	30′			—	一
第三组	40′	40′	40′				—	测
第四组	120						—	验

如何分析这一实验研究结果的有效性(结果)呢？这种设计由于对主要影响因素进行了控制，应该说是有一定效度的。问题在于实验处理的安排中忽视了一个重要变因：第四组被试背诵课文成绩较差，原因之一可能在于练习时间离统一测验的时间间隔较长(6天)，从而形成较多的遗忘所致。因此，可改为：

20′	20′	20′	20′	20′	20′	—	统
	30′	30′	30′	30′		—	一
		40′	40′	40′		—	测
					120′	—	验

坎贝尔和斯坦利认为有八类新异变量与教育实验内在效度有关或称为内在效度的威胁因素(threats)。

1.历史(History)

在实验过程中，不是作为实验处理的任何事物的出现，可能影响自变量和因变量之间差异的因素，尤其是在周期较长的实验中，更可能成为一个问题。

比如，正在进行关于如何增长学生耐性的实验，这期间新闻广播上出现新异消息，如边境发生战争，飞机失事，森林大火，某地大地震等，这些事物的出现，不是实验处理本身所造成的差异，是研究者事先没能预料并加以控制的，它很可能冲淡实验处理的影响。因此，"历史"指的是超出研究者所能控制范围的特定外在事件对被试产生的各种影响,也包括诸如教师情绪性的长篇演说,鼓动,未定的考试产生的焦虑等。历史因素可通过恒定其他条件的方式加以控制。

2.成熟(Maturation)

反映被试一个时期或一个阶段后,随时间的推移以及偶然因素的影响,被试自身的身心各方面发生的变化而引起的系统变异,如生理、心理的发展,技能、知识、经验的增长,或者变得疲倦、失去兴趣、焦虑等。这些变化可能与自变量混淆而影响对因变量变化结果的解释,从而降低研究内在的效度。

例如,某电视台准备编制一台历时一个月的适合于儿童的科学技术节目,想了解儿童看节目后,有关科技知识及兴趣是否有明显提高,因而设计了如下实验:实验组测验—收看科技节目—再测验。这种设计未控制其他无关变量,可能一个月中随着学科的学习、收听广播,或参观了科技馆,或偶尔读了一本有关的科普读物,科技知识自然增长,因而影响了对科技节目效果的评价。控制成熟因素的方法是使被试选择与分组尽可能随机化,并设立对照组。

3.测验(Testing)

教育实验中前测作为一次学习经验可能影响后测的成绩,或积极的,或消极的。常见的有练习效应,敏感效应和选择性效应。被试形成对练习和测验的敏感性,尤其是在前后测之间相距时间较短情况下会影响研究的内部效度。例如,英语标准化的TOFEL考试,经过再次测验,被试较了解研究者在测题中所隐藏的目标,同时了解测验的特点,使受试者在以后的测验表现较为熟练。测验因素一般是通过设置无前测的对照组加以控制。

4.工具(Instrumentation)

指教育实验中测试手段技术或工具的无效或缺少一致性,这就是在实验过程中由于主持实验者主观情绪状态发生变化(如变得更严格、疲倦或粗心等),或研究者的个性、态度、价值观、信息的影响,如皮格马利翁效应①,或评判标准不同(前后测难度不同,不同班用不同测验,或评判者的差异),其可能结果是对测定和评级的精确性的一个无效评价。

所以,研究者要精心选择测验及技术,谨慎观察,加强基本训练和严格测试手段,并选择好实验设计以控制这个因素。

5.统计回归(Statistical Regression)

这是在教育实验中有前后测情境下出现的一种效应现象,一种趋向平均数的常态回归(regression to the mean)。被试前测成绩过优或过劣,则在后测时成绩都有自然向群体平均值靠拢的趋向(集中趋向)——变得不是最优或最劣,总会在重复测量中使得分向平均分数偏移。比如一次测验,平均分为120分,最高分的学生第一次测验得150分,但在第二次测验中得140分;最低分的学生第一次测验得100分,但在第二次测验时得110分。这种变化不是以是否施以实验处理为转移,这就是统计回归现象。对这种由于统计回归效应而混淆再次测试取得的实验结果,如不加分析,易产生错误结论。如两个班分别用不同教法,然后比较效果。

	一般方法	新方法
好班	成绩好	稍有下降
差班	成绩差	稍有提高

如果只看差班采用新方法进行教学,似乎比一般方法提高了学生成绩,可是与好班情况进行对比分析,说明可能是回归因素造成的,并不真正代表行为上的转变。因此,分析结果时,必须排除

---

① 皮格马利翁是古希腊神话中的塞浦路斯国王。他在雕塑一座少女的雕像时竟钟情于这位少女,最后使这座少女雕像变成真人而与他结为伴侣。心理学家罗森塔尔(R.Rosenthal)实验证明:教师根据各种信息形成对某个学生的期望,这种期望对学生行为产生显著影响。这种现象叫皮格马利翁效应,也叫罗森塔尔效应。这是一种实验者效应。

统计回归效应。为避免此因素的干扰,在研究中最好不采用两极端的被试或在研究中将极端分数者单独分组,注意结果的差异。

6. 被试选择(Selection)

指被试取样不等(differential selection)由于选择被试的程序不适当,没有用随机取样和随机分组的方法,因而造成被试组之间存在系统性差异。也就是说,在研究处理前,他们在各方面并不相等或有偏性。其中也包括被试态度:参加实验组的被试均为自愿者,属积极型;而控制组却是非自愿者,属消极型,对实验抱有疑虑甚至抵制情绪,那么实验组高度的动机则可能导致结果的偏差,无效做有效的合理比较。

7. 被试的缺失(Mortality, attrition)

在一个延续时间较长的研究中,被试的更换、淘汰或中途退出可能对研究结果产生显著影响。两个组,好学生离开控制组,由于被试更换,造成两组被试不等,结果实验组效果很好。发出问卷,如果回收率不到70%,缺失部分正好影响研究结果分析。

需要指出的,其中也包括时间的等值:两个班学生缺席次数是否相同,两组学生学习时间是否相等,课外得到的补习时间量是否相等。

8. 选择和成熟的交互作用及其他(Interaction of Selection and Maturation)

指成熟程度不同的被试安排在对比组中会影响实验结果的正确解释。也可能有关实验处理的信息的扩散和交流,对实验组、控制组所操纵的自变量的影响。也可能由于成熟、历史或测验因素,已形成的实验、控制两个组,一个可能更适合(或更不适合)这种实验处理或有一个内部的优势。这就是由于测试程序、因素控制和实验安排等方面的原因,造成多种条件和因素之间的交互作用,从而影响对结果的解释。

由于以上无关因素的存在,我们无法确定因变量 Y 的变化在多大程度上是由自变量 x 造成的,从而降低了实验设计的内在效度。

(二)外在效度(External Validity)

外在效度涉及教育实验研究结果的概括化、一般化和应用范围问题,表明实验结果的可推广程度(generalization),研究结果是否能被正确地应用到其他非实验情境、其他变量条件及其他时间、地点、总体中去的程度。

外在效度分两类:

总体效度(Population Validity):指实验结果从特定的研究样本推广到更大的被试群体中去的适用范围。从严格意义上讲,研究结果只能推广到抽取样本的那一部分总体,即实验可接受的总体上去。

生态效度(Ecological Validity):指实验结果从研究者创设的实验情境推广到其他教育情境中去的范围。有10种影响生态效度的因素:实验措施记述的详细程度、多重处理的干扰、霍桑效应、新奇效应与裂变效应、实验者效应、前测敏感作用、后测敏感作用、历史与实验结果的交互作用、因变量的测量、测量时间与实验效果的交互作用。从实验情境角度看,明确需要用生态学中的生态环境的思想来考察影响外在效度的因素。

坎贝尔和斯坦利认为,对外在效度的威胁主要有以下四个方面因素:

1.选择与实验处理的交互作用效应(Interaction of Selection and Treatment)

表现为取样偏差,被试取样没有代表性。在重点学校进行实验的结果不能推广到一般或较差学校。一般学校的择优生班的实验结果也代表不了一般学校的普通班。

2.测验与处理的交互作用效应(Interaction of Testing and Treatment)

表现为对测量的敏感化,前测提高了被试对后测的敏感性,或前测干扰了实验处理的作用。因此,有前测的实验结果不能推广到没有前测的对象中去,只能应用于已作过相似前测的样本。

3.实验安排的效应(Interaction of Setting and Treatment)

指实验情境措施对被试的影响。包括实验者本身的个性特征、动机、情绪等,将实验目的、对实验结果的期望无意中传递给被试,或被试的志愿性,被试知道参与实验而提高积极性,从而使实验处理的效果含有了特定的含义,如霍桑效应。①

4.多重处理的干扰(Interaction of Different Treatment)

如果某实验组重复接受两种或两种以上的实验处理,那么后一实验处理将受到前一实验处理的干扰,产生练习效应或疲劳效应。

提高外在效度的根本措施在于:使被试取样具有代表性,使实验情境与教育教学环境尽量接近,可以在各种不同条件下进行重复性实验。

内在效度是外在效度的必要条件,但内在效度的研究结果不一定具有很高的外在效度,而且内、外在效度有时会互相影响。例如,为防止性别差异影响实验结果,只选取男生或女生为受试者,这时实验的内在效度提高了,但实验结果的外在效度降低了:不能推广到不同性别的群体。在学校、教室内进行实验的结果,虽然将来能较好地适用于实际教育情境(具有好的外在效度),但因实验

---

① 霍桑(Hanthorne)效应:20世纪20年代后期,在美国芝加哥西方电力公司霍桑厂进行了一项工作条件、社会因素与生产效率关系的研究。实验期间,不管引进任何实验处理,工人的生产率都有所提高。原因在于工人们受到各方面的关注,形成参与实验的感觉,并且认为自己是公司的重要部分。导致提高生产率(因变量)的自变量已不是当初规定的照明度等工作条件,而是由工人受重视和关注所致。霍桑效应是被试效应。

条件限制,无法像实验室实验那样进行充分控制,实验的内在效度往往降低。

(三)提高实验效度的主要措施

主要是通过随机设置控制组、设计控制、统计控制等多种方法控制无关变量。

几种控制外来无关变量的基本方式:

1.使用设计组加以平衡(balancing)

一个实验具体涉及两个组(实验组与控制组)或几个组,使得各个组的平均数及变异量尽可能接近相等。

实验组:接受新的实验处理的被试组。

控制组:接受不同的实验处理或按照平常传统方式进行,除自变量不同外,其他方面都是基本相等的,目的在于通过比较做出因果关系推论,看看新的实验处理是否确实比传统方式更有效,或看看是否一种方式比另一种方式更有效。

这里需要说明的是,控制组除了不接受实验处理外,其他条件都与实验组相同。也就是说,在影响因变量上的所有其他因素,如实验的场所、环境、时间长短与安排,被试的性别、年龄、知识基础、动机情绪等基本保持一致。研究者在尽量使二者相等值基础上操纵实验组的自变量,看看这两个组的因变量之间是否有一个显著性不同。例如,进行两组不同的教学方法实验,已知学生对新课预习的自觉程度相差很大,可以设计成临时跳教后面的新课,形成每个学生都没有预习过的条件,从而使效果恒定。

进行同类组比较,方法很多。如选 IQ 在 85～115 之间的被试,随机取样(分半);或 IQ 按高、中、低不同水平,设高段:116分以上,中段:85～115 分,低段:84 分以下。每一水平又可随机分成两个组(实验组与控制组)。

2.用随机、匹配,或让被试兼作自己的控制组以控制被试变量

随机化(Randomization)指被试的纯粹的机遇选择,随机取样,随

机分组,随机指派实验处理。应看到随机在创造相等方面是有效的,随机形成小组是教育实验研究的一个重要特点,可以提高实验研究结果的外在效度。应注意的是,教育实验中取样数不能太少。"统计上相等"并不意味着各组绝对相等,如果各组人数太少,那么机遇造成差异的可能性就会很大,加大样本,可以互相抵消。

匹配(Matching)也叫配对法,在比较两种处理效应时,为了严格控制两组被试间的个别差异对实验变量的影响,使被试在研究的重要变量上一对一的基本相同,从而使每一对的两个被试间的差异保持平衡,然后随机地分别接受不同处理。一般做法是,对全部被试进行预备测验(测验性质与正式实验性质相似或相关),然后按测验成绩排列所有被试(Subjects),从高到低,将相同得分或相近得分的被试配成对,随机指派每一成员到一个组,从而均匀地形成组(有多少实验条件就分为多少组)。例如,研究不同教法对学生数学学习的影响,那么就要使两个组的被试在数学成绩、智力、学习数学的态度、学习方法等方面尽量相同。均匀组形成后再随机指派实验组与控制组。配对法在教育实验研究中是必要的,因为教育情境复杂,不可能完全排除无关变量的干扰。因此,研究者可以忽视那些与研究课题不太相关的变量,只注意少数重要变量并加以控制。但"配对法"的缺点在于,它仍不能保证在其他重要变量方面完全相等,不同处理的组别数较多时,或配对的变量组数目较多时,很难找到好几个变量方面都配得很好的受试者,所以易失去许多受试者而导致样本偏差,从而影响实验的外在效度。比如,知识水平、智力等往往只能找到中等水平的受试者(常态分配),很难推广到智力高与智力低的群体中。当配对困难时往往改为"同质选择",如只取智商在 100~110 范围内的受试者,然后随机分派,虽然避免了一个一个去配对的困难,但其外在效度大大降低了。①

被试兼作自己的控制组(Using subjects as their own controls)指被试作为同一组去接受不同的实验处理,一次一个处理。

通过控制被试变量,从而克服组间设计的缺点(被试差异所带来的误差)。另外,指导语标准化,被试样本要足够大且有代表性等也是十分重要的。

3.设计控制

这是通过组内设计(分配自变量的顺序)、效果平衡(采用实验组与控制组随机取样、随机分组,使无关变量平衡)以及拉丁方法,使被试变量在实验中产生的影响通过设计抵消。

例如用ABBA法或轮组循环法。见图11-3所示。

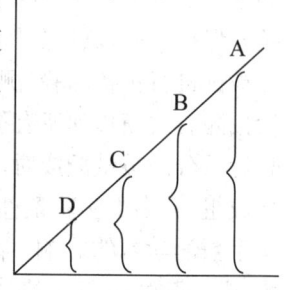

图11-3 ABBA设计

4.统计处理控制

用协方差分析(Analysis of Covariance),将实验组与控制组的数个变量测量出来,使用统计的方法,把他们的最初差异予以排除。如研究数学与语文相关,选取智力水平一样的两个组(配对),把智力水平控制在一个水平上,另外在计算全班平均数时排除两极端的分数,以缩小差距,尽可能反映真实的客观情况。

一个实验的效度是一个外来变量被控制的程度的直接反应,好的设计有助于控制许多无效来源。方法多种多样,关键是要培养自觉的"实验意识"。只讲实用,不问实验条件控制的倾向不对;反过来,片面强调实验控制,追求理想化的实验也行不通,这是由

---

① 关于教育实验分组的方法,可参见王汉澜主编:《教育实验学》,河南大学出版社,1987年版,第243—253页。

教育现象的复杂性所决定的。

应该看到,教育实验的效度具有不同等级、不同层次,是一个由低到高的效度取值范围。不可能人为地确定一个适合任何目的、条件、类型的效度指标。我们不能一味固守一种静态选择的策略,可以采取一种动态平衡策略,根据教育实验的目的,综合考虑内外在效度的平衡,以取得比较满意的解释力与推广力。

二、教育实验设计的一般步骤

计划一个教育实验,要遵循一个基本程序。见图11-4。

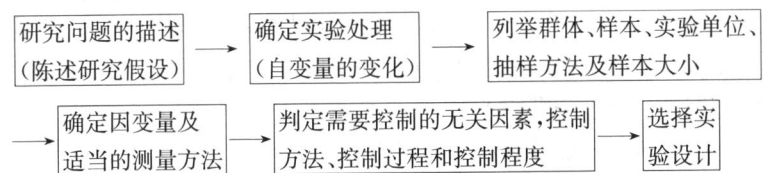

图11-4 设计教育实验的具体步骤

教育实验设计是一个具有可操作性的步骤。

1.陈述研究的问题并提出研究假设

要以简明扼要的文字说明研究的问题及研究假设。例如,天津市上海道小学进行的整体改革实验,研究的问题是:课程结构的改革。研究假设是:"使用包括学科课程、活动课程和潜在课程在内的大课程体系进行教育教学,要比使用原来的常规的课程在学生发展、教师提高、优化育人环境和机制等方面效果好。"[①]

2.确定实验处理

处理(treatment)即教育实验中所要操纵的自变量的变化。一个实验起码有两种以上的不同处理。比如研究小学生智力技能形成的途径,自变量是复合应用题解析技能的形成方式,实验组采

---

① 天津市上海道小学整体改革的研究报告:《大课程论的实验研究》,第28页。

用"按阶段形成"的方式,控制组采用"一般讲解练习"的方式。[①]如果某实验不仅要研究新编教材的特点,而且要研究什么教学方法更适合于新教材,这就涉及教材(传统教材与新教材)与教法(讲授法与自学讨论法)两个变量以及它们之间可能存在的各种组合。这就需要更复杂的实验设计。

3.列举群体、样本、实验单位、抽样方法及样本大小

群体指样本的总体。要研究小学生能力发展,那么目标总体就是在校学习的小学生。接近总体则是指实验进行的具体单位、场所的样本。

实验单位,可以是个人、班级,也可以是一个学校、团体,必须独立接受实验处理并作出反应。关于取样有关问题,已在第七章作过阐述,在此不再重复。

4.选择因变量及适当的测量手段

对因变量的测定要考虑以下几个问题:第一要确定所选择的反应变量是能够提供有关研究问题的信息的;第二要决定怎样进行测定,如何选用适当的测量方法、度量单位及必要的技术手段;第三要考虑测量数值的可能准确度。

5.判定该实验需要控制的无关因素,选择控制方法,设计控制过程和预测控制的程度

所谓无关因素是指那些在实验研究中除所规定的自变量外的一切能影响实验结果的因素,包括外部的、介入的,或主试者变量等。由于不可能做到控制所有干扰,因此要集中考虑会影响实验因变量的主要因素,而对影响不大的因素可不予考虑。例如,要研究如何分配复习时间才能收到较好的外语复习效果,自变量是复习时间的分配方式,因变量是测验成绩,而被试的智力水平、外语

---

① 此例见冯忠良:《结构—定向教学的理论与实验》(下),北京师范大学出版社,1992年版,第18—19页。

成绩、复习内容、复习时间总量等是需要控制的将影响复习成绩的无关因素。如果凭经验,男女生在学习外语上没有太大差别(统计意义上的差别),那么可暂不列入,但在结果分析时要加以说明。

6.选择合适的实验设计并提出伴随这个设计的统计假设。

为便于操作,一般可设计成表格形式。见表 11-1 所示。①

表 11-1 教育实验的设计

步骤	内 容
1	问题:在中学进行计算机教学(CAI)的效果分析 研究假设:采用计算机辅助教学方式与不采用计算机辅助教学相比,对学生的学习成绩、学习兴趣方面将产生积极影响,但对学习态度、学生认知能力影响不显著。
2	处理 1:在数学课上,利用微机进行辅助教学,课后上机对所学内容进行练习(每人累计上机练习量 10 课时左右)。 处理 2:按课堂正规教学传统方式,只作书面材料的练习,不使用微机。
3	目标总体:北京市中学高中一年级学生。 接近总体:北京市一所城市重点高中的一年级学生。 样本大小:80 人。 取样方法:从接近总体中随机指派两个自然班,将每个班随机分为实验组和控制组各 20 名,注意男女人数相等。 实验单位:每一个独立的学生。
4	因变量:学习成绩、学习兴趣态度、认知能力。 因变量的操作定义:(1)高一数学函数部分学习成就测验(函数运算技能;数学学习保持和迁移效果);(2)隐藏图形与认知推理能力测验。

---

① 表格中举例内容选自李克信、陈琦:《计算机辅助教学实验研究初探》,《教育研究与实验》,1990 年第 2 期。

续表

步骤	内　　容
5	采用的控制方法： (1) 随机指派形成被试组；实验组、控制组数学知识，认知推理能力、识别镶嵌图形能力，初始状态前测，以保持两组均衡。 (2) 控制性别差异。 (3) 教学内容相同。 (4) 同一时间进行教学，练习作业相同，练习时间相等。 (5) 采用同样的后测。 (6) 设计了补充实验：在该校初三选取一个班44名学生，根据英语基础成绩采用配对法，随机形成实验组和控制组，进行对照实验。
6	实验设计：前后测控制组设计。 统计假设：两个处理组得到的平均数之间差异没有显著性意义。

这一程序不仅适合于教育实验设计，同时也为评价分析某一教育实验提供了可操作的步骤。事实说明，教育实验方案的形成是一个从明确研究目的，形成研究假设，确定变量，到决定取样方法，选择实验设计的一系列活动过程。实验方案的质量高低，与该过程的每个环节、多个因素直接相关。如果仅仅关注实验设计类型的选择而忽视了其他环节，将会造成很大的盲目性而影响整个实验的成效。

三、教育实验分组设计的基本类型

在正式阐述几种基本实验设计类型以前，先说明以下三点：

1. 实验设计的选择应考虑以下几个因素：哪一种设计适合你的研究，能验明研究假设；能较好地控制外来变量的威胁；能有助于研究结果的鉴定和推广且经济有效。

2. 关于讨论实验设计类型时所用的符号：

x：表示一种实验处理(treatment)。是指操纵的实验变量。

C:控制的变量(Control Variable)。

O:表示一次测试或观察,是实验处理前或后的观察和测定(test,pretest or posttest)。

R:表示被试已被随机选择分配和控制(Random assignment of subjects to groups)。

……:表示不等组间水平的线(groups are not randomly formed each line represents a group)。

3.组间设计与组内设计——两种不同分组法。

组间设计也叫被试间设计(between-subjects design),是把数目相同的被试分配到自变量的不同水平或不同的自变量上,即每一组被试只接受一种实验处理。组内设计也叫被试内设计(Within subjects design),就是使每个被试轮流分配到自变量的不同水平或不同的自变量上,即一组被试中的每一个被试都经受整个实验的各种实验处理。

例如,研究学习时间与学习效果的关系。如何进行实验,可以有两种不同的设计:一种方法,让15个被试学习20个英语单词1遍,让另外15个被试学习同样的单词5遍,然后用再认和再现比较识记成绩。另一种方法,让15个被试对20个英语单词学1遍,对另外相匹配的20个英语单词学5遍,然后比较再认和再现的成绩。前一种办法叫组间设计,后一种办法叫组内设计。

两种设计各有优缺点,组内设计优点在于:可控制被试个别差异对实验结果的影响;用于研究练习的阶段性较理想;不需要很多被试,主要从每一被试身上获得几种不同的数据。问题在于:实验顺序造成各种实验条件相互干扰。组间设计优点是:防止一种自变量影响另一种自变量;实验条件互不干扰。问题是:不同组之间被试差异可能与自变量混淆,所以一般用随机化或匹配分组。

为弥补两种分组法的各自不足,可采用混合设计,但是这种方式是比较复杂的。见图11-5所示例。

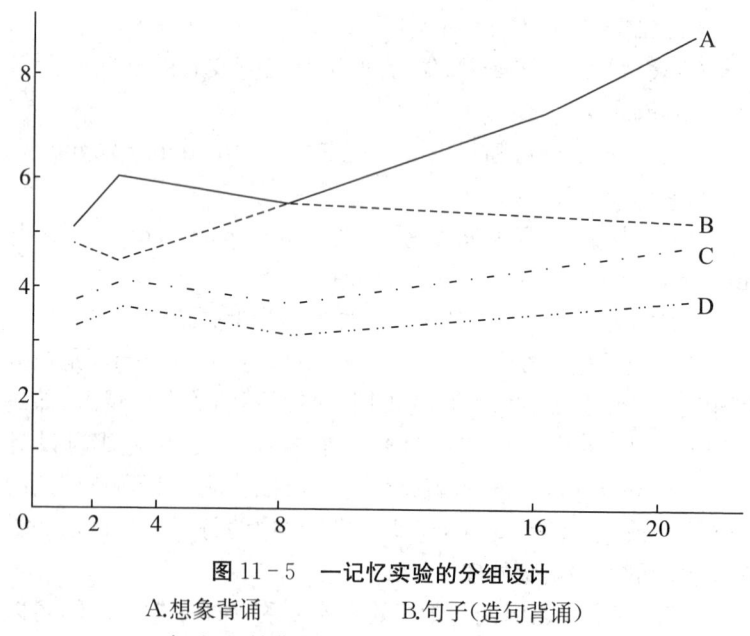

图 11-5 一记忆实验的分组设计
A.想象背诵　　　　B.句子(造句背诵)
C.复述(机械背诵)　D.数字条件
四种不同的背诵方式(组间),每人五种不同次数的背诵(组内、背诵时间)

教育实验设计有多种分类方法,有的分为单组、等组、循环组设计。这里,我们借鉴坎贝尔和斯坦利的研究成果,按实验中的变量以及无关因素控制水平,划分为两大类。一类是单因素设计(仅含有一个自变量),具体包括前实验设计、准(类似)实验设计和真实实验设计。另一类是多因素设计(包含两个或多个自变量)。

(一)前实验设计(Pre-experimental Design)

这种研究策略,通常是一种自然描述,用来识别自然存在的临界变量及其关系。它不是严格意义上的实验,但它是真实实验设计的组成部分或重要元素,所以称为前实验设计。

前实验设计对无关变量不能控制,但可以操纵变化自变量。这种实验设计有三种表现形式。

1.单组后测设计,也叫单一性个案研究(The One-shot Case study)

基本模式:X　O

特征:只有一组被试且不是随机选择,无控制对照组;实验中只给予一次实验处理;有一个后测。将后测的结果作为实验处理的效应。

这种实验设计,由于不能控制无关变量的影响,因此内外在效度都不高。

2.单组前后测设计(The One-Group Pretest-posttest Design)

基本模式:$O_1 X O_2$

特征:只有一个被试组且不是随机选择,无控制对照组;仅一次实验处理;有前测和后测,用前后测的差大于零来作为实验处理效应。

比如,关于集中识字在提高小学生识字能力效果方面的研究。选取一个自然班并进行前测,了解学生识字能力。然后安排两个月集中识字教学,教学后再进行识字能力水平的复测。两次测试的差用以表明集中识字在提高小学生识字能力方面的效果。

例:范文在小学生习作训练中的作用[①]

研 究 问 题:范文模仿在小学生作文训练中的作用及小学生在写作训练中模仿的特点。

研 究 假 设:利用范文仿作的小学生写作水平要高于不用范文写作的学生。

实 验 处 理:给学生提供范文模仿,让学生独立阅读、分析、理解范文,然后进行仿作。

样　　　本:浙江黄岩解放路小学三(下)、四(下)年级学生,4个班,共

---

① 此例内容选自卢正芝:《范文在小学生习作训练中的作用》,《教育研究与实验》,1987年第1期。

149人。

因变量测定:学生独立作文成就测验(段落层次、用词用句、内容、写作手法等方面)。

实 验 设 计:单组前后测 $O_1 X O_2$

O_1 学生在无范文模仿条件下作文的测试成绩

O_2 学生在学习范文后仿作的测试成绩

这种实验设计的优点:
(1)因为有前测,可以在处理前提供有关选择被试的某些信息。
(2)通过前后测,可以提供每一被试在实验处理前后两次观测条件下行为变化的直接数据,能明显地验明实验处理的效果(因为被试是自身控制的,即前后测被试变量同一)。
(3)被试兼作控制组,因而便于估计被试个体态度对实验结果的影响。

如果被试能够提供观测条件,而研究者又能够操纵实验条件,能了解被试在实验处理前后发生的变化,那么,单组前后测设计是有用的一种前实验设计。

这种设计的局限在于:
(1)由于没有控制组做比较,不能控制历史、成熟及统计回归。
(2)前测可能影响后测(处理效果),产生实验误差。一般有两种情况:一是前后测相距时间如果很短,被试可能由于前测产生的练习效应,对后测内容敏感以及疲劳效应等而影响实验的结果;二是如果前后测相距时间过长,那么会出现保持与遗忘的个别差异的问题,致使不易分辨出确实是由自变量引起的反应变量,还是受无关变量干扰的结果。

3.固定组比较设计(The Static-Group Comparison Design)

基本模式:X O
　　　　‥‥‥‥
　　　　　O

特征:使用了不接受实验处理的控制组,以便于与接受实验处理的实验组对应比较。实验组与控制组是在实验处理前已组织起来的原组,如原有的教学班,或某个团体,不是随机选择,也未加任何控制选择偏向。两个组都有后测。比如,传统讲授法与新的自学辅导法对学生自学能力发展的比较研究,进行一段时间教学后,在两个班同时进行内容难度与范围基本一致的测验。从两个班学生成绩的对比中,分析两种教学方法在发展学生自学能力方面的不同特点、意义和效果。

固定组比较设计有若干变式,为了研究短期训练在改变儿童不公正行为和培养公正行为方面的心理机制,有人进行过矫正儿童不公正行为的短期训练研究。

实验设计是:X_1　O
　　　　　　X_2　O
　　　　　　X_3　O

先把"不公正行为"儿童挑出来,然后安排不同的实验处理。

$\begin{cases} 处理1:讨论组(故事讲解加讨论法) \\ 处理2:练习法(练习评价法) \\ 处理3:对照组(不进行训练) \end{cases}$

时间一周,然后复测,看不同方法在培养儿童公正行为上的意义。

(1)由于使用了控制对照组,所以在有关内部效度方面,如被试的成熟,会受到一定的控制。

(2)如果有其他与处理同时发生的变量影响了后测的成绩(因变量),则对两个组的后测的影响很可能是一样的,说明可以控制历史因素。

(3)统计分析上,要比上两种(单组后测和单组前后测设计)的统计分析把握性大一些,在教育研究中,常常采用整组比较设计。

局限:由于被试不是随机分组,又没有一个前测数据,因此判断被试组是否相等是困难的。也就是说,被试的差异没有控制,在研究结论中一定要加以说明。

(二)准实验设计(The Quasi-Experimental Design)

准实验设计是用于在真实的教育情境中不能用真正的实验设计来控制无关变量,不能采用随机化方法分派被试的情况。准实验的产生是由于教育实验发展的需要。一是教育实验中由于研究对象的复杂性,要建立严格的随机化程序是十分困难的。二是70年代后更重视生态效度。从实验室研究转入现场情境研究,从而对实验设计提出了新的更高要求。坎贝尔和库克于1979年对这种类型实验进行总结,并提供了较完善的理论基础(坎贝尔、库克《准实验研究:现场情境的设计与分析》)。准实验设计的特点是:不能按照随机抽样原则抽取被试和随机分配被试于各种实验处理,一般是以原自然教学班为实验单位,因此具有一定的外部效度。准实验强调对自变量进行操作控制,但对无关变量控制较差,只能对一部分无关变量进行控制。当然,可用统计方法进行控制或将一些无关变量纳入自变量因素来提高它对无关变量的控制能力。

准实验设计有多种类型,其中主要有以下三种:

1.不等控制组设计(The Non-equivalent Control Group Design)

基本模式:$O_1 \; X \; O_2$
$\cdots\cdots\cdots\cdots$
$O_3 \quad O_4$

特点:(1)有两个组(实验组与控制组),一般在原有环境下自然教学班、年级或学校进行,不是随机取样分组,因此控制组与实验组不等,但实验处理可随机指派。由于不能以随机等组或配对方法去分配被试,只能试图去寻找与实验组相匹配的控制组,如年龄、性别、标准化学科测验分数、上课时的表现以及身体情况等方面,尽可能使组间平衡,两个组等价。(2)都有前后测。

不等控制组设计在教育实验中应用最为普遍。

例:小学数学教学使用学具的实验研究①

研 究 问 题:探索学具在小学数学教学中的作用及使用方法。
实 验 处 理:1.实验班结合教材内容,注意选择和使用各种学具进行教学。
2.对比班仍按普通的教学方法进行教学。
取　　　样:从东北师大附小6个一年级班中通过摸底测验,确定2个实验班和2个对比班。
因变量测定:基本的数学概念、基本的数量关系、思维的灵活性和创造性三方面内容的测验。

实 验 设 计:不等控制组设计……
$$\begin{matrix} O & X & O \\ O & & O \end{matrix}$$

不等控制组设计优点是:由于有控制组,有前后测比较,因此可以控制成熟、历史、测验、工具、统计回归等因素影响,一定程度上控制被试的选择偏差,从而提高了研究的内部效度。局限在于:(1)不是随机取样分组,选择与成熟交互作用可能会降低实验的内在效度;(2)前后测的交互作用。因此,实验结果不能直接推论到无前测的情境中,对实验结果的解释要慎重。要尽可能从同一总体中抽取样本,以避免被试差异所带来的实验误差。

这类实验设计的统计分析,一般是将实验组与控制组在因变量方面取得的增值分数,即(1)$O_2—O_4$、(2)($O_2—O_1$)—($O_4—O_3$)的结果进行比较以估计实验处理的效果。两组增值分数平均

---

① 此例内容来自马云鹏:《小学教学使用学具的实验研究》,《江西教育科研》,1988年第5期。

289

数差数的显著性,可采用独立样本的 t 检验。如果要使两组平均数差数的显著性达到更精确的水平,还可采用协方差分析。

例:关于计数教学的结构—定向教育实验研究①

研 究 问 题:从结构化与定向化教学思想出发,探讨计数实质、基本结构及计数能力的形成发展规律。

实 验 处 理:1.实验班,按实验教材及教学指导书进行万以内计数教学。
2.对比班,按国家教育委员会制定的小学全日制教学大纲及教材,教学参考书进行万以内计数教学。

样　　　本:天津市育婴里小学一年级新生两个班,各 41 人。

因变量测定:分段学业成就测验。

条 件 控 制:同一教师教学;统一练习作业时间;统一测试两班入学前数学能力的形成发展情况;入学前对两班学生统一进行瑞文推理测验。

实验设计:不等控制组设计

2.时间序列设计(The Time-Series Design)

基本模式:OOOOXOOOO

时间序列设计指对一个非随机取样的被试组作周期性的一系列测量,在这一时间序列中施以实验处理,然后观测呈现实验变量后的一系列测量分数是否发生非连续性现象,从而推断实验处理是否产生效果。这种设计可以使实验处理的效应得到充分显示。

分析图 11-6,观察曲线的变化,说明时间序列设计可能产生两种不同的结果。

---

① 此例内容来自李媛:《关于计数教学的结构——定向教育实验研究》,《教育理论与实验》,1991 年第 5 期。

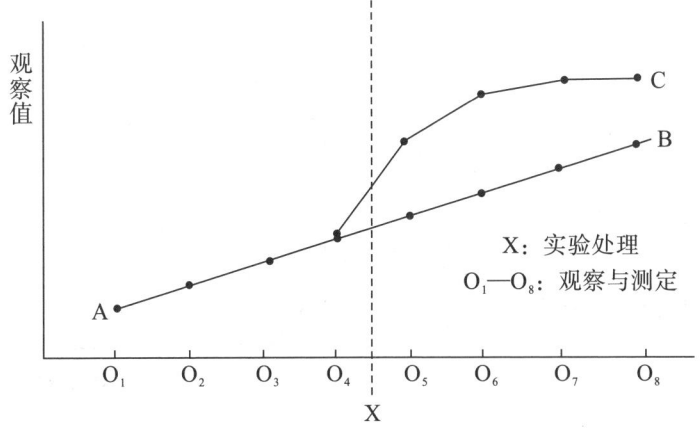

图 11-6 时间序列设计的两种处理结果

AB 连线结果表明,处理后的成绩水平的增加是处理前成绩增加的继续,没有出现不连续性,说明实验处理对成绩没有影响。

AC 连线结果表明,引入实验处理后,成绩不是连续的,处理后观测分数的水平比在处理前所期待的要高。事实说明,需要从实验处理前后的整个发展变化趋势来判断处理的效应而不能只看与实验处理相邻的前后两次观测值的差异。如图 11-7 中所显示的不同情况。

应该注意的是,常常由于没有控制组,不能排除无关变量因素的影响;最后一次前测和第一次后测间可能对实验处理有影响;前测与实验处理的交互作用也有一个效度问题。因此,要特别注意实验处理前后系列测量分数的总趋势和变化的连续性,要分析前测数据的相对稳定性。

时间序列设计的形式,基本上有两种:

(1)单组相等时间样本(时间顺序)设计

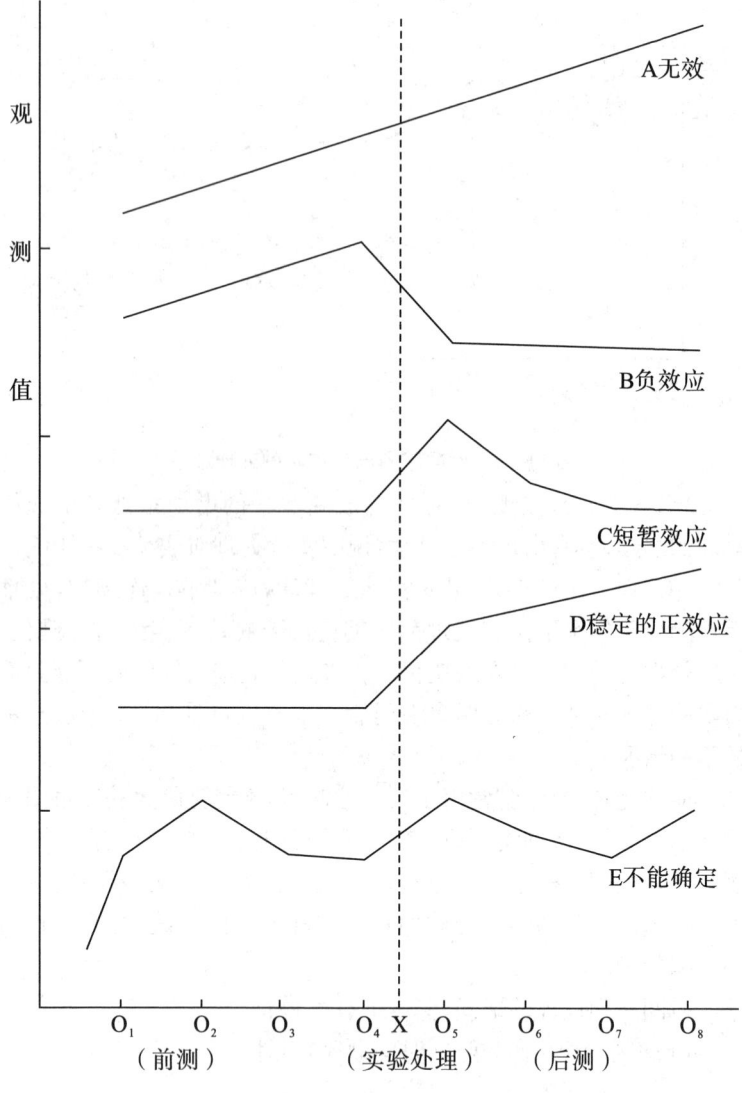

图 11-7 时间序列设计实验处理的不同效应分析

时间顺序	1	2	3	4	5	6	……
处理	O	X	O	X	O	X	……

例:通过对低年级儿童讲故事的方式研究道德观念的变化。选一组有代表性的对象(如一个班),施以实验处理,研究榜样和强化对道德行为发展的作用。实验前,先测验学生道德判断水平,接着设置第一种实验情境,即树立好的榜样,在学生进行道德判断时,立即给予赞扬(强化手段),然后复测学生的判断水平,过一定时间后,再做,再测(设第二种情境,条件一样)。

为了控制练习效应,可以在设计时变成按 ABBA 顺序安排(A,无处理;B,处理):

时间顺序	1	2	3	4	5	6	7	8
处理	A	B	B	A	A	B	B	A

在这种情况下可用相关样本 t 检验处理实验结果。

(2)多组时间样本设计(多重时间系列设计)

OOOOX_1OOOO

⋯⋯⋯⋯⋯⋯⋯⋯⋯⋯⋯

OOOOX_2OOOO

	时间顺序	1	2	3	4	5	6	7	8
实验组1	处理1	A	B	B	A	A	B	B	A
实验组2	处理2	B	A	A	B	B	A	A	B

此种设计用固定整组,常用于学校课堂教学。统计分析,可以将两组被试各自一系列时间前测成绩的平均数与一系列后测成绩的平均数加以比较,从成绩的增值说明处理效果;也可以将两组之间的一系列时间的前测成绩和后测成绩相比较,来判断两组接受不同处理所产生的效果。

时间序列设计优点:外在效度较好,推论范围广。因为能够通过一系列前测与后测,对一组被试的比较稳定的变化趋势有所了解,也能对两组处理前后比较稳定的系列变化进行比较,能控制历史和工具影响。

时间序列设计的局限是:实验安排上的反应效果,如历史因素、霍桑效应、练习误差、多次测定中测量操作程序的变化等不容易得到很好的控制,系列的前后测均有可能引起被试的疲劳、敏感与练习效应。

3.平衡设计(The Counterbalanced Design)

也叫实验条件平衡设计,固定组循环设计,或称拉丁方设计。指采用拉丁方格来安排实验条件。这是一种使被试变量和顺序变量可能发生的误差大约平衡,最终互相抵消的实验设计。

基本模式:$X_1 O\ X_2 O\ X_3 O$
$X_3 O\ X_1 O\ X_2 O$
$X_2 O\ X_3 O\ X_1 O$

特点:所有组接受各种处理,但是是一个不同的顺序。各组的处理的数目是相等、平衡的,用其平均成绩加以比较。比如,实验自学、讲授、发现学习三种不同教学方法的效果。

这种设计是把被试差异、时间顺序作为一个自变量纳入加以控制,是以假设不同组与实验处理之间没有交互作用作为前提条件的。在这种情况下,采用拉丁方实验设计的方差分析来处理实验结果。这种设计,每一组既是实验组,又是对照组,通过平衡配置,许多影响实验的无关因素互相抵消了,从而提高了实验的敏感性。

采用拉丁方格的方式安排,固定取样组数与实验处理数相同。实验处理3,组数3,使之平衡一部分误差。如果是组数4,处理4,则用以下安排:

```
A B C D        A B D C
B D A C   或   B C A D
C A D B        C D B A
D C B A        D A C B
```

例如:让四组学生背诵四篇体裁不同的短文的实验。用此实验设计,除了能抵消学习的首因律(先学的内容易记住)和近因律(对刚学习过的内容回忆效果一般较好)的影响之外,还可以使文章的不同体裁前后的安排,内容难易以及标点符号等多种因素的影响,在先后顺序上对四组被试是均等的,可抵消掉顺序误差,还可以控制成熟、历史和疲劳影响。

局限:此设计本身往往带来不少影响研究效度的因素和统计检验分析方面的问题。当同一个组接受一个以上处理时,有可能产生多重处理干扰,因为不可能对同一组学生用几种不同方式教同一概念。另外,如上例,重点学校好学生,自学能力强,学习效果好。差校学生,学习自觉性差,根本就不学,用什么方法都无效。这种状况很难分析和下结论,因为被试与实验间有交互作用。由于实验处理之间的交互作用复杂,所以使用时要非常谨慎。

(三)真实实验设计(The True Experimental Design)

这种设计使实验中的自变量、因变量、无关变量得到比较严格的控制,也就是说,它能较好地控制内外部无效因素,并有效地操纵研究变量。

真实实验设计,都有一个控制组,被试随机选择和随机分派到组。

1.实验组、控制组前后测设计(The Pretest-Posttest Control Group Design)

基本模式:$R \quad O_1 \ X \ O_2$
$R \quad O_3 \quad O_4$

这是一种最基本、最典型的实验设计。其特点是:随机分组;实验组接受实验处理,控制组则不给予实验处理;两组均进行前后测。

例:解题思维策略训练提高小学生解题能力的实验研究①

假　　设:专门系统地进行解题思维策略训练,可提高学生解应用题能力。

实验处理:1.实验组——用自编教材,讲解六种解应用题方法(简化法、图解法、结构训练法、联想法、假设法、对应法),每周 3 次,每次 1 节课,共七周 20 节课。
　　　　　2.控制组——不讲,只做练习。

总体目标:小学六年级学生

接近目标:X 市某小学六年级两个班(六个班中取学习成绩最好的和最差的)。

样本大小:94 人,平均年龄 12 岁零 3 个月,其中实验班 47 人(男 22,女 25),控制班 47 人(男 24,女 23)。

因　变　量:学生解应用题能力。

操作定义:等值数学难题测验。

条件控制:①随机取样(对学生进行 33 分钟的学习能力测验,15 分钟的数学基本知识测验,80 分钟的数学难题测验),把分数相差 3 分内的学生配对分组,删去 4 名条件相差太大的学生,随机分成两个等组。
　　　　　②同一教师教。
　　　　　③前后测相同(等值难题,测验时间与要求前后测一致)。
　　　　　④练习内容相同。

实验设计:R　OX O
　　　　　R　O　O

这种实验设计的优点是,由于利用随机分派方法分出两个等

---

① 见西北师大教育科学研究所刘电芝文章:《解题思维策略训练提高小学生解题能力的实验研究》,《心理科学通讯》,1989 年第 5 期。

组,就可以控制"选择""被试缺失"等因素对实验结果的干扰;都进行了前后测,便于作对照比较。如果在前后测之间这段时间内,有什么情况影响,或"成熟""测验""统计回归"等无关因素发生了干扰,则两组是相同的。

它的局限在于,可能产生前测与实验处理的交互作用效果而影响外在效度。

关于研究结果的统计分析:如果两组前测分数的平均数基本相同(基本等值),则将通过后测得到的两组平均数之差数进行有关两个独立组平均分数参数的 t 检验。差异显著,则说明这种差异是实验处理的结果。

如果前测中发现两组不等值,则必须参照前测成绩对后测成绩作相应的分析与修正,对两组后测的增值平均数进行比较,求出两组变化分数,再进行 t 检验。

此种实验设计的变式:

R　O X_1 O　　　　R　O X_1 O
R　O X_2 O　　　　R　O X_2 O
　　　　　　　　　　R　O X_3 O

2.实验组、控制组后测设计(The Posttest-only Control Group Design)

基本模式:R　X　O_1
　　　　　R　　　O_2

特点:随机化选择被试和分组,仅实验组接受实验处理,两组均只有后测,没有前测。例如,研究电视教学对初一学生英语学习成绩的影响。随机取样,形成两个等组,再随机指派实验组,进行电视教学,控制组仍按常规进行教学。一段时间后,进行后测,将获得的分数值用独立样本 t 检验进行分析。

这种设计优点在于:能消除前测与后测、前测与自变量的交互影响,内在效度较高。既具有前一设计的优点,同时避免了练习效应的影响,节省人力和物力。由于随机取样、随机分组以及设控制组,这种设计可控制历史、成熟、测验和统计回归等无关变量的影响。但是要注意取样总体的特征,在总体不够大、被试数目较少的情况下,两组或多组相等的假设就难以保证,如 n<30,个体差异较大。所以在可能的情况下,要想办法加大样本,同时尽量使被试有代表性。

这种实验设计局限在于不能对被试的缺失加以控制。

此种设计的变式有:

R X_1 O　　　　R X_1 O
R X_2 O　　　　R X_2 O
　　　　　　　　　R X_3 O

3.所罗门(Solomon)四组设计(The Solomon Four-Group Design)

基本模式:
R O_1 X O_2 ⎫
R O_3 　O_4 ⎭ a
R 　X O_5 ⎫
R 　　O_6 ⎭ b

特点:随机选择被试和分组;两组有前测,两组没有前测;一个前测组和一个无前测组接受实验处理;四个组都有后测。

这一设计是把实验组、控制组前后测设计与只有后测的设计加以组合(a 与 b),将有无前测这一变量纳入实验设计之中,将其变量所造成的差异数部分从总变异数中排除出去,以检验实验处理所产生的影响是否显著,内、外在效度较高。这是一种较理想的实验设计。

优点:(1)可以将前测的反复效应分离出来,综合以上两种设计的优点,克服二者的缺点。(2)实验者等于重复做了四个实验,可以做出四种比较。(3)可运用 2×2 方差分析来处理该四组实验数据。

局限在于往往很难找到四组同质的被试;被试的数目多时,数据分析比较困难。因此,一般不适用于探索性实验,而适用于决断性实验。

统计分析:进行检验,可用独立样本 2(有无前测)×2(有无实验处理)的变异数分析方法来分析实验结果。

所罗门1949年提出了几种扩大了的实验设计,如所罗门两控制组实验(the Solomon two control group experiment)

实验组　　R OX O
控制组$_1$　R O　O
控制组$_2$　R 　X O

为了更清楚显示不同的实验设计在控制内在效度、外在效度影响因素方面所起的不同作用及程度,现列表加以综合说明。(见表11-2)。

(四)教育实验中的因素设计(Factorial Design)

因素设计是指在同一实验研究中,操纵两个或多个变量(因素)的设计,也称析因设计。这种设计的特点,是将实验中每一变量的各个水平都结合起来进行实验。这种设计不是单因素设计的简单组合,而是更真切表现教育实验现象和过程中各种因素之间的复杂关系,而且有更好的外在效度。

因素设计有两因素设计(2×2),三因素设计(3×3),还有2×2、2×2×2、2×3×2设计等多种类型。设计一般涉及两个或三个因素,每个因素又有2到6种水平,如4×2×3(年龄变量4,目标结构2,任务3)。[①] 其中,2×2的两因素实验设计是最简单而应用最广的多因素设计。因素多,水平数多,都将使实验变得十分复杂而难以进行,无论哪一种类型,都要注意因子水平的组合,并且尽可能随机化。

---

① 李晓东:《关于目标结构对6—9岁儿童合作与竞争行为影响的实验》,《心理科学》,1991年第2期。

表 11-2 研究设计的无效来源(Sources

		内在效度			
		历史 (History)	成熟 (Maturation)	测验 (Testing)	工具 (Instrumentation)
前实验设计	1. 单组后测研究 XO	—	—	(+)	(+)
	2. 单组前后测设计 OXO	—	—	—	—
	3. 固定组比较设计……$\begin{matrix}X\ O\\ \ \ \ O\end{matrix}$	+	—	(+)	
真实实验设计	4. 控制组前后测设计 $\begin{matrix}R\ OX\ O\\ R\ O\ \ \ \ O\end{matrix}$	+	+	+	+
	5. 控制组后测设计 $\begin{matrix}R\ OX\ O\\ R\ \ \ \ \ \ O\end{matrix}$	+	+	+	+
	6. 所罗门四组设计 $\begin{matrix}R\ OX\ O\\ R\ O\ \ \ \ O\\ R\ \ \ \ X\ O\\ R\ \ \ \ \ \ \ \ O\end{matrix}$	+	+	+	+
准实验设计	7. 不等控制组设计……$\begin{matrix}OX\ O\\ O\ \ \ \ O\end{matrix}$	+	+	+	+
	8. 时间序列设计 OOOOXOOOO	—	+	+	(+)
	9. 平衡设计 $\begin{matrix}X_1\ OX_2\ OX_3\ O\\ X_3\ OX_1\ OX_2\ O\\ X_2\ OX_3\ OX_1\ O\end{matrix}$	+	+	+	+

说明：X：实验处理(treatment)
O：观测(test, pretest of posttest)
R：随机选择被试(random assignment or subjects to groups)
+：作为控制的因素(factor controlled for)
(+)：不一定能控制因素(factor controlled for because not relevant)
—：作为不能控制的因素(factor not controlled for)

of Invalidity for Research Designs)

	（Sources of Internal Invalidity			外在效度（Sources of External Invalidity）	
回归 (Regression)	选择 (Selection)	缺失 (Mortality)	选择与成熟交互(Selection — Maturation interaction)	前测与处理交互（pretest－X Interaction）	多重处理交互（Mulitiple x interaction）
(+)	(+)	—	(+)	(+)	(+)
—	+	—	(+)	—	(+)
(+)	—	—	—	(+)	(+)
+	+	+	+	—	(+)
+	+	+	+	(+)	(+)
+	+	+	+	+	(+)
—	+	+	—	—	(+)
+	+	+	(+)	—	(+)
+	+	+	—	—	—

基本模式:2×2因素设计

图 11-8 2×2 因素实验设计基本模式

	因素 A	
	A_1	A_2
因素 B B_1	A_1B_1	A_2B_1
B_2	A_1B_2	A_2B_2

此类设计的特点是,两个自变量,每个自变量各有两个水平,四种不同实验处理(各种处理的总数是各因素所包括的水平数的乘积)。按组间设计,需 4 个组;如按组内设计,每个被试都需要进行四次实验。

例如,比较两种教学方法(如讲授法与自学辅导方法)对学生学习数学的学习成绩的影响,同时要比较两种教材(统编教材与自学程序教材)各自之长短。我们将被试随机安排到四个组中,一学期后进行测试并加以分析。

图 11-9 2×2 实验设计各水平的搭配

			因素 A		
			教材		平均成绩
			统编教材 A_1	自学辅导教材 A_2	
因素 B	教学方法	讲授法 B_1	A_1B_1	A_2B_1	
		自学法 B_2	A_1B_2	A_2B_2	
	平均成绩				

这种设计可以在一个实验中研究多个变量之间的关系及其对因变量的作用,可对某一研究问题作出多种可能的解释,诸如:

a.讲授与自学两种教法效果有无真实差异;

b.两种教材对学习数学的学习成绩影响有无差异;

c.教材与教学方法之间有无交互影响。

统计分析:应利用独立样本平均数的差异显著性的 t 检验方法(凡可用 t 检验的情况,都可用方差分析进行统计分析)。

这里需要说明的是,在教育实验中:

(1)自变量至少是以两种水平存在,不能只有一个水平。

(2)交互作用反映在图中,表现为图中的线是交叉的。如果图中的线是平行的,说明该实验诸因素不存在交互作用(任何一个自变量的效果对另一个自变量的两个水平来说,都是相同的)。要判断两个因子间是否存在交互作用,可用几何图示法。见下例:教学方法与智商的交互作用分析。

	教学方法	
	A 种方式	B 种方式
智商(IQ) 高(H)	第 1 组	第 2 组
低(L)	第 3 组	第 4 组

交互作用判别的直观图示,见图 11-10,图 11-11。

实验结果Ⅰ:

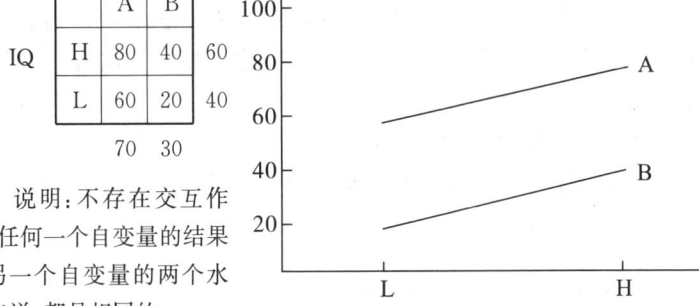

图 11-10

说明:不存在交互作用,任何一个自变量的结果对另一个自变量的两个水平来说,都是相同的。

实验结果Ⅱ:

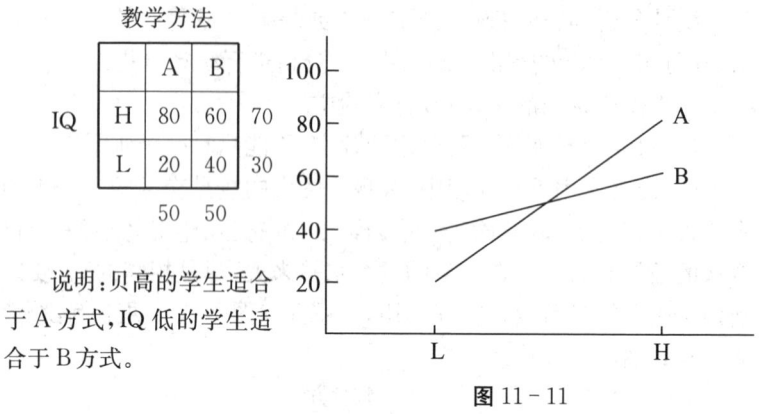

图 11-11

第三节 教育实验科学水平的评价

教育实验科学水平的评价,即对教育实验的再研究,探讨教育实验发展的基本规律。评价的核心问题是评价活动和标准的合理性问题,要根据教育实验的各种基本要求,按照教育实验过程的主要环节,用理性分析、统计分析、重复实验等多种方法检验和评价教育实验的科学性程度。通过评价,避免盲目性,提高进行教育实验的自觉性,促进教育实验的规范化和教育实验科学水平的提高,从而更好地发挥教育实验在发展教育科学理论、探索教育规律、提高教育质量方面的功能。

一、教育实验课题的效益性

教育实验,作为一种科学发现的活动,是一种有目的的、受一定价值观支配的活动,具有明确的价值取向。价值效益正是一个教育实验能否生存和发展、能否在更大范围内推广的首要问题,也是我们评价一个教育实验科学水平的首要检验标准。为了把握好这一标准,必须研究实验者的主体价值标准对教育实验的制约和影响以及教育实验活动的价值特征。

(一)价值标准和价值判断在教育实验中的作用

正如马克思指出的:"'价值'这个普遍的概念是从人们对待满足他们需要的外界物的关系中产生的。"[①]价值,体现了教育实验活动的目的性。教育实验活动是研究者的实践——认识活动,这是价值的基础。实验研究对象的存在、属性和合乎规律的变化,是否按照研究者的要求满足研究目的,使之适合于教育的进步发展,这是价值尺度。价值,具有重要的认识意义,这是我们看问题的基本点。

从认识论角度分析,价值标准和判断在教育实验发展中的主要作用在于:一是价值作为实验的动机是教育实验认识的重要内容,它将规范、调节研究者对教育实验的理解、取舍与设计;二是影响教育实验体系的表达方式和风格;三是决定教育实验的评价,即确认和评价教育实验活动及其结果有无价值,是正价值还是负价值。价值标准和价值判断,是构成主体进行教育实验活动的动力因素。我国现在的教改实验和实践所提出的大量问题,突出地集中到一点:如何掌握价值标准。

(二)教育实验价值的具体表现

1.目前的争论

价值,带有很大的主观成分。对教育实验的效益性价值,大致有以下几种不同观点,一种观点认为,教育实验应追求检验、修正和发展教育理论,因此实验中关心的是研究一般的带有普遍性的问题以及是否从实验中得出概括化的结论。另一种意见正好相反,认为教育作为培养人的实践活动,主要应该考虑是否有利于提

---

① 《马克思恩格斯全集》第19卷,人民出版社,1956年版,第406页。

高及格率、升学率,有利于提高教育质量。因此,实验中更关心教育对象变化的具体过程和行为。还有一种观点是持折中看法,将促进青少年全面发展作为教育实验的内在目标,而将理论的探索创新作为实验的外在目标。实践中似乎也存在这样一种"矛盾"现象:理论处于较低的经验层次水平的实验,却取得了较满意的实验效果。对此如何评价,又引出了一系列争论。这些看法上的分歧容易造成实验目的的不确定,要求我们必须进行认真的反思,以确立正确的价值导向,在更高层次上形成共识。这个问题的解决,根本取决于对教育实验本质特征以及相应的价值表现的认识。

2.教育实验价值效益的基本表现

从总体上分析,教育实验的价值效益主要表现在两个基本方面。

一是教育实验的社会效益。就是根据社会实践发展的需要,要求实验有利于提高教育质量,促进青少年德智体全面发展,这里遵循的是应用价值。因为教育实验不是一般的实验活动,其变革、创新的范围限制在教育教学活动领域内,是以培养人的教育活动作为研究对象的。

二是学术效益。就是根据教育科学本身发展的需要,要求实验有利于检验、修正、创新和发展教育理论,建立科学的教育理论体系,这里追求的是理论价值。这一功能同样也是由教育实验的本质所决定的。教育实验是获取知识、检验理论的一种特殊实践活动,区别于一般的教育实践,它是自觉主动地去探索、变革和创造,是主动采取某种变革措施,发挥实验的"纯化、重组、强化、模拟"作用,探索教育内、外部规律性联系、因果关系,从而发展理论。

二者有分工,有所侧重,但又是互相联系的。通过教育实验提高教育教学质量,是检验、发展、创新某些教育理论假设的合乎逻辑的必然结果;而科学的教育理论的产生又将进一步促进教育质量的提高。二者统一于教育实践的基础上,一个好的实验研究应该使两方面科学地统一。比如,冯忠良的改革基础教育教学体制的实验,通过对结构—定向教学原理的探讨,改革中小学教学体制,全面优化教学系统,争取在九年普及义务教育期间较好地完成十年教学任务这一目标。卢仲衡的中学数学自学辅导实验,运用有效的心理学原则,采用自学辅导方法,培养学生的自学能力。该实验不仅为培养学生学习能力和学习主动性,提高教学质量探索了一条有效途径,而且,通过实验揭示了自学效果的心理学依据,学生在自学中思维能力的发展规律,并对课程,特别是教材编制的理论与实践,以及自学教学原则的建立,也有重要启示。张梅玲的现代小学数学中以"部分与整体关系"为主线,建构现行小学数学合理的知识结构,以此塑造小学生良好的认识结构。该实验不仅在于提高小学生素质,促进小学生数学能力的发展,而且同时进行了若干心理学理论的深层次专题研究。张定璋的城市小学教育整体改革实验,通过建立教育目标体系培养三自能力、幼小衔接、学科教学、活动和环境三大体系的联系小学生整体最优发展的评价以及综合管理等改革措施,不仅减轻学生负担,初步探索了一条使个性特长得到了较好发展的途径,而且建立了整体优化教育理论。以上这些教育实验研究,都具有社会效益和学术效益两方面统一起来的特征,并为我们提供了范例。

(三)教育实验研究的价值性判断

如何判断一个教育实验研究价值质量,应看它对以下四个条件的符合程度:

1.基础性

即该实验研究所确定的总课题将对教育科学有关领域的发展具有决定性意义,为这一领域其他问题的解决奠定基础。而作为专题研究的子课题将形成研究系列并能获得合乎规律的经验。

2.创新性

即该课题的研究对原有理论框架、思维模式或实践方式将有所突破、更新和再创造。这种创造性决不是那种单纯从事实中的简单归纳或从理论中凭空的思辨性演绎,而是要改变原有理论的基本概念和原理,突破和超越原有理论并能够解释原有理论所不能解释的现象。

3.操作性

即该实验研究将抽象的理论研究假设转化为操作化的经验,提供一套可行的操作方式,能在一定的范围中推广。也就是说,具有高的外在效度。

4.变异性

即该课题的研究不仅能引发一系列有内在联系的、逐渐深化发展的研究课题,而且对相邻近学科的研究产生重要影响。变异性也包括进行教育实验研究方法上的突破,进行实验的学者型教师队伍的形成等。也就是说,实验具有较好的整体效益。

当然,对教育实验的效益性价值不能只作静态考察,而应把价值关系置于教育实验的全过程来进行分析,有意识、有目的地分析实现一定价值效益的具体的发生、发展全过程以及教育实验活动的价值特征,这正是有待进一步研究的课题。

二、教育实验假设的科学性

实验假设是根据已有的事实材料和科学原理对所要研究的问题作出的一种假定性解释,是教育实验的理论构想,为实验研究目标和方法提供方向,是教育实验进行科学探索的关键和基础。假设的形成过程有一个从观察发现到理论发现的中介环节,一方面要以一定的经验事实为基础,要有对研究课题现状的清晰了解,对所掌握材料的分析、比较和概括;另一方面要以一定的教育科学理论为依据,并且遵循科学方法论和一定的逻辑原则。因此,对教育实验假设科学性的评价,一是要考察实践基础,包括所依据的教育经验事实以及对以往教育经验的解释力;二是要考察理论基础的科学性、严谨性。教育实验越具有探索性质,就越需要强调理论的指导,强调提供的事实的可靠性。

(一)所依据的教育经验事实

事实是认识的基础,教育实践是教育实验假设形成的出发点。教育实践中大量丰富的问题帮助我们确定研究目标和认识角度,因此要十分重视现有的、还不充分的经验事实。

"客观事实"与"经验事实"是两个有联系又有区别的概念。这里所说的经验事实,指的是由研究者通过观察、调查所获得的知识,是通过主体对客体的反映所直接确定的事实。而客观事实则是客观存在的研究对象本身的发展规律,这正是需要我们通过教育实验去研究和揭示的。

在形成教育实验理论构想时,不仅反映研究者在一定时期对研究对象的认识水平,而且也必然带有研究者多方面的主观意识倾向。由于人的主观意识的参与,加之所研究的教育现象及过程的复杂性,经验事实可能符合客观事实,也可能不符合或不太符合客观事实,也就是说,占有的事实材料可能有谬误。因此,对教育实验假设形成所依据的经验事实必须加以考察。实验假设只有在能对客观事实进行近似反映时,才能成为较科学的假设,也才有可能经过教育实验检验后成为科学理论。

(二)所依据的教育科学基本原理

由于教育科学理论对教育实验起着定向、规范、选择、解释作用,所以任何教育实验都必须有一定的教育理论指导。没有科学理论指导的实验,必然起点低,盲目性大,并使实验结果的解释受到很大局限。教育科学理论正是实验假设形成的核心。

1.教育实验理论基础的主要类型

第一种是以马克思主义哲学和教育思想为依据,把现有的教育学、心理学、教学论、德育论等一般原理,运用于教育实践以探索教育教学的内在联系。如关于学制课程的研究,学生主体性以及主导主体关系的研究,非理性因素以及愉快教育的研究,等等。对于这类理论基础,应着重考察所依据的教育科学一般原理是否为以往教育实践所证明,而又符合现代教育观的新理论。

第二种是系统科学的思维方式和方法。如整体改革实验,立论于"组合质变"原理,遵循整体优化、学生主体在活动中发展,因材施教等具体操作原则,寻求教育各因素、活动各阶段的横向与纵向的最佳联系,以达到优化教育过程,提高教育整体效益的目的。还有探索学科课程、教材及教学层次和优化结构的教改实验等。对于这类实验,应重点考察所引进的系统科学概念、原理与教育科学的结合点。

第三种是对国内外有关理论的借鉴、移植和改造。例如,引进斯金纳的程序教学理论,巴班斯基的教学教育优化理论,赞可夫的教学与发展思想,加里培林的智力技能发展阶段理论,布卢姆的认知目标分类学以及皮亚杰的结构建构及活动理论等,吸取其合理内核,结合中国实际加以变通,作为教育实验的主要理论依据。引进的教育理论,也包括国内在较大范围内相互借鉴学习的一些教育教学的新理论和新方法。对此类实验,主要是考察引进理论在新条件下的生长点,从理论依据、目标、内容、实验过程及方法全面考察其普遍程度。

第四种是对优秀教师的教学经验及优秀学生的学习经验的总结提炼,辨明经验的因果联系,加以筛选总结。如上海青浦县的"尝试指导,效果回授"的数学教改实验,黑龙江的"注音识字、提前读写"教改实验,黎世法的最优中学教学方式实验,以及一批优秀教师,如李吉林、吕敬先、马芯兰、魏书生等进行的学科教改实验。对此类实验的理论基础考察,不仅要审视实验所依据的经验事实的科学性,而且要判断所提炼结晶成的新理论、新观点对科学事实与因果性解释关系分析的合理性。

2.教育实验理论基础的科学性

考察整个教育实验的理论基础是否具有科学性,除了衡量理论本身建构的合理性以及内在逻辑性外,还要对以下几个特点有所认识。

一是理论的批判性。任何一个教育实验,在建构理论框架和研究假设时,必然涉及对旧的、不合理的教育教学思想观点、原则方法的批评,或者是对某些教育理论、原则、方法、形式进行合理的补充、修改、完善,因此,具有很强的针对性。

二是综合性。由于教育实验对象的整体性,需要综合运用多学科知识,包括哲学、社会学、心理学、生理学、教学论、德育论、思维科学、语言学、系统科学等的基本原理与方法。要及时引进相关学科研究的最新成果。偏执于某一学科某一方面理论,是不可能使实验研究更符合客观实际,也不可能科学客观地对实验整体效果做出说明解释的。而教育实验理论基础的综合性常表现出互补性,而不是机械地相加和拼凑。那种由于研究者研究问题角度不同,为了维护自己的观点所表现出的某种不恰当的排他性,是不利于学术的争鸣与发展的。应该看到,理论观点上争论分歧各有其一定的合理性,这里,全面而具体的分析就显得十分重要了。

三是有鲜明的特色。一个好的教育实验研究,不仅理论指导是明确的,而且必须有鲜明的个性特色。因此在一定意义上讲,正是理论的创新性才使实验具有了创新特点,如张定璋的城市小学教育整体改革实验。该实验假设是:"以整体化为目标,以培养'三自'能力为中心,为儿童发展创设最佳环境和最佳精神状态,使学生乐学善学,从而在德、智、体、美、劳诸方面得到最优发展。"这一实验正是以整体、主体、综合、优化为特征的整体优化教育理论为指导,以辩证唯物主义的系统方法论为实验研究的方法论基础,从而体现了强调整体观点,强调综合方法,强调学生主体参与的特色。卢仲衡的中学自学辅导教学实验重在培养学生的自学能力,而张梅玲的实验重在建构小学生学习数学的认知结构,这些特点体现在相应的理论框架之中。

三、教育实验设计、程序与方法的合理性

这方面评价的内容涉及对教育实验方案的评价与分析,实验过程的评价与分析,实验结果的评价与分析以及在此基础上对一个教育实验可靠性作出整体的综合分析。

(一)教育实验设计及实施过程的规范性

实验设计与实施过程是否规范,应重点分析两个方面。

1.有较明确的实验研究假设,并通过采取相应的改革教育教学的措施,以验证假设,对成功经验进行理论概括,从而使实验结果纳入一定的理论框架。

2.遵循教育实验的规范要求,在选择被试、操纵自变量、评价因变量、控制无关因素方面,尽可能达到科学的要求。如:选取大体相等的对照班,较严格控制学生的时间精力支出,进行前测、中测和后测以搜集资料,注意定性与定量结合从而较合理地解释实验结果。

教育实验中由抽象的理论构思转化为具体实验方案并加以实施,这是一个具体完整的可操作过程。对这一过程最简便的评价方法是对实验研究报告作出以下分析。

(1)实验研究报告的标题是否较好地反映了该研究的内涵及该实验的自变量?

(2)实验研究目的的陈述是否清楚?是否指明了该实验研究的性质、研究的理论意义与实践意义?

(3)文献检索是否很好地提供了该实验研究的背景?

(4)检验的研究假设是什么?假设用语是否明确,具有可验证性?假设命题的论证根据是否充分?

(5)取样的方法是什么?抽取的样本是否具有代表性?样本的容量(大小)是否合适?

(6)该实验研究的自变量、因变量及操作定义是什么？其确定是否合适？

(7)该实验设计属于何种类型？对无关因素控制的方法以及控制的程度如何？

(8)实验获得的数据的测量手段、方法、操作过程及其数据整理分析是否有效、可靠和客观？收集的资料是否具有信度、效度和系统性？是否充分利用了数据资源？

(9)研究所要讨论的问题和结论是什么？在分析误差基础上进行的归因是否客观和合乎逻辑？

(10)实验研究报告写作是否客观科学？

(二)教育实验方法论基础的科学性

教育实验是一种认识活动，必须借助于抽象的理论思维才能克服经验的狭隘性，为教育实验活动提供概念范畴和理论框架。哲学作为一种方法论和理论思维的手段，贯穿于教育实验整体过程中，只有坚持马克思主义世界观、方法论的指导，才能正确解决在教育实验总体规划及实验实施过程中所涉及的各种矛盾问题。实验的具体方法是灵活多样的，没有固定的一种方法模式，但总要遵循一些基本的认识方式和方法原则，因此，必须从哲学认识论的高度来评价、分析教育实验的方法水平。具体地讲，就是要对在一个教育实验中如何处理以下四个基本关系作出评价分析。

1.教育实验过程中的主客体关系

这一关系主要表现为实验者与实验对象相互作用过程的双向建构。一方面是客体主体化，实验研究者基于对实验对象的一定认识，提出实验目的，形成实验假设，并采用一定的形式、手段去影响和变革实验对象，即把实验者的需要、目的、能力对象化。另一方面是主体客体化，实验对象要以自身的现实性去影响、限制和改变主体的活动，即教育教学规律性、青少年身心发展的规律性制约着教育实验目的的提出，实验活动方式的选择及实验结果的产生和解释。正是教育实验中的主客体关系,从根本上决定着实验过程中主体能动性的发挥。

因此,对教育实验过程中主客体关系处理的评价,首先是看实验者是否提出了明确的实验目的,并通过形成假设来确定"应当做什么"和"应当怎样做";其次是看实验者是否立足于教育自身的现实性,考虑教育自身发展的规律及条件制约来确定实验措施。那种急于求成,通过加班加点增加学生负担从而获取所谓实验成果的做法是违背教育规律的,必然导致实验的失败。主体的能动性正是表现为认识和改造研究对象,并把它们置于自己的控制之下。实验者不仅要树立主体意识,而且要掌握实验方法并灵活地创造性地加以运用。

教育实验作为一种实践活动,实际上仍是主客体相互作用的活动。

2.教育实验过程中的科学理论与经验事实关系

经验事实是从观察和实验中获得的原始资料,而科学理论则是反映客观真理的系统化的知识。总体分析,教育科学理论呈现出两种基本形态,一种是反映经验层次认识水平的经验性原理,另一种是反映事物普遍本质的理论原理。无论是经验性原理,还是理论原理,它们都是对经验事实的抽象概括与解释,反映着人的认识由现象到本质的深化。教育实验中,经验事实是科学理论发展的基础和基本内容,但是二者常互相交错、互相渗透、相辅相成,二者的关系并不是单纯地由经验事实决定科学理论,而是双向地交互作用并贯穿于教育实验的全过程。在处理二者关系时,首要问题在于,如何促使经验事实转化为科学理论并建构理论体系。这里,理性方法——科学的抽象起着十分重要的作用。

教育实验要检验因果关系的推论,要从经验事实引出思想、观点和意见,这是认识的能动飞跃,是一种创造性的思维过程,它必须借助科学的抽象作为中介。应该看到,教育实验和实践提供的经验事实是全面、综合且极其丰富的，蕴含其中的科学理论不会自然显露出来，仅靠对经验事实进行简单整理或加工是不会得出科学合理的结论的，也不会对实验结果做出准确的理论解释。因此，对教育实验过程中科学理论与经验事实关系处理的评价分析，一方面要考察该实验是否通过分析与综合，对教育现象内在的矛盾运动进行了实事求是的分析，从而较好地把握了复杂的教育系统基本过程和构成要素；另一方面要考察该实验是否通过演绎和归纳，由个别、特殊上升到一般，把握了教育现象的普遍本质与一般规律。科学的抽象要充分，但又不能过分。如果凭主观，把某些概念、因素、环节绝对化，片面夸大或把它们看作凝固不动和孤立存在的东西，其实验结果必然脱离教育客观实际。因此，实验应在不同条件下重复，避免"以偏概全"或轻率地做出结论。

3. 教育实验过程中质与量、定性与定量分析的关系

定性分析，是对研究对象的质的分析。它关心有效性，关心过程，注重整体。鉴于教育实验对象的复杂性，对其进行定性分析以把握质的属性是进行教育实验最基本的条件，如果混淆事物间质的区别，必然导致认识上的谬误和实践中的失败。定性分析的主要方法有：价值判断，逻辑分析，因果分析，[①]矛盾分析等。通过定性分析以确立研究对象是否具有某种性质或某一教育现象变化原因、变化过程。

定量分析，是采用数字、符号来分析、描述事物的发展变化，对研究对象属性进行数量分析。它关心可靠性，关心结果，注重普遍性。通过量的分析，从而准确判定事物性质的变化。教育实验中的定量分析，不仅用于在对实验数据作整理后的统计假设检验（从偶然性的观测中推导出普遍性结论，是因果推论的基础），而且也

---

① 因果分析可参见王汉澜：《教育实验学》，河南大学出版社，1987年版，第456—459页。

用于实验的设计、取样、变量的操作定义等重要环节。由于教育现象变量的不确定性,教育学概念范畴界限的模糊性和歧义,因此,只能做有限精确度的描述。近年来,一些学者建议应用系统方法、模糊综合评判方法使定量与定性分析方法结合并进行了初步尝试。

教育实验中的定性分析与定量分析,二者是互补关系,交织于实验全过程,量的研究要在质的研究下进行。首先对实验各主要因素有一个质的规定性,才能进而研究其量的规定性和差异,两种方法的合理运用,才能保证教育实验的科学性和客观性。如何根据教育实验特点处理好定性与定量分析关系,同样是一个有待深入研究的重要问题。

第十二章 教育科学的理论研究

教育科学的理论研究与教育科学的实证研究是两种不同类型的研究方式。教育调查、观察、访谈、测验及教育实验等均属实证研究,是形成科学事实的方法。而教育科学的理论研究,无论是所涉及的研究过程、方法,还是研究成果的表现形式及评价,与教育的实证研究既有联系又有区别。理论研究常与实证研究交织在一起,但它又有自己独特的表现形式。随着教育研究的深入发展,理论研究方法应作为专门问题加以探讨,为每个研究工作者所了解和掌握,这将有利于提高教育研究的科学化水平。

第一节 教育科学理论研究的一般原理

一、什么是教育科学的理论研究

教育科学的理论研究,是在已有的客观现实材料及思想理论材料基础上,运用各种逻辑的和非逻辑方式进行加工整理,以理论思维水平的知识形式反映教育的客观规律。区别于实证研究,理论地研究教育,在其直接意义上是以严密的理论体系的方式再现和阐释一定的教育现象及过程,是以一种带有总结概括性和普遍性的方法论原则和理论框架作为形式系统,使教育的本质和规律得以更深刻的揭示和合理的说明,这是一种理性研究的方法。作为理论研究的成果是形成具有一定逻辑结构、并经过一定实践检验的教育科学理论,研究所追求的目标同样是获得对教育现象及过程的客观认识。

教育科学的理论研究,具有以下几个特点。

1. 抽象概括性与间接性

教育科学的理论研究带有很强的思辨性色彩,是在纯理性的超越感性经验水平上通过抽象思维活动来间接地把握教育问题。

理论研究的抽象概括性具体表现在:首先,理论研究是以已获取的各种客观的现实材料、已有的思想理论材料作为研究起点的;其次,理论研究是对感性认识或已有观念材料进行加工制作,再将形成的理性认识进行必要的整理使之条理化、系统化,因此是以抽象的、理论上前后一贯的形式对教育问题进行概括研究;再次,作为研究结果的表述,也总是力求达到符号化和形式化,使之成为严密的理论体系。我们知道,科学越发展就越具有很强的抽象性、相对性和间接性,正是理论研究所具有的概括性,使教育理论家们能站在当代科学发展水平上把握教育基本问题的新的形式。

这里需要说明的是,思辨性研究,虽然可达到普遍性认识,抽象思维,虽然能把握现象背后的规律,但受研究者认识能力的局限,难免会出现用主观的分析代替客观现实的真实性的情况。因此要看到理论研究的局限性,在进行理论研究时注意与实践研究相结合,并借助形象思维。

2. 多样性和不确定性

这里的多样性指理论研究形态的多样性。教育的发展受多种因素制约,需要从多方面、多视角、全方位地考察教育问题。而人们在进行研究时,也总是根据不同的哲学观建构起一定的理论模型,从一个特定的角度去解释和说明教育现象,从而形成了众多的研究学派和对同一问题的不同观点,表现出理论研究形态的多样性和不确定性。比如关于教育本质问题,我国学者们对"什么是教育",从不同角度进行研究并给予了以下各种不同的回答:教育是上层建筑或基本上是上层建筑,教育是生产力或基本是生产力,教育是传递人类社会生活经验的工具,教育是一种重要的社会生活活动,教育是人类自身的社会实践,教育是社会劳动能力的生产实践活动,教育是一种特殊的精神生产力,等等。又如教学过程中教与学、教师与学生关系问题,至今仍存在单主体论(教师主体或学生主体)、双主体论和主导主体论(教师主导学生主体)的争论。

理论研究的多样性和不确定性,形成不同教育观点和理论流派的论争,使人们的思想不致僵化,有助于教育理论的发展和完善。但是这里需要我们正确处理"一"与"多"、"确定"与"不确定"的关系,要形成确定的、清晰的、正确反映客观事物发展规律的科学理论,关键在于必须经过实践的检验。

3.层次性

理论研究具有结构体系的层次性。根据概括程度的不同可区分为经验的和理论的两个层次。经验性层次,是各种事物和现象的单纯排列与分类,进行各种事实的积累过程,通过对这些事实进行分析综合、抽象和概括,形成经验概念(经验定律)。黑格尔指出,经验有两个成分,"一为个别的无限杂多的材料,一为具有普遍性和必然性的规定的形式"①,经验层次的研究,可以发现事物间的某种较为普遍的联系,但不探究这些普遍联系的原因,属于理论研究中的低层结构,与人们的观察、实验有较直接的联系。

理论性层次,通过分析性、批判性思维,将教育现象中隐含的本质性的因素外化和明确地表述出来,揭示出经验定律中的"普遍性和必然性",使处在较低概括层次的各种经验概念成为理论原理,从现象深入到本质,从而获得对事物的比较全面的了解。这是

---

① 黑格尔:《小逻辑》,商务印书馆,1980年版,第115页。

理论的实质性的概括和抽象,属于理论研究中的高层结构。

当然,理论研究的两个层次只是一种相对静止的结构,二者经常交叉和变动并保持动态的一致。"理论研究追求的是研究的深刻性,是在较高层次上审视和把握反映教育现象的认识形态和理论体系,通过自主、自觉的反省和批判,不断调节认识和思维的广度、深度,从而求得理论自身的突破和发展。"①这正是我们分析和把握教育理论研究层次性的目的所在。

4.超前性与继承性

教育理论的发展,无论是表现为外延式扩展(理论概括的延伸,应用范围扩展及具体化),还是表现为理论的横向发展(新旧理论之间联系尚未暴露),还是纵向质变(新旧理论之间深刻的继承性关系,旧理论作为一种特例包含其中),都体现出批判性,突破和超越的意识,不满足现状的进取精神。正是理论的更替,成为划分教育科学发展阶段的主要依据。但同时,理论研究反映出反复性、继承性特点,这就是人们常说的"历史的重演"。考察任何一种教育理论的内容框架及方法特征,都能找到以往理论的痕迹。如现代教育思想内涵的科学主义与人本主义之争,实质是所谓的传统教育与进步主义教育、赫尔巴特与杜威不同教育观争论的延续。从历史上看,以科学主义为主流的教育思想可追溯到工业革命初期,从夸美纽斯、斯宾塞到后来的要素主义教育家,强调以经验和事实为依据,崇尚科学知识,把事实与价值对立,从自然科学的观点来解释人和社会,用具体的科学学方法来代替世界观和方法论。而源于卢梭的自然主义理论的人本主义教育思想,其后的裴斯泰洛齐、福禄倍尔、蒙台梭利和杜威,基本观点一脉相承,强调以主体的非理性为中心的"存在",强调情感和意志,轻视科技教育。理论

---

① 彭钢、张南:《教育理论研究与教育实证研究——两种不同类型研究方式的比较与分析》,《教育评论》,1990年第2期。

研究上的这种批判性与继承性，也说明理论研究不可能一次到位，一次研究可能只解决某一个问题。构成一个相对完整的体系，需要不断地以新理论代替前一个理论，既保留原有理论中合理成分，又不断地发展这种科学成分，从而实现认识从低级向高级、从片面向全面的发展。

二、教育科学理论研究的主要功能

总体分析，教育科学研究中使用理论研究法，主要作用在于：

1.构建理论体系

要从丰富的教育实践、教育实验中构建教育科学理论，必须借助理论研究方法。那种用简单整理和加工的归纳法，是不可能必然地产生理论的。必须以抽象的理论框架来解释研究对象的结构与功能，从而构建体系，并使它具有新的现代形态。另外，在进行理论研究构建教育理论的同时，揭示教育理论形成发展和检验的机制，对教育理论的演变和更替过程的合理性进行论证。

2.对各种教育理论观点的评价分析，整合和转换

理论研究，关注的是教育基本问题，各个时代的教育理论家们都在以不同的形式企图解决这些问题。通过理论研究，吸取各种教育理论观点中合理性因素并加以提炼概括，形成一个时期社会总体的统一的教育观念，成为一个时代教育发展的基本理论形态，并为人们的教育行为提供高层次的理论指导，这就是目前各国致力研究的现代教育的基本特征以及在现代教育思想指导下进行的教育改革。

3.发展和完善原有教育理论体系

这方面作用主要表现在清理和更新教育科学理论原有范畴和原理的科学含义，从而不断完善、发展教育理论。

4.对研究成果的逻辑证明

教育研究成果在没有进行扎实的理论研究并加以逻辑证明

前,不应急于推广。也正是通过理论研究,使研究者对新理论的基本概念、基本原理有自觉深入的具体研究和准确把握,才可能进行有效的探索活动。

如何更好地发挥理论研究的效能,重要的在于要科学地运用理论研究方法。我国在教育科学的理论研究方面也有不少的经验教训。近年来,通过思想路线的清理,理论研究同样也发生了深刻的变化。表现在:(1)从热衷于介绍、引进国外教育理论转到致力于探索具有中国特色的教育理论体系的研究;(2)广泛吸收现代科学发展的新成果、新方法,借鉴现代西方理论学派的合理思想,从而缩短了与世界教育理论研究水平的距离,增强了研究的科学性和时代气息;(3)突破了长期以来形成的那种专注于对经典理论的诠释和某个思辨体系概念范畴的推演考察的封闭式研究模式,深入到教育发展的内部机制,并开辟了许多新的研究领域。比如,与自然科学研究结合,探讨现代教育与现代科技发展的关系;与认知科学、思维科学的研究结合,探讨人的发展的可能性;与人类学、文化学、社会学的研究结合,探讨教育与社会发展的关系;与数学、逻辑学、系统科学的研究结合,探讨教育科学研究的科学化问题,等等。正是理论研究的发展,迎来了新中国成立以来教育科学的蓬勃发展。我国教育科学工作者要坚持发展辩证唯物主义的教育科学,就要特别重视科学的理论研究。

三、教育科学理论研究的基本过程及理论模型的建构方式

教育科学的理论研究经历了一个什么样的过程,如何从经验水平上升为理论水平并建立科学理论,对这些问题,历代学者进行了多方面探讨并形成了一系列方法。如古代亚里士多德的直觉的归纳——演绎法,进行的是经验层次的直观理论研究;近代围绕概念、定律的形成提出的数学——演绎方法,假设演绎方法,演绎——归纳的逻辑分析法等;现代,围绕科学基本理论的构建而形

成的不同的理论研究方法流派,如波普尔的猜想——反驳方法论,库恩历史主义的发散——收敛方法论,拉卡托斯的科学研究方法论以及费耶阿本德的多元主义方法论。学者们对理论研究过程也提出了各自的看法,其中尤其是牛顿的抽象理论研究。牛顿实现科学史上第一次大综合,创立古典物理学。他以"哲学推理法则"的独特方式处理实验提供的经验材料从而构建理论体系。他提出的研究过程是:首先从大量观察、实验事实出发,提炼总结出经验定律,并形成研究假设;其次,运用数学逻辑方法进行逻辑推演,得出一系列结论和预见(牛顿创造性地将数学和逻辑结合、归纳和演绎结合,用分析和综合方法在经验基础上建立"实验哲学"——古典力学);最后,对理论的定理进行实验检验,如果预见被证实,那么假设就上升为定律或理论。这就是牛顿的推理发现逻辑,并为现代理论研究奠定了重要基础。

一般而言,任何一种科学理论同时也是一种研究方法。教育科学由众多学科组成,形成丰富多样的教育科学的理论研究的具体形式。从总体上分析,无论哪一种形式都应包括教育科学理论的发现、教育科学理论的检验以及教育科学理论的发展三方面过程。这是一个在占有关于特定教育现象的感性、理性材料基础上,运用概念范畴体系,通过分析综合、抽象概括、归纳演绎等具体的思维操作方法,以各种逻辑的和非逻辑的方式进行加工处理从而构建理论的过程。这个过程是以教育的现实问题为起点,找到问题解答的理论作为终点,处在矛盾的产生和解决这一永恒过程。它要从教育实际出发,但又要通过科学的抽象而远离教育现实;是从个别性判断到特殊性判断,再到普遍性判断的认识深化过程。其内容,是人们借助抽象思维把握教育现象本质和内部联系的认识;其逻辑形式则是概念、判断、推理以及由此组成的理论体系。

在这个过程中,理论模型(式)的建构处于关键一环。所谓理论模型,是一种理论框架和方法论原则。理论研究中,正是通过这种带有总括性和普遍性的方法论原则和理论框架来对教育现象进行概括和阐释,反映教育的系统结构特点和因果关系。当然这是一种假设性的科学解释系统,经实践检验才能成为科学理论。

形成科学理论的一般模式,目前这个问题还未形成定论,有的学者概括为:解释构建法、模型描述法和假设竞争法。[①] 有的认为构建理论模式包括多向选择的试错法和单向逼近的减错法两种策略,提出通过抽象使现实系统转化为理想系统和模型,最后形成现实问题的理论模型。[②] 我们认为,面临复杂的教育现象,不可能建立一个囊括一切的理论研究模式,需要的是研究者要了解理论模型的建构和运用,结合研究课题努力去实践和掌握,灵活地建构自己的理论研究模式并形成风格。这就需要注意以下几个问题。

1.立足于对当代教育改革的实际问题的研究,搜集完备准确的有关资料并加以科学分析

教育的现实问题既是理论研究的出发点,又是理论研究的基础。只有从教育的现实问题出发,提出具有普遍性、全面性、时代性的重要理论研究问题,才能突破原有理论、旧的格局,重新构造学科新的体系。比如,80年代以来我国对教育与经济、社会关系,教育与发展,教育主体与主体性,实践活动与教育认识等问题的探讨,要求从教育实际中发现内在结构及其相关关系,这些局限对于各学科原有概念理论的评论、注释式研究是不可能实现对原有基本理论问题的反思和超越的。脱离重大现实问题而抽象地把握教育规律,是造成对教育规律简单化、形式化、教条化理解的主要原因。

同时,教育的理论研究必须以客观真实的、全面充分的历史和

---

① 章士嵘:《科学发现的逻辑》,人民出版社,1986年版。
② 张弥、于祺明、刘文君:《科学理论模型的建构》,浙江科学技术出版社,1990年版。

现实材料作为概括对象,才有可能达到研究的最高水平。也就是说,必须立足于前人研究的基础上,把握新的事实,才能在新的水平上进行理论创造。这里需要的是理论思维的概括分析,而不是简单的列举或堆砌所有的事实细节。面对教育实践活动和前人积累的正反经验,必须抓住关键性材料和有代表性的材料,识别出有显著影响的因素和相互关系,因此必须作科学的比较分析。

2.合理确定理论分析的着眼点

理论研究的多样性和不确定性,要使形成的理论具有科学性、清晰性,就必须要有一个正确的理论着眼点,有一个相对稳定的思路。能否找到一个适合的研究角度和基点并以此入手逐渐达到对研究对象总体的把握,在很大程度上决定了理论研究能否顺利进行和研究成果能否最终取得。

要找准理论研究的着眼点,首先必须从总体上把握世界教育理论流派发展的内在逻辑和理论线索。如在现代教育思潮中,人文主义理论提出的一系列基本观点,这些观点虽然与近代卢梭、杜威等人的研究有直接的理论渊源关系,但研究的视角、方法和思想都有了较大的不同,且处于更深的理论层次。当代教育改革中存在的世界性的人文主义思潮,反映了新科技革命引起的现代社会的深刻变革以及对培养人才的要求。当前研究愉快教学,只有把愉快教学放到当代国际教育教学发展的大背景中,才能了解愉快教学产生和发展的内在根据,才能真正掌握愉快教学的实质,而不至于在实践中被歪曲和庸俗化。

其次,要有对教育现象本质问题的深刻洞察。比如当前关于教育与社会主义市场经济的关系问题,这个问题的实质在于教育体制要符合社会主义市场经济发展的要求,要使教育体制能促进社会主义商品经济的发展,同时对商品经济给予教育发展的正、负影响保持清醒的头脑。如果将关注点只放在教育能否商品化,教师劳动性质是否具有商品性等问题上,这实际上并没有抓准理论研究的着眼点。抓准了问题的实质,这些问题也就不难解决。

3.确定概念范畴并提出研究假设

进行理论研究,概念必须准确,尤其是基本概念应该具有严格规定的含义(包括特征和条件)。准确的概念及理论假设的形成正是一个学科基础理论成熟的重要标志。如果概念模糊不清,模棱两可,只会导致对事物本质认识的自相矛盾和随意性,并为某种空洞、抽象的议论和无休止争论创造条件。教育领域内对许多问题的争论,往往是由于对概念的不同理解造成的,在实质性问题上没有交锋,结果争论也深入不下去。

为了保证教育科学基本概念的概括度和清晰度,要重新研究某些概念的内涵,删除歪曲认识的、表述不确切的术语;对那些从其他领域借用的概念术语,要赋予教育内容并加以充实,不能照搬和滥用;对教育实践中不断形成的新术语及概念范畴,则要通过实践不断检验和完善。在此基础上,要在全部概念中把构成这一理论范畴的骨架概念挑选出来以形成概念系统。那种单独抽出一些概念,是构不成理论的,只有将概念放在彼此有内在联系的概念体系中并得到合理阐述的情况下,才能产生科学理论。正因为如此,理论研究中形成研究假设就十分重要了。

4.保证理论体系结构的合理

认真考察目前所建立的若干教育科学理论体系,可以发现不同程度地存在范畴体系不严密的问题。这固然反映人们对某个教育问题的把握水平,但其中也反映认识方式上的偏颇。目前有一种倾向,似乎只要引进某些新概念,有一个新思路,便可提出某一个学科体系,并不认真审思这个体系内在结构的合理。我们知道,理论研究中进行概括有三种基本的逻辑渠道,第一种是整体把握方式(把握时代的整体性),第二种是普遍性概括方式(通过分析寻找共性),第三种是典型概括方式(对特定领域的分析以寻找特殊性)。无论哪一种概括方式,最重要的是要有强的客观性、现实性和针对性,要全面、真实和充实,而不能玄和虚。

理论体系结构是否合理,主要受以下几个因素制约:一是所研究领域的科学理论的有关研究达到一定的深度和广度,基本理论得到较好的总结和概括;二是要把握这些理论要素间的内在联系、层次结构;三是恰当地运用逻辑方法,寻求事物间的逻辑与非逻辑的互补而又互斥关系,使体系的逻辑符合客观事物结构的合理性。关于理论体系建构中的逻辑方法,我们将在下一节论述。

5.对形成的理论体系进行检验

由于研究者哲学基础和方法论的不同,或由于构建理论体系的逻辑起点不同,从而形成了不可忽视的研究者主体性差异,这种差异可能表现为因理论框架和语言系统方面的不同而造成的描述上的差异,也可能表现为使用范围和说明程度方面的水平差异,加上客观事物本身的不断发展变化而引起的人们认识的不断发展变化,即认识的相对性,这就提出了一个尖锐的问题:理论研究成果包含有多大的客观度。因此,对形成的理论进行检验就成为理论研究中的一个重要方面。

理论建构后必须进行一定程度的确证,检验分为两种:一种是实践检验,另一种是逻辑检验。

如何检验理论研究成果,历史上曾有过实证主义的"经验实证原则",实用主义的实在论以及波普的"证伪"等不同主张。马克思主义认为,检验真理的唯一标准是实践,正是通过实践证明理论对实践的解释力(解释的广度、消化反常事例的能力以及可推演性)和预测力,以及理论开辟新课题的能力,从而使认识一步步逼近真理,这是对理论研究成果的外部检验。

逻辑检验,准确地说是逻辑验证,是形成理论的内部检验,目的在于保持整个科学知识结构的协调。我们在进行逻辑验证时,中心在于作为教育理论"基本思想"的那些内容,不仅要对内核——立论的基础,理论体系所依据的基本命题、基本理论和学术观点进行判断,而且要对"保护层"——辅助学说进行分析。鉴别包括两方面内容:一是真伪程度,二是区分不一致的层次。要保证一个理论命题提法的科学性,就有必要对它所隐含的逻辑前提加以分析和验证。一个较为复杂的学说,往往自成一个理论体系,且有较完整和严密的理论结构,并提供一个明确的、开放性的发展纲领。研究工作者在任何情况下都要使前提与结论间保持逻辑的不矛盾性(一致性),保持理论的严格的逻辑推理,并从总体上接受检验。

6.拟定理论研究的论文写作提纲

理论研究的成果主要表现为论文,论文写作提纲实际是对论文基本构思和总体布局的设计。写作提纲的拟定可以帮助研究者理清思路,明确论点及论点之间的相互关系,确定论文的重点及范围。要写好论文提纲,首先要对全局有总体安排,包括论点的排列,论证的逻辑性,材料的使用以及各部分的篇幅等。

论文提纲举例:《教学活动论》写作提纲①
第一章:活动理论与教学活动研究
论点:
教学活动关键在于建构完整的、全面的学生主体活动。
内容提要:
现代认识论、心理学认为主体活动是认识主、客体的中介和桥梁。教学是一种特殊的认识,教学认识主导、主体、客体统一的中介和桥梁是学生主体活动。教学认识的关键在于建构学生主体活动。从这个意义上讲,教学就是教师教学生活动。教师教学生活动亦即建构学生主体活动。

认识论、心理学揭示了人类认识活动是由外部活动、内部活动、内部活动的外化、外部活动的内化所构成的。运用到教育领域,完整的、全面的学生主

---

① 这是北京师范大学教育系博士生刘会增的论文写作提纲,限于篇幅,仅节选其中的第一章。

体活动也是由学生主体的外部活动、内部活动及其外化与内化构成的。历史上各种不同的教学理论都不同程度地注意到了学生主体活动的重要性,重视了学生主体活动的各个不同的侧面。如"传统派"教学论注意到学生的内部活动,"进步派"重视学生的外部经验活动,布鲁纳重视学生的认识活动,暗示教学法则注重学生的无意识等非理性活动。但是,这些教学理论又这样或那样地肢解了完整的学生主体活动。顾此失彼,或固有一隅,或推向极端。

本文认为,教学主要就是建构完整的、全面的学生主体活动。这样,才能促进学生掌握知识、技能,发展能力,形成认识结构,也只有这样,学生的个性、特别是主体性才能得以真正的发展,学生的主体地位才有了现实的基础而得以切实的确立,教师的主导作用才得以真正落实。

学生主体活动的建构受到诸多因素的制约。如教师的教学水平、学生的心理发展水平、教材、教学手段、条件等,但核心是依照客体所内含的人类活动方式来组织。教师就是根据知识块所内含的活动方式、学生的心理水平、教学条件等确定教学方法,建构不同的学生主体活动。以下各章将具体论述建构学生主体活动的几个重要方面。

论证方式:

先简述哲学认识论的活动理论,再介绍皮亚杰、列昂节夫的活动理论的主要观点,以说明主体活动是认识论、心理学中的重要理论范畴,是认识主、客体统一的中介、桥梁。

把活动范畴引入到教学认识论研究上来,结合历史上对教学认识的研究、分析,指出学生主体活动正是教学主导、主体、客体统一的中介、桥梁。

分析学生主体活动的特殊性,即学生主体活动是教学建构的,教学即是建构学生主体活动。教学认识关键在于建构完整的、全面的学生主体活动。这种建构又受到多种因素的制约,其中一个重要因素是教材客体内含的人类活动方式。

第一节:哲学认识论中活动范畴的建立
第二节:皮亚杰与列昂节夫活动学说的启示
第三节:学生主体活动在教学认识中的作用
第四节:教学认识关键在于建构学生主体活动
第五节:建构学生主体活动的制约因素

如果说,传统的理论研究由于经验性、思辨性和个体性而带来了一定的局限,表现为主观、片面和表面地看问题,那么,现代的理论研究则强调客观、全面、本质地看问题,强调系统、整体地研究,使理论分析到位,从深层次(规律性认识的层次)上解决问题。因此,必须做到认识论、逻辑学和辩证法的统一。

第二节 教育科学理论研究的基本方法

与其他形式的研究方法不同,严格地讲,教育科学的理论研究涉及的是在形成理论过程中的一个方法体系,包括众多方法。这里,仅列举几种主要的、有代表性的方法。

一、发生学方法

发生学方法(genetic methodology),是在研究自然和社会现象时以分析它们的起源和发展过程为基础的一种研究方法。这种方法要求,把被认知的现象从某种初始状态中分离出来,进而探究这个发展过程的各个基本阶段和趋势。理论研究中利用发生学方法考察教育现象的起源、形成、变化发展过程及其本质。

早在18、19世纪,各种科学认识活动中就已广泛应用发生学方法。比如哲学界、心理学界对人的意识发生发展规律的探讨。经验论认为意识的发生是由外界刺激引起的机体的反映(白板说),这是机械的反映论;唯理论则认为是先天决定的,是肌体内部遗传继承下来的素质的特性(天赋说)。双方各执一端。瑞士心理学家皮亚杰用发生学的观点和方法研究个体认识的起源和机制,并创建了发生认识论,从而将这个问题的研究大大向前推进了一步。皮亚杰通过对儿童智慧产生发展过程的考察,提出认识发展的过程是一个内在结构的连续的组织和再组织的过程,他分析了获得认识的生物学前提,并讨论了认识发展的阶段水平和形式,论证了认识从最低级形式开始向以后各个水平的发展情况。我们以马克思主义观点分析这个问题,要看到认识过程不单纯是生理过程、心理过程,也是一个社会化过程。

发生学方法实际上是一种纵向研究,按时间进程对研究对象的发展变化规律进行考察,以得到的结果对事物发展进一步作出合乎逻辑的推论。

二、基本的逻辑思维方法

逻辑思维方法是将事物的发展进程在思维中以逻辑的形式表现出来,从而制定理论体系的方法。任何问题都是应用逻辑。理论研究正是在分析与综合、归纳与演绎等逻辑框架中进行的,受逻辑因素的制约。

1.分析与综合的辩证统一

分析,是将事物的整体分解为部分和要素,分别抽取其个别属性加以考察,从而把握事物的内部结构,确定事物不同特征的思维方法。分析的目的是得出抽象规定。综合,是将事物的各个部分和要素联结成一个整体加以考察,从内在的相互关系中把握事物的本质和整体特征的思维方法。综合是一个从理性的抽象上升到理性的具体的过程,目的是取同舍异概括为一般。分析与综合是认识过程相互联系的两个方面,是从整体上把握研究对象,并把对象视为多层次、多方面、多阶段相互联系的统一体。分析与综合是同时进行的,在分析基础上同时伴随着再次合成的综合。将各构成要素综合为整体,而人们的认识总是在分析—综合—再分析—再综合的过程中不断发展的。

在理论研究中,作为科学抽象方法的分析与综合,既是加工和整理资料与事实、探索新现象的基本方法,也是形成和发展科学理论体系的基本方法。借助这一方法,能揭示事物的本质和内在联系,获得关于事物多样性统一的具体知识。

对当前教育研究的实际进行考察,表明我们还没有很好掌握和运用分析与综合的思维方法。一种情况是,理论研究中思路是对的,但分析不透,未抓住关键;另一种情况是,将研究对象凭主观加以简单分解和综合,没有抓住事物的内在本质联系和关系。需要明确的是,分析,绝不是机械的分析和形式主义地罗列事物的部分、方面和属性;综合也不是主观地、任意地简单堆砌和机械相加。因此,首先要坚持客观性,即从客观实际出发,反映客观事物固有的规定性。同时要坚持全面性,即从事物的矛盾总体和矛盾各方面的特点做深入细致的分析和综合,从而形成把握事物统一体的具体思想。这就要求我们要掌握矛盾分析这个最基本的方法。要充分利用关键的有代表性材料,要抓住事物发展的主要矛盾;而综合归类要恰当,将共同的、主流的、主要的方面同局部的、非主流的、次要的方面相区别,在此基础上进行正确的推理判断。

2.归纳与演绎的辩证统一

归纳是从个别性的前提推论出一般性结论的方法,先摆事实,后求结论,这是从个别到一般,寻求事物普遍特征的认识方法。演绎是从一般性的前提推论出个别性结论的方法,先假说,后求证,这是从一般到个别,推论和判断个别事例的认识方法。归纳侧重于对经验事实的概括,从经验升华为结论,从个别的、表面化的、缺乏普遍性的经验中抽象出一般原理,把握个性中的共性。这是一种或然性推理;演绎则是对一般性原理的应用,前提和结论之间存在必然联系,是一种必然性推理。这两种推理的思维方向是相反的。人们的认识总是运用归纳和演绎两种思维方法,从个别事实引出一般结论、概念,又从一般原理引出个别结论而使认识不断深化。

在教育科学的理论研究中,归纳和演绎不仅能扩展和深化知识,检验一般原理的可靠性程度,进行科学预见,而且是发展理论的一个重要环节。基本做法是:从丰富的教育经验中通过一次次抽象,形成一个具有许多规定和关系的丰富的总体,起点是经验,形成的思维过程是归纳;从一种科学理论假设出发,推演出一种教育理论,然后用严密的实验加以证实,它的起点是科学理论假设,形成的思维过程是演绎。我们要结合具体研究课题,合理地应用逻辑方法进行理论研究,避免雷同化、模式化的做法。

理论研究,不存在普遍有效的某一个固定模式。一般而言,科学理论的形成发现是从基本概念和基本定律等抽象的规定性出发,进而推导出更具普遍性的具体的概念和原理,通过实际观测加以验证。在这个过程中既需要抽象思维,又需要形象思维,既需要分析、综合、类比,也需要归纳和演绎,各种思维方法相依存,相得益彰,问题是应当注意它们之间的相互联系恰当地使用。因此,研究者要有意识地掌握逻辑方法理论,注意提高自己的定向判断力,类比联想、分析归纳、演绎综合、假设超越等逻辑思维能力。

三、从抽象上升到具体

这里讨论的抽象和具体是理性认识阶段的思维的抽象和思维的具体,而不是认识过程中感性认识阶段从实践中获得生动直观的具体抽象,是思维中的抽象,是以简化的方式;突出地、纯粹地描述事物某一方面的特征和关系,是事物某一方面的本质规定在思维中的反映。无论是性质抽象(形成概念),还是关系抽象(形成普遍原理),都是要去掉事物非本质的、表面的、偶然的东西,提取事物本质的、内在的、必然的东西,因此具有相对简单性和相对隔离性。抽象的作用正是在于深入事物的本质。具体,指思维对事物各方面本质规定的完整反映,是思维再现的具体。认识的任务正是要把直观和表象中混沌、模糊的具体(仅反映事物的现象和外表),变为思维中的具体(再现事物的内部结构),达到对事物多样性统一的认识。因此,思维中的具体具有复杂性、全面性和深刻性。

从抽象上升到具体,正是人们通过把握事物各个方面的本质规定及其相互间的内在联系,把各种抽象规定性按一定的逻辑顺序联系起来,从理论上完整地再现事物的多样性的方法。正如马克思指出的,"从抽象上升到具体的方法,只是思维用来掌握具体并把它当作一个精神上的具体再现出来的方式。但决不是具体本身的产生过程",①是人们在思维中全面深刻而完整地掌握和再现事物具体的方法。

从抽象上升到具体,是理论研究的合理途径,包含逻辑起点、逻辑中介、逻辑顺序和逻辑终点四个环节,体现了辩证思维的逻辑过程。

首先应该确定逻辑起点,这是形成理论的起点,也叫上升起点。起点,是某体系中最抽象、最一般、最简单的思维规定,是整个体系的基础和依据,也是所在系统中的一个基本核心要素。然后从这个最基本的前提中发展和引导出全部概念和范畴、规则和原理。因此,要求人们要对整个体系展开多方面、多层次的综合论证,尽可能地去揭示出概念所反映的客观对象中存在的多方面的性质,找准逻辑起点。

比如,关于教学模式问题,正是教学理论研究中的一个逻辑起点。教学过程中教与学活动,有一个内容与形式、结构与功能的关系问题。将"模式"一词引入,是为了说明在一定教学思想或教学理论指导下,读、议、练、讲等教学活动按照时间和空间不同序列所形成的不同教学结构以及相应的各自独特的功能,它提供的是能用于发展理论、设计教学材料、指导课堂教学的"范型"或"计划"〔A model of teaching is a plan or pattern that can be used to

---

① 《马克思恩格斯选集》第2卷,人民出版社,1972年版,第103页。

shape curriculums(long—term courses of studies), to design instructional materials, and to guide instruction in the classroom and other settings]①。以教学模式作为研究的逻辑起点(而不是教学方法,教学环节),可以突破长期以来对教学过程进行静态、线性研究情况下形成的单一模式的局限。理解"教学模式"这一概念,不仅看到教学模式的基本功能和具有的整体性(从事物整体角度出发,反映客观对象的整体规律)、超陈性、可操作性和优选性特点,而且看到多种类型的教学模式的存在。以教师讲授为主,系统传授和学习书本知识的教学模式为基本形式,还有以学习者为中心,组织学生从活动中学习的教学模式;设置个人的学习情境,严格控制学习过程的自学辅导教学模式;提供结构化材料,引导学生进行探索发现学习的教学模式;在创设的情感活动中进行潜移默化学习的教学模式以及以行为技能训练为主的示范模仿学习的教学模式。从抽象上升到具体的第一步,正是要揭示"教学模式"这一概念所反映的教学过程中存在的不同侧面的性质及不同的表现形式。

第二个环节是逻辑中介,即联结起点和终点的一系列概念、范畴的联系和转化所组成的中间环节。这是从事物的不同方面寻找共同点,确定将不同方面统一起来的中间环节,具有抽象和具体两重性。我们分析教学模式,不能逐一地、孤立地研究每一种类型的教学模式,必须将教学模式的不同方面特征统一起来认识。通过研究我们进而得出以下认识:教学模式不仅是教学经验概括化,上升为教学理论的中介,而且也是教学理论具体化以指导教学实践的中介环节;多种类型教学模式,涉及的一个共同的基本问题是教学认识的方式问题,即在教学过程中学生认识活动的形式、结构及

---

① Joyce, B. and Weil, M. (1986). Models of teaching. Englewood Cliffs, NJ: prentice-Hall.

发展阶段；几种教学模式都与三种水平教学即记忆水平教学、理解水平教学和思考水平教学有关，因此需要在研究学科教学过程规律特点的基础上，合理地选择和应用教学模式。

第三个环节是逻辑顺序，即概念、范畴间前后相继或相互隶属的关系。要通过进一步的综合，将认识过程中所涉及的一系列概念排列成一种前后相接的逻辑顺序，形成教学模式理论体系。

第四个环节是逻辑终点，即最后思维的具体，形成理论并将理论具体化。如通过主体参与教学模式的构建，发展主体性教学模式的探讨，进一步使教学模式理论具体化，并使教学模式不断丰富完善，从而通过教学模式的研究，结合个人经验而达到教学艺术的水平。逻辑终点具有完备性（对于研究对象的最全面认识）和相对性（随问题的转化，原逻辑终点又成为新的起点）。

从抽象上升到具体，既是科学研究的方法，又是建构理论体系的方法。按照客观事物从简单到复杂，从低级到高级的发展顺序及内在联系，展现理论体系各个概念、范畴之间的关系。从最简单、最抽象的概念、范畴出发，一步一步到达更复杂、更具体的概念范畴，总体体现事物的丰富多样性。那种只反映了事物的某一方面而没有反映该事物整体的认识，不能说是真理性认识。

四、历史—逻辑方法

历史，指客观事物（包括自然界和人类社会）本身发展的历史过程以及人类认识客观现实的历史发展过程（如科学史、哲学史、思维史等）。逻辑，指历史发展过程在思维中概括的反映，是抽象思维过程和辩证思维过程中认识形式的转化。历史逻辑方法，指舍弃事物发生、发展的历史过程中的各种细节及偶然因素，通过一系列概念范畴，以"纯粹"的理论形态来揭示历史发展的规律，从而建立科学理论体系。

逻辑推演与历史发展相统一有三种基本表现形式：一种是逻

辑推演与研究对象的实际发展过程相符合,概念、判断及相互关系与事实相符合;一种是逻辑推演与人类社会实践的发展过程相符合,经历了一个由低级向高级的发展过程;一种是逻辑推演与人类认识形式的发展史相符合,这就是从感性认识到理性认识,理性认识又分为思维的抽象和思维的具体两个层次,等等。只有二者的统一,理论的论证才是有力的,结论才是可信的。

用历史—逻辑方法进行理论研究和建立科学的理论体系时,要遵循以下要求:(1)更深入研究对象的形态和结构,要通过各属性、成分因素在空间上的分布看到内在本质联系;(2)要揭示对象发展过程与认识发展过程的历史规律性,既要反映对象的历史发展过程,又要反映人们认识这一对象的历史发展过程;(3)要使历史的研究和逻辑的研究结合,用逻辑的说明方法时,必须以历史的叙述方法补充;在叙述历史时,必须用逻辑的方法理清线索,把握本质和规律。在安排理论体系各个概念、范畴的逻辑顺序时,要使理论的逻辑进程与客观现实的历史进程、关于对象认识发展的历史进程相一致。

五、系统科学方法

系统科学方法包括系统方法、信息方法、控制方法、结构方法、功能研究方法等,属于现代科学的研究方法,近年来在我国得到了较广泛的介绍和应用。这里仅从教育理论研究角度作简要分析。

1.系统方法与教育研究

系统方法是一种将对象作为系统进行定量化、模型化和择优化的研究方法,包括对系统的分析和综合,建立系统的模型以及系统的择优,从而揭示系统普遍性质和一般规律,并在此基础上实现对系统的合理控制。系统方法有助于我们整体地把握研究对象,并有助于通过程序设计实现既定目标。

在应用系统方法进行科学研究方面,我国学者钱学森根据国内外研究成果提出了定性、定量结合的系统研究方法。近年来系统方法应用于研究社会经济问题、中西医结合以及地理区域规划等方面取得了一定成果,但应用于研究教育这个复杂的社会系统,可以说仅仅处于起步阶段。目前主要是应用系统论的基本观点、思想来分析研究教育问题。

从系统论观点出发进行理论研究,必须坚持整体性、全面性、结构层次性、相关性、动态平衡性等基本原则。从整体出发,先综合后分析,最后再回到综合,利用要素间的联系来提高整体功能。因此,研究时既看到事物各部分要素的性质、作用,又看到各要素之间的内在联系,坚持在整体与部分、整体与外部环境的相互联系、相互作用和关系中考察对象,从而从整体上认识和把握事物。系统方法的一般程序是:对某系统组成的要素以及要素之间的相互关系的初步分析;构建数学和逻辑模型;分析系统的特点和研究采用的方法;从多种可能的方案中选择最优方案;判明系统结构的组成因素及相互关系。

当代新兴的具有科学方法论性质的协同学(Synergetics),正是一种专门从系统演化的角度,研究自然界和人类社会中各类子系统之间在外界物质、能量、信息的作用下产生非线性相互作用而形成协调效应的理论。此外,考察某种过程从一种稳定状态到另一种稳定状态的跃迁的突变论,用分岔理论研究系统演化的混沌学,研究复杂系统问题的系统动力学等,这些新兴学科的研究方法将为我们研究教育问题开拓思路。

2.信息方法与教育研究

当代,信息、信息量等观念的建立,揭示了有机体、社会、思维等极不相同的各种系统运动过程之间的信息联系。信息方法正是用信息概念和理论来考察研究系统的行为功能结构,从信息的获取、转换、传输和储存过程来研究控制系统的运动规律的方法。这是一种新的研究复杂运动形态,把握事物的复杂性、系统性、整体性不可缺少的一种方法。

信息方法始于20世纪40年代,美国数学家申农创立信息理论,研究信息具有某种有序性结构,是可以进行测量和对数学加工进行客观分析的。70年代以来电子计算机的广泛应用,出现了"技术信息""语言信息""价值信息""模糊信息"等概念以及相应的理论和方法。

教育理论研究中,我国有的学者以信息方法从新的角度全面系统阐述了教学系统的结构功能、过程、发展及评价等问题,论述了教学过程中知识信息交换规律以及学习过程的自组织规律,并尝试构建了"教学信息论"的理论框架,如张铁明的《教学信息论》。

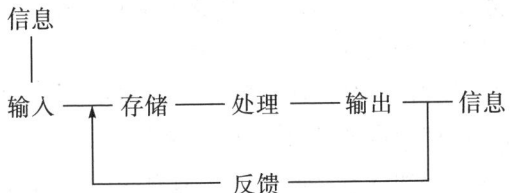

运用信息方法研究教育问题,最主要的特点是完全撇开对象的具体结构和运用形式,把系统的有目的性的运动抽象为一个信息变换过程。① 要将研究对象看成一个整体的动态发展的系统,通过对典型实践材料的搜集和理论论证,并运用数学理论对这些材料加以科学处理,从而通过系统对信息的指数和使用,从系统内部信息的同构、变换和传输来研究对象的特性,研究系统与外界环境之间的信息输入和输出关系,从而揭示不同事物的共同属性,揭示系统运动变化的特点,探索传递、处理信息的基本原理。运用信息方法进行研究,不仅要考虑信息的同构、变换和传输,而且要考虑信息对接受者的影响,考虑接受者自组织系统的特点。

---

① 袁运开等主编:《方法科学手册》,上海科学技术出版社,1989年版,第66—68页。

3.结构功能方法和教育研究

这是一种说明系统整体结构和功能关系的方法。任何系统都具有多层次的结构,系统功能取决于系统内部各要素结构的程序,结构方法着重结构分析和对结构功能的把握,并使人们对事物的认识建立在整体性的定性与定量研究基础上。

运用结构功能方法进行教育理论研究,就要从结构与功能的相互联系上研究教育现象和过程。(1)要研究系统的构成要素、内部结构以及为适应外界环境要求而引起的结构变化,从而调整不合理的结构,实现系统结构的优化。(2)在系统和环境的相互作用中把握系统的功能(包括各部分功能和整体功能),具体揭示系统结构与功能的关系,揭示事物与环境之间的相互作用以及这种相互作用发生所必须的条件、作用的方式和特点。

教育科学的理论研究方法具有多样性和互补性,任何一种方法都有它特定的适用范围,并且方法本身也总是历史地发展着,需要我们不断地实践和探索。面对更深刻的、历史上空前的教育变革,我们必须以科学的理论思维进行理论研究,不断发展、完善科学的教育理论体系。

第四编 教育研究结果的分析与评价

第十三章 教育研究数据资料的分析

资料的整理分析,是要将研究所得的原始资料按研究目的进行审视、汇总、分类、补充和评价,从而使资料能系统地、完整地反映客观事物发展的过程。资料如不加以整理分析,只是一大堆杂乱无章的材料堆积,是不能说明问题的。对资料的整理分析工作是教育研究中不可缺少的一个重要环节。事实说明,对资料的分析工作始终伴随着研究的全过程。

任何事物都是质和量的统一体,教育现象也同样存在质和量两个方面。探讨教育规律时,既要掌握事物质的规定性,又要掌握事物量的规定性,这就要对搜集的资料数据进行定性、定量分析。

第一节 定性分析

定性分析(Qualitative analysis)作为教育研究结果的分析手段,是最基础的分析方法之一。

一、定性分析的特点及适用范围

教育研究中的定性分析,具有以下几个主要特点。

1.定性分析注重整体的发展的分析

定性分析目的在于把握事物的质的规定性,因此必须立足于对研究对象的整体分析,获得对研究对象有一个完整的透视(Holistic perspective)。

与定量分析不同,定性分析在内容上是关注事物发展过程以及相互关系,主要是立足于从哲学、心理学、伦理学、历史学、社会学、经济学、政治学、人类学、语言学等层次上探讨,从而是整体地、发展地、反思地、综合地把握研究对象质的特性。也只有将研究对象作为一个发展的整体加以分析,才有可能揭示教育过程各组成部分之间内在的关系、过程及与其他方面的联系,透过表面深入到内在本质,说明研究对象变化发展的真正原因。

2.定性分析对象是质的描述性资料

定性分析是以反映事物质的规定性的描述性资料而不是量的资料为研究对象。这些资料通常以书面文字或图片等形式表现,而不是精确的数据形式;是在自然场合,以定性研究的方法,如通过参与观察和深入访谈得来的资料,带有很大程度的模糊性和不确定性;定性分析的资料来自小的样本以及特殊的个案,而不是随机选择和大的样本。正由于此,决定了定性分析有自己独特的分析方法,且需要量的资料补充。

3.定性分析的研究程序具有一定弹性

在分析程序过程上,定性分析不同于定量分析。定量分析有一个标准化程序,使用数学方法作出一个量的刻画,用数学语言表示事物的状态、关系和过程,在此基础上加以推导、演算和分析,以形成对问题的解释和判断,具有逻辑的严密性和可靠性。而定性分析是一个不太严格的研究程序,前一步搜集资料的数量与质量往往决定下一步应该怎么做,原因是教育作为一个动态过程所具有的多样性,使定性分析过程常常变动,有很大灵活性。

4.定性分析的方法是对搜集资料进行归纳的逻辑分析

归纳分析有一个不同于演绎分析的一般程序。演绎分析是先有一个假设,然后搜集能检验假设的资料或事实,将事实与假设加以比较分析最后得出结果。而归纳分析却是先列出事实材料,将这些资料与事实加以归类,然后从中得到一些启示,抽象概括出概念和原理。这是一种自下而上的分析途径。定性分析的客观性基于对所研究对象是否有丰富的合乎实际的材料,不仅可以从各个不同的事物经验中找出共同性的联系,而且也可以从许多不同的观察事例、典型中找出共同的特点,同时研究事物的特例,找出相异之处及其原因。

5.定性分析中的主观因素影响及对背景的敏感性

定性分析是一种价值研究,一方面很容易受到研究者和被研究者主观因素影响,主体一定的能动性、独立性和创造性,若干差异的存在以及往往带有很强的主观体验色彩,从而影响分析的客观性。另一方面,教育研究对象的行为表现又总是与特定的情境相关联,离开这一特定情境,一定的教育现象就不会发生,这就是背景的敏感性。因此,定性分析很关注对背景的分析。

定性分析主要适用于以下场合:(1)注重对过程的探讨,而不是十分注重结果;(2)个体的发展,随时间推移发生的行为上的演变以及个案研究(包括一个案例,一个班,一个学校,一个群体的典型材料分析);(3)比较研究中的差异描述;(4)定性的评价分析;(5)有关观念意识方面材料的分析。

二、定性分析的过程和方法

定性分析的过程,一般可分为以下几个步骤:

1.按照研究课题的性质确定定性分析的目标以及分析材料的范围。

2.对资料进行初步的检验分析。

3.选择适当的定性分析的方法和确定分析的维度。

4.对资料进行归类分析。通过分类,排列类别层次,区分不同情况下材料的差异,分析不同分类是否具有不同的意义以及事情发生是否有先后次序,并进而鉴定各因素之间是否有相关或因果关系,寻求研究对象的特质规范。

5.对定性分析结果的信度、效度和客观度进行评价。

定性分析的方法很多,既有传统的文献分析,历史研究,比较研究,也有内容分析法,符号学方法,解释学方法,现象学方法等现代的定性分析方法,随着实践的发展,定性分析方法将日臻丰富完善。

在现代教育研究中无论采用什么样的定性分析法,一般反映出一些共同特点。

一是学者们在应用定性分析方法时,很注意方法应用的程序的合理性。如现象学方法,H·Spiegeberg 认为这一方法分为以下步骤:(1)对特殊现象的探讨(Investigating particular phenomena);(2)进而探讨事物的普遍本质(Investigating general essences);(3)把握本质间的基本关系(Apprehending essential relationships among essences);(4)注意呈现的方法(Watching modes of appearing);(5)注意意识中的现象构成(Watching the constitution of phenomena in consciousness);(6)在现象的存在中悬置信念,存而不论(Suspending belief in the existence of the phenomena);(7)解释现象的意义(Interpreting the meaning of phenomena)[①]。当然这是一种由现象达到"纯粹意识"的主观唯心主义方法,以分析人类意识的内在先验结构为主要内容,主要应用于人文学科。

二是与定量方法结合,比如内容分析(Content analysis),是一种系统化和定量化综合分析搜集材料中所含内容的方法。是以相同类型的大量文献为分析对象,将文字或语言的非定量资料转化为定量的数据。无论是主题分析、词频分析还是符幅分析,其过

[①] 转引自蔡保田:《教育研究方法》,台湾复文图书出版社,1989年版。

程均为:确定目的—选择样本—定义分类内容和分析单元—制定分析框架—频数统计—结论汇总。以各种语言特性作为分析单位,定性与定量分析结合,有助于定性分析的系统化,并可能获取难得的情报资料。

三、对定性分析可靠性的检验

定性分析的可靠性主要表现为分析结果的信度、效度与客观性。三者中首先是客观性(Objectivity)。教育研究中由于研究者本人的参与,搜集资料又不易客观,因此进行定性分析时要保证客观性是很难的,但它又非常重要,没有一定的客观性也就不会有好的效度和信度。

定性分析中的效度集中表现在对发现的事实的正确解释,使用的概念能否正确反映研究对象的客观实际。定性分析存在三类效度,第一类是表面上的效度,指凭直觉印象,没经过仔细考察,判断衡量资料的正确性;第二类是收集资料的工具、方法上的效度;第三类是理论上的效度(结构效度)。

定性分析中的信度表现在所发现的事实材料不受意外情况的干扰,如果用同样的方法去搜集同一资料,是否可得到同样的结果,多次的比较分析就可以判断其可靠性。对定性分析结果信度、效度的检验,方法同样是多种多样的,比如可以用寻找相反证据的方法。进行定性分析过程中要极力寻找相反的不同观点证据的资料,如果找不到相反资料,说明其资料和分析是可靠的。还可以用三角互证法(triangulation),同一问题从三个不同来源、不同方式得来的结果加以比较分析,看是否具有一致性。还可以用公式加以计算。如:

$$t = \frac{n \times (\text{平均相互同意度})}{1 + [(n-1) \times \text{平均相互同意义}]}$$

(n 为对同一内容加以分析的研究人数)公式计算内容分析的信度系数。

综上所述,定性分析绝不是一种模糊的、包罗万象的方法概念,而是一个有一定科学规范和明确要求的分析方法。

第二节 定量分析

定量分析(Quantitative analysis)是教育研究中另一个基本的分析方法。它赋予研究对象一种纯形式化的符号以反映事物的特征。分析的对象是具有数量关系的资料,包括数字、文字、图形或声音等,而方法则主要是数学分析的方法。对大量的可能是杂乱无章的数据进行算术或逻辑运算,抽取并推导出对某些特定问题具有价值、有意义的数据,经过解释并赋予一定意义便成为教育研究的重要结论。

一、统计分析方法在教育研究中的应用

1.对得到的数据资料进行统计分类,掌握数据分布形态和特征。

现象的同质性是研究现象数量关系的前提。按不同的标志进行统计分组,突出统计对象的本质特征,保持组内的同质性和组间的差异性。以此为基础,通过计算算术平均数、中数和众数看数据的集中趋势和典型特征;通过计算方差和标准差等差异量,判断统计数据离散程度;用标准分数分析个体在群体中所处的相对位置;用参数相关(包括适用于正态分布的双列变量的积差相关和适用于等级变量和非正态分布的变量相关分析的等级相关)处理两个区间变量的关系;用回归分析解释和预测自变量的变化。这是通过计算集中量数、差异量数、标准分数、关系量数等来描述资料的分布特征,包括集中趋势和离散趋势及相互关系,将大量数据缩

减,找出其中所传递的有用的教育信息。例如,一项关于中小学生近视主要成因的调查。① 问卷涉及可能影响学生视力的因素共196项,回收问卷后进行统计分析,分别对视力正常与近视学生在校课余活动的情况,在家活动情况,体育达标人数比率,起居睡眠情况,课余时间看书作业情况,用眼卫生情况,对防治近视重要性的认识,心理压力感受差异,看电视情况等进行比较、分析,得出的结论是:中学生近视主要是由于活动时间太少,活动空间太小,睡眠时间太短,看书做作业持续时间太长,用眼习惯不良,心理压力太大及看电视距离近、时间长六种因素综合影响所致。

2.对数据资料的分析处理,通过统计检验,解释和鉴别研究的结果。

如何分析教育研究中得到的多个统计量之间的差异,关系到对研究结果的解释。例如,为了探讨集合、逻辑和论证之间的关系,在一所中学初二年级进行了"平面几何教学中关于集合、逻辑和论证"的实验。② 一个实验班(A),四个对比班(B、C、D、E)。进行一个阶段实验后,对学生学业水平的总体特征进行测试和比较分析,测试结果见表13-1:

表13-1 平面几何教学学生学业水平测试结果

班级	人数	$\overline{X}$	90~100	80~89	70~79	60~69	60以下
A	48	90.98	31	11	5	1	0
B	52	85.5	28	18	7	4	2
C	49	86.5	31	8	3	4	3
D	52	87.5	33	9	7	1	2
E	51	84.5	22	17	6	3	3

---

① 江西省教育科学研究所课题组:《关于中小学生近视主要成因的调查》,《教育研究》,1992年第8期。

② 这是北师大数学系孙瑞清先生在北京师大实验中学进行的一项实验研究。

从表中的平均分数看,能否得出"A 班学生的学习水平高于其他班"的结论呢?不能。必须用统计方法进行几组均数比较的 t 检验。四组中挑出最大值和最小值进行比较。

检验结果是:

(1)A 与 D 比较,二者平均分数差不多,看是否有显著差异,由于 $t=1.394 < 1.96$ ($t\ 0.05=1.96$)

∴A 与 D 无显著性差异($a=0.05$)

(2)A 与 E 比较

由于 $t=2.50 > 1.96$ ($t\ 0.05=1.96$)

∴A 与 E 有显著差异($a=0.05$)

(3)A 与(D+E)比较

由于 $t=2.0544 > 1.96$ ($t\ 0.05=1.96$)

∴A 与(D+E)有显著差异

由(1)、(2)、(3)得出分析结论:(1)按集合—逻辑—论证顺序安排教材是可以的;(2)A 班学生的学习水平不低于非实验班学生的总体的学习水平。

统计检验中主要有两类错误:第Ⅰ类错误(α 错误)和第Ⅱ类错误(β 错误)。要检验两组间有无真正的差异(由实验变量引起而不是由抽样误差引起)。第一步是以虚无假设 H_0 的形式陈述假设:$H_0:u_1=u_2$,即所要比较的两个统计量来自相同的总体,没有真正的差异。第二步规定显著性水平。在教育统计中常以正态曲线分布下面积的 95% 和 99% 的理论 z 值(或 t 值)为差异显著性的临界值。取 0.05 及 0.01 两个显著水平,即样本的平均数不超过 $M\pm1.96\sigma$ 或 $M\pm2.58\sigma$ 的区间。如果样本的 z 值等于或大于 95% 或 99% 的理论 z 值时,为差异显著或非常显著,就要拒绝虚无假设;如果小于,则为差异不显著,就要接受虚无假设。

如果虚无假设 H_0 为真时我们拒绝了它,即犯了第Ⅰ类型错误;假如虚无假设 H_0 为假时我们却接受了它,则犯了第Ⅱ类型错误。见表13-2所示。

表13-2

判断情况 \ 真实情况	H_0为真	H_0为假
接受H_0	决策正确 （信赖水准） 概率$=1-\alpha$	第Ⅱ类型错误 概率$=\beta$
拒绝H_0	第Ⅰ类型错误 （显著水准） 概率$=\alpha$	决策正确 （检定力） 概率$=1-\beta$

统计检验方法分为参数统计检验和非参数统计检验。常用的统计检验方法有：z检验（应用于大样本，用正态分布理论来推论差异发生的概率，从而判断两个平均数的差异是否显著）；t检验（比较两个平均数以确定它们之间的差数是真的差值而不是偶然差数的概率，适用于小样本的差异显著性检验）；方差分析（用于评估同时比较几个平均数，可以指出自变量的不同水平因素之间的相互作用的效益，准确地确定犯第Ⅰ类错误的概率）；x^2检验，适用于计数资料，将实验结果与某些理论假设上期待的结果进行比较。具体检验方法，在各种教育统计著作中均有详细介绍。

3.通过总体参数的估计，从局部去推断总体的情况。

教育研究中如何根据所抽取的样本统计量去估计总体的参数，并使这种估计尽可能客观和接近总体的真实情况，这直接影响到研究结果的可靠性。因此，必须正确掌握总体参数估计的统计分析方法。

总体参数估计分为两种，一种是点估计，这是在不知道总体参数时，用一个特定的值（统计量）如样本的平均数、样本的方差等作为总体的参数估计。使用这种方法时估计量必须具备无偏性、一致性、有效性和充分性等条件。另一种是区间估计,用数轴上的一段距离来表示总体参数可能落入的范围,是用一个置信区间估计总体参数。比如天气预报,给出一天中最高和最低温度,这就是一个区间。统计学的结论,都有一定犯错误的可能,因此必须给出一个区间估计。

区间估计包括:总体平均数的区间估计,总体百分数的区间估计,总体标准差和方差的区间估计,相关系数的区间估计等。无论哪一种区间估计,都涉及估计值的可靠程度问题。要保证估计值的可靠程度,除了样本代表性外,还必须判断样本统计量与总体参数之间的差异,因此要根据置信度计算出标准误(Standard Error),由样本的统计量估计总体产生的误差。

区间估计是以样本正态分布理论为基础的,在正态分布中,不同的标准差包含着不同的区间。见图13-1。

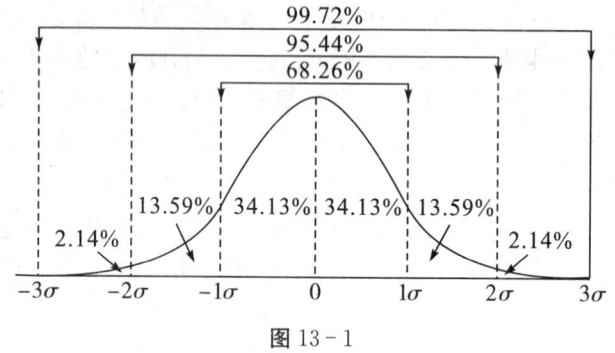

图 13-1

标准差为1,平均数为0,68.26%的观察值落于平均数上下两个标准差之内;99.72%落于平均数上下三个标准差之内。这样,在估计总体参数所在区间时,依据样本分布作出估计正确概率的解释。按照正态分配的概率:在$\bar{X}\pm 1SE_X$的范围内,它含总体平均数的概率为68.26%;在$\bar{X}\pm 2SE_X$的范围内,包含总体平均数的概率为95.44%;在$\bar{X}\pm 3SE_X$的范围内,包含总体平均数的概率为99.72%。在$\bar{X}\pm 1.96SE_X$的范围内,包含总体平均数的概率为95%,即置信系数为95%;在$\bar{X}\pm 2.58SE_X$的范围内,包含总体平均数的概率为99%,即出现总体平均数的可靠程度为99%。

在我们知道了样本统计量和它的标准误差后,在给定的概率(置信系数)的情况下,就可以求出总体参数所在的区间以及可靠程度。标准误越小,置信区间越短,估计正确概率可靠程度就越高。

4.应用教育统计作为控制变量的手段,帮助教育研究者进行科学的抽样、分组以及因素分析,以提高研究的科学水平。

因素分析(Factor analysis),是从众多相关变量中概括和推论出起决定作用的基本因素,以揭示事物之间的本质联系。比如著名的卡特尔的个性研究以及吉尔福特的智力结构研究。卡特尔收集所有描述人格的形容词,然后用因素分析,从上千个词中抽出16种因素,然后取常模,用于测定一个人的人格特征。又如研究建立评价教学质量的指标体系,影响教学质量的因素很多,但是在上百个因素中哪些因素是起主要作用的呢?这就需要进行因素分析。

对一组观察变量进行因素分析的方法很多,主要有多因素的回归分析、判别分析、聚类分析、主因素分析等。其计算的一般步骤是:(1)采集需要的数据;(2)计算每一对观察变量间的相关系数,求出相关系数矩阵;(3)根据相关系数矩阵进行因素运算,抽取能说明变量之间相关关系的基本维度,即算出各因素的特征值,决定因素数目并据此作进一步分析讨论。

因素分析需要进行繁杂的计算,电子计算机的发展则提供了新的统计分析工具。如现在广泛使用的 SAS (Statistical Analysis System)统计分析系统和 $SPSS$ (Statistical Package of Social Science)社会科学统计软件包。

运用统计方法对数据进行分析可以获得有用的教育信息,但统计工具不是万能的,应用的效益取决于:数据本身是客观的、可靠的;要注意不同统计方法不同的适用范围和条件。特别是要在了解具体统计方法基础上,掌握隐含其中的研究理论与研究思路,而计算机统计软件包为我们进行统计的技术处理提供了高效方便的有利条件。

二、教育研究与元分析

元分析(Meta-analysis)是用统计分析程序对某一问题的大量单独的研究结果进行综合评价分析的方法。相同课题,不同研究类型、研究过程、方法及统计手段,往往由于研究者的观点不同,对材料取舍的偏向以及搜集资料的局限,造成描述性分析不具备一致性,尤其是在样本容量较大的情况下。如何判断研究成果的大小,看到研究结果的全貌,需要对研究结果有一个完整的分析。通过元分析,避免分析中的主观因素所带来的不一致性以获得普遍性、概括性结论。所以元分析是重要的资料分析方法。

元分析的基本步骤:(1)确定要进行系统总结和评价的问题;(2)尽可能全面搜集有关的研究报告和文献;(3)对搜集的文献按记录特征进行分类;(4)测量效果的大小,并探讨效果大小与情境变量的相关情形,从而获得总的结论。

元分析,重要问题在于如何估计研究的效果,即效应大小(Effect size)。它主要涉及以下问题:

1.处理产生效果的指标,与三个方面有关,一是统计显著性水平;二是效果大小,对谁有效;三是这种效果的推广程度。其计算公式 $r = f(T, X) + Error$ 正好表达三个方面的关系。(r:研究结果,T:研究的处理,X:参加者的特征)。

2.无论是用描述性统计方法还是用推论性统计方法去评判文献资料,在元分析中,对资料的选择和评判处于重要一环,关系到元分析结果的可靠性和准确性,特别是要看到,用不同方法选择文献资料对结果推广的影响。

3.对效应大小的计算

采用元分析方法,如何估计研究的效果,目前人们提出了多种方法,如显著性合成法,包括费舍组合检验法,威纳合成法,对效应量的各种计算以及效应一致性检验的方法。这些方法仍有待反复检验修改和完善。

如果研究涉及两个因变量,那么计算公式为:

$$ES = \frac{\overline{X}_t - \overline{X}_c}{S_c}$$

ES:效应大小

$\overline{X}_t$:实验组的因变量平均值

$\overline{X}_c$:控制组的因变量平均值

S_c:控制组的标准差

如果研究涉及多个因变量,那么就需要对效应进行合成。如一个研究,$N=5$

概率值 $P=0.12\quad 0.01\quad 0.71\quad 0.07\quad 0.17$

转化为标准分数 Z,分别为:$1.17\quad 2.23\quad -.58\quad 1.48\quad 0.95$

根据公式:$\sum Z/\sqrt{n}$,此研究显著性合成效应 d 为:2.39。

研究处理效应有大小之分,根据经验,平均效应量 $d \leqslant 0.4$ 为实验处理效应较小;$d=0.5$ 时,效应适中;$d=0.8$ 时,效应较大。

三、模糊数学与教育的定量分析

模糊数学是近年来出现的一种新的定量分析方法。

1.模糊数学用于教育研究的理论说明

客观事物固有的类属,存在确定性和不确定性两个方面。对象在认识中的确定性、精确性,实际是意识对事物运动离散性、相对静止状态的把握;而不确定性、模糊性则是对象的发展连续性、动态性在意识中的反映,即在类属之间表现出两极对立的不充分性。事实上,人们认识活动的有效性、多样性和深刻性,并非单纯来自明晰、准确的认识形式和语言表达方式。相反,各种模糊思维形式和语言表达在人们认识活动中更具有广泛性。正是人思维的模糊性,可以高效率地灵活传送信息。

教育现象多为不确定的变量,人作为教育研究的主要对象,正是一个由量到质的渐变过程,概念划分具有不确定性,边界模糊。如好学生与差学生,能力很强与能力很弱。特别是教育包含有多方面的相互联系的因素,正是内涵的复杂性带来了简单类属的模糊性。事实证明,系统越复杂,因素越多,模糊性就越大。

基于以上分析,我们应树立这样的观念:借用模糊数学的分析方法来研究教育现象,不是降低了研究的严格性,而是用更严格的方法保持研究的严格性,使我们更接近研究对象的客观实际。

2.模糊数学所提供的分析方法

应用模糊数学方法处理的对象是类属边界和性态不明确的教育现象,基础是模糊集合论。模糊集合论扩展了经典集合的概念,对于论域 U 上的一个模糊子集 A,不是简单地指明各个因素的归属,而是对 U 中每一因素 u 指明以多大的程度隶属于它。因此,隶属度是模糊数学所要量化处理的对象,要正确地构造隶属函数,使之合理和切合实际。

近年来一些学者结合教育研究进行了模糊聚类分析(对不确定事物之间的界限使用模糊聚类分析方法进行分类)、模糊决策、模糊综合评判等方面的尝试,并取得了一定成效。在教育研究中仅是一个起步,理论上的可行如何转化为实际操作还有许多问题需要我们进一步研究。如综合评判指标建立的基本原则,如何保持指标体系整体的完备性、内部的独立性、各指标的可测性和可比性,模糊集合、模糊逻辑和隶属函数在教育研究中如何具体运用,能否建立模糊模型,等等。

总之,应用现代数学方法研究教育问题,处理分析数据资料,目前还处于探索阶段,要防止误用和滥用,关键在于要遵循教育科学本身的规律和特点。

附： 各种统计公式[①]

样本平均数 $\quad \bar{X} = \dfrac{\sum X}{n}$

离均差之平方和 $\quad \sum X^2 = \sum X^2 - \dfrac{(\sum X)^2}{n}$

样本标准差 $\quad S = \sqrt{\dfrac{\sum X^2}{n}}$

母群体标准差估计值 $\quad s = \sqrt{\dfrac{\sum X^2}{n-1}}$

z 分数的一般公式 $\quad z = \dfrac{score - mean}{standard\ deviation}$

由原始分数求 z 分数 $\quad z = \dfrac{X - \bar{X}}{s}$

由 z 分数求原始分数 $\quad X = \bar{X} + zS$

离均差之乘积和 $\quad \sum xy = \dfrac{\sum xy - (\sum x)(\sum y)}{n}$

积差相关系数 $\quad r = \dfrac{\sum xy}{\sqrt{(\sum x^2)(\sum y^2)}}$

由最适直线所预测之标准分数 z' $\quad z'_Y = r z_X$

由最适直线所预测之原始分数 y' $\quad Y' = r\left(\dfrac{S_Y}{S_X}\right) X - r\left(\dfrac{S_Y}{S_X}\right) \bar{X} + \bar{Y}$

估计标准误 $\quad S_{YX} = S_Y \sqrt{1 - r^2}$

平均数之标准误 $\quad \sigma_{\bar{X}} = \dfrac{\sigma}{\sqrt{n}}$

平均数标准误之估计值 $\quad s_{\bar{X}} = \dfrac{s}{\sqrt{n}} = \dfrac{S}{\sqrt{n-1}}$

---

① 欧沧和、李茂能编著：《社会科学研究法辞典》，台湾复文图书出版社，1985年版，第320—323页。

| 几率之加法定理(A 与 B 为互斥事件) $Pr(A \text{ or } B) = Pr(B) + Pr(B)$
| 几率之乘法定理(A 与 B 为独立事件) $Pr(A \text{ and } B) = Pr(A) \times Pr(B)$

单一平均数之假设考验之统计量　　"z"$= t = \dfrac{\overline{X} - \mu_{hyP}}{s_X}$

| 两独立样本平均数差异之标准误
| 之估计值(公式一)　　$s_{\overline{X}-\overline{Y}} = \sqrt{s_{\overline{X}2} + s_{\overline{Y}2}}$

(同上,公式二)　　$s_{\overline{X}-\overline{Y}} = \sqrt{\dfrac{s_{X2}}{n_X} + \dfrac{s_{Y2}}{n_Y}} = \sqrt{\dfrac{S_{X2}}{n_X - 1} + \dfrac{S_{Y2}}{n_Y - 1}}$

两独立样本平均数差异之标准误
之估计值(假定变异数相同)　　$s_{\overline{X}-\overline{Y}} = \sqrt{\dfrac{\sum x^2 + \sum y^2}{(n_X - 1) + (n_Y - 1)} \left(\dfrac{1}{n_X} + \dfrac{1}{n_Y} \right)}$

(同上,而 $n_X = n_Y$)　　$s_{\overline{X}-\overline{Y}} = \sqrt{\dfrac{\sum x^2 + \sum y^2}{n(n-1)}}$

两关联样本平均数差异之标准误
估计值　　$s_{\overline{X}-\overline{Y}} = \sqrt{s_{\overline{X}2} + s_{\overline{Y}2} - 2r s_{\overline{X}} s_{\overline{y}}}$

| 两独立样本平均数差异之假设考
| 验之统计量(常态分配模式)　　"z"$= \dfrac{(\overline{X} - \overline{Y}) - (\mu_x - \mu_y)_{hyp}}{\sqrt{s_{\overline{X}2} + s_{\overline{Y}2}}}$

两独立样本平均数差异之假设考
验之统计量(t 分配模式)　　$t = \dfrac{(\overline{X} - \overline{Y}) - (\mu_x - \mu_y)_{hyp}}{\sqrt{\dfrac{\sum x^2 + \sum y^2}{(n_X - 1) + (n_Y - 1)} \left[\dfrac{1}{n_X} + \dfrac{1}{n_Y} \right]}}$

两关联样本平均数差异之假设考
验之统计量　　"z"$= t = \dfrac{(\overline{X} - \overline{Y}) - (\mu_X - \mu_Y)_{hyp}}{\sqrt{x_{X2} + s_{Y2} - 2r s_{\overline{X}} s_{\overline{Y}}}}$

| 母群体平均数 μ 之区间估计(Z 分配)　　$\overline{X} \pm z_p s_{\overline{X}}$
| 母群体平均数 μ 之区间估计(t 分配)　　$\overline{X} \pm t_p s_{\overline{X}}$
| 单一样本人数推估　　$n = \left(\dfrac{\sigma z_p}{w} \right)^2$

| 双样本平均数差之区间估计(z 分配)　　$(\overline{X} - \overline{Y}) \pm z_p s_{\overline{X}-\overline{Y}}$
| 双样本平均数差之区间估计(t 分配)　　$(\overline{X} - \overline{Y}) \pm t_p s_{\overline{X}-\overline{Y}}$
| 双样本人数推估　　$n = 2 \left(\dfrac{\sigma z_p}{W} \right)^2$

组内平方和(平始分数公式) $SS_W = \overset{all\ scores}{\sum} X - \left[\frac{(\sum X_A)^2}{n_A} + \frac{(\sum X_B)^2}{n_B} + \cdots\right]$

组间平方和(原始分数公式) $SS_A = \left[\frac{(\sum X_A)^2}{n_A} + \frac{(\sum X_B)^2}{n_B} + \cdots\right] - \frac{(\overset{all\ scores}{\sum} X)^2}{\sum N_1}$

总平方和(原始分数公式) $SS_T = \overset{all\ scores}{\sum} X^2 - \frac{(\overset{all\ scores}{\sum} X)^2}{\sum n_1}$

组内自由度 $df_W = \sum(n_1 - 1)$

组间自由度 $df_A = k - 1$

组内变异数估计值 $S_W^2 = \frac{SS_W}{df_W}$

组间变异数估计值 $s_{A2} = \frac{SS_A}{df_A}$

F 比值 $F_{aclc} = \frac{s_{A2}}{s_{W2}}$

Scheffé 事后比较之F'值 $F' = (k-1)F_{erlt}$

Scheffé 事后比较之区间估计 $K \pm (F' \times s_K)$

卡方考验(一般公式) $x^2 = \sum\left[\frac{(f_o - f_e)^2}{f_e}\right]$

卡方考验 $x^2 = \sum\left(\frac{f_o^2}{f_e}\right) - \sum f_o$

卡方考验(2×2 表,含 Yates 校正) $x^2 = \frac{n\left[|AD - BC| - \left(\frac{n}{2}\right)\right]^2}{(A+B)(C+D)(A+C)(B+D)}$

几率 P 的95%信赖区间 $P \pm \left(\frac{1}{2n} + 1.96\sqrt{\frac{p(1-p)}{n}}\right)$

两几率差 $P_x - P_Y$ 的95%信赖区间 $(p_X - p_Y \pm \left(\frac{n_X + n_Y}{2n_X n_Y} + 1.96\sqrt{\frac{p_X(1-p_X)}{n_X} + \frac{p_Y(1-p_Y)}{n_Y}}\right)$

斯皮尔曼等级相关系数 $r_S = 1 - \frac{6\sum D^2}{n(n^2 - 1)}$

第十四章 教育研究成果的表述及评价

在对教育研究数据资料进行整理分析的基础上,写出研究报告并对研究成果进行评价,这是教育研究工作的最后阶段。也就是说,研究者在进行一项教育研究时,最后要对整个研究过程及研究结果进行认真的分析总结,并选择适当的形式将研究结果明确地、有说服力地表述出来,通过科学的评价使之得以推广运用。这是教育科学研究程序中的一个重要环节。

第一节 教育研究成果的表述

一、教育研究成果表述的一般概念

(一)教育研究成果的具体表现形式

教育研究成果的内容是由研究目的决定的,主要包括:(1)对教育现状的深刻了解;(2)检验教育研究假设,建立和完善教育科学理论;(3)促进青少年发展任务的实现;(4)提出某个新的教育方法和措施等。

教育研究成果表述粗略可分为三种类型。

1.用事实来说明问题。此种类型包括教育观察报告,教育测量报告,教育调查研究报告,教育经验总结报告和教育实验研究报告。要求材料要具体、典型、格式规范,要科学、客观地呈现研究过程和方法,并合理解释结果。

2.用深刻的哲理和严密的逻辑论证来说明问题,这是理论性研究成果。此种类型包括学术论文、学术专著及高校的学位论文。要求论点明确,论据确凿,论述严密,清楚展示理论观点和体系的形成过程。

3.第1、2类的综合,但综合中又有所侧重。

(二)教育研究成果表述的主要目的

对教育研究成果加以总结和表述,主要目的是:

1.通过展示研究的结果及价值,得到社会的鉴定、评价和承认,以取得社会效益。

2.提供有关研究过程的实际资料及对研究结果的评价分析,有利于学术交流与合作。

3.通过对整个研究过程的回顾和总结,促使研究的深化,成果的扩展以及进一步发现新问题和新的事实,有利于提高研究的科学化水平。

4.有助于提高研究工作者的分析综合能力、逻辑思维能力和表达能力。会写研究报告,对研究工作者来说,同样是一个十分重要的基本技能。

另外,应该看到,研究成果数量的多少和质量的高低,能否取得某个领域的实质性进展,无论对个人还是对一个团体乃至一个国家,都是衡量学术水平、学术地位的重要标志。因此,我们应及时地对研究成果加以总结和表述。

(三)撰写教育研究报告和论文的一般步骤

教育研究成果表述的主要形式是研究报告及论文的撰写。从构思到完成研究报告和论文,其间要经过以下几个步骤:

1.确定报告或论文的题目及研究报告类型;

2.拟定写作提纲;

3.研究报告或论文的写作;
4.对初稿的内容、结构、文字的推敲修改。

二、教育研究成果的主要表现形式

在教育科学研究活动中,科研成果的表现形式是多种多样的。不同体例的教育研究成果,其结构也有所不同。下面分别就其中主要表现形式进行简要讨论。

(一)教育调查报告

一般来说,调查报告从提出问题、分析问题到解决问题,一般由题目、前言、正文、总结及附录五部分组成。

1.题目

用一句话点题,反映主要研究问题。可加副标题,副标题是对主标题的补充,用来说明在什么范围内基于什么问题的调查。

2.前言

调查报告前言必须开宗明义地交代清楚调查目的、意义、任务和方法。第一,简要说明调查的是什么问题,调查此问题的缘由和背景,调查的筹备过程,主要调查的内容,国内外对同一课题的研究概况以及此次调查的意义和价值。第二,要说明调查的基本情况:概述调查的时间、地点、对象、范围、取样及调查的方式方法。第三,对此次调查的有利因素和不利因素作简单分析。

3.正文

正文部分即调查内容。通过叙述、调查图表、统计数字及有关文献资料,用纲目、项或篇、章、节的形式把主体内容有条理地、准确地揭示出来。

调查报告正文部分写法多种多样,一般有两种不同写法。一种是把教育调查的基本情况按种类分成并列的几个部分或方面来写。如对一个地区教育状况的调查,分为该地区经济发展水平、文化水平、学校教育发展现状等几个方面,学校教育又可分为学校规模、教育经费、课程设置、教学设备、师资队伍等不同项目,将有关的材料分别加以组合,使问题的论述相对集中,形成专题。另一种是将调查的基本情况按照事物发展的逻辑顺序、演变过程加以排列,分成互相衔接的几个部分,层层深入地来写。也就是说,按所调查的教育现象产生、发展、变化的过程来写,如总结先进典型。有的是对调查问题一个个说明,以反映问题。

在观点和材料处理上,可以先列出材料,然后进行分析和推论;也可以先摆明观点,然后用调查得来的事实材料分析说明。

4.结论和建议

在对整个调查内容进行总体的定性、定量分析的基础上,概括出事物的内在联系和规律,并提出新的见解、新的理论和参考意见。无论是验证已有的理论,还是为寻求新理论,还是为实用目的而寻找解决问题的办法,向实际工作部门提供参考意见、改革方案,其结论都必须客观、真实。提出的观点、建议要谨慎、严肃,观点要从事实中引出,同时要考虑其他社会因素的影响,要全面衡量理论或建议的合理性和可行性,不要轻率地下结论和提建议。

5.附录

必要时要把调查工具或部分原始材料附在报告后面。这不仅是使正文内容集中,更主要的是为读者提供可供分析的原始资料,以便让人分析、鉴定搜集调查材料的方法是否科学,材料是否可靠,并供其他的研究人员参考。附录包括:各种调查表格、原始数据、研究记录等。附录的编制要防止杂乱和过于简单。

(二)教育实验研究报告

实验研究报告是对整个教育实验研究的全面总结。通过阅读实验报告,使人们对该实验有全面系统了解,为他们评判、接受或应用这一实验研究成果提供依据。因此,实验研究报告的撰写对该实验的总结与推广起着重要作用。

实验研究报告的基本框架结构包括题目、前言、方法、结果、讨论等部分。

1. 题目

题目是研究报告的主题思想，必须能准确、清楚地呈现出研究的主要问题。因此，实验报告的标题常常直接采用研究课题的名称，指明所研究的主要变量，使人对研究问题一目了然。

题目要简练具体。一般来说，学术性强、理论价值较大的，准备发表于专业研究杂志或学报上的研究报告，标题应精确严谨，逻辑性强。实践性较强的、准备发表于普及性报刊上的研究报告，标题则应具体明确，引人注目，能引起读者对报告的兴趣和注意。如有必要，可以再以副标题的形式列出。

2. 前言

前言也称引言、导语，是研究报告的正文开头部分。主要内容包括：提出问题，表明研究的目的；通过对有关文献的考察，说明选题的依据，课题的价值和意义；目前国内外在这一方面的研究成果、现状、问题及趋势；该项研究所要解决的问题以及研究的理论框架。

前言部分应提纲挈领地显示该项研究的直接目的、针对性，在教育理论与实践中的价值以及在国内外同类研究中所处的学术地位。文字要简洁明了，字数不宜太多，表述要具体清楚。

3. 方法

该部分要阐明实验研究所使用的研究方法，同时，也便于人对整个研究过程的科学性、客观性加以评价鉴定。也就是说，要让别人了解研究结果是在什么条件和情况下，通过什么方法，根据什么事实得来的，以评价实验研究的科学性和结果的真实性、可靠性。同时，也便于他人用同样的方法进行重复实验。

该部分基本内容包括：(1)研究课题中出现的主要概念的定义和阐述；(2)被试的条件、数量、取样方法；(3)实验的设计，实验组与控制组情况，研究的自变量因素的实施及条件控制等；(4)实验的程序,通常涉及实验步骤的具体安排,研究时间的选择;(5)资料数据的搜集和分析处理,实验结果的检验方式。结构应周密,条理要清楚,用词要准确明白。

4.结果

这是研究报告的主要部分,要求简要地说明每一个结果与研究假设的关系,将研究结果作为客观事实呈现给读者。

基本内容包括:

(1)对研究中所搜集的原始数据、典型案例、观察资料,用统计表、曲线图结合文字进行初步整理、分析。既有对定性资料的归纳,又有对定量资料的统计分析等。

(2)在对资料进行初步整理分析基础上,采用一些逻辑的或统计的技术手段,得出研究的最终结果或结论。

结果部分的撰写,要注意以下要求:

(1)叙述的是作者本人的实验研究结果,以准确无误的数据资料说明问题,以陈述事实为主,不应夹杂前人或他人的工作成果,也不应外加研究者的主观议论和分析,从而保证结果的纯洁性、客观性和准确性(强调实事求是,真实可靠)。

(2)定量与定性分析相结合。对数据资料,不仅要严格核实,注意图表的正确格式,而且要采用一定的统计分析技术,从数量变化中揭示出所研究事物的内在必然关系,而不是事实的罗列。

(3)资料翔实,层次清晰,前后连贯,文字准确简明。结论是建立在对研究所搜集事实材料的客观分析、比较、综合、归纳基础上,必须是严谨的、科学的、合乎逻辑的论证,切忌夸夸其谈、任意引申夸大。

5.讨论

讨论是对研究结果的含义和意义进行评价。研究者根据研究的客观事实和结论,结合自己的认识与了解,通过分析思考,讨论和分析与实验结果有关的问题,对当前教育理论或实践的发展提出自己的认识、建议和设想。

讨论部分的作用有：(1)从理论上加深对研究结果的认识，为本研究的结论提供理论依据。从结果出发，紧密围绕课题的设想，用已知经验或理论加以解释，以显示结果的价值和意义，并指出研究的局限和进一步需要研究的问题。

(2)对结果中不够完善之处进行补充说明，从而为得出结论铺平道路。

讨论什么问题，要由研究者决定。可以说，凡是与研究课题有关的问题都可以提出来讨论。讨论的基本内容包括：

(1)对实验结果进行理论上的分析和论证。不仅可以以摘要形式概述研究的结果，阐明研究结果的意义，以及对本实验多次研究结果的综合分析，而且在与前人所作研究结果的比较分析中，将自己的研究纳入某一理论框架以建立或完善理论。

(2)对本实验研究方法的科学性和局限性的探讨。如对误差、显著性的分析等，进行必要的反省，对研究成果的可靠程度和适用范围作进一步说明。

(3)提出可供深入研究的问题以及本实验研究中尚未解决或需要进一步解决的问题，对未来的研究以及如何推广研究提出建议。

讨论与结论的主要区别在于：研究结论呈现的是研究中的客观事实，它应该是基本肯定的，并可以在相同的研究中重复出现；而讨论则是主观的认识与分析，是研究者将研究的结果引向理论认识和实验应用的桥梁。对研究结果的认识，可以是仁者见仁，智者见智，但作为研究人员本身，对此必须有一个全面透彻的分析。要善于提出问题和思考问题，善于从逻辑的角度，理论的角度，实践的角度，多侧面、多维度地加以分析和讨论。所以，讨论部分可以使研究者的洞察力和创造力得到充分发挥。

6.参考文献和附录

报告的末尾,应注明研究报告中所直接提到的或引用的资料的来源。

参考文献的排列:在期刊的参考项目中,包括作者的姓名,文章标题,期刊刊名和期号;在书籍的参考项目中,包括作者姓名,书名,出版社名,出版时间及页数。

(三)学术论文

什么是学术论文?从字义上解,"学术"指专深而系统的学问,"论文"指研究讨论问题的文章。简而言之,学术论文是科学研究成果的文字表述。

在教育科学研究领域,无论是应用研究、发展研究还是基础研究,只要对所研究的教育问题提出了新的见解或新观点,或采用了新材料,或运用了新的研究方法,或得出了新的结论,或站在新的高度对原有理论作出新的解释和论证,将获得的科学研究新成果写成的文章就是学术论文。它展示的是一个新的论点及理论体系的形成,是一个创造性的认识活动过程。因此,学术论文范围不仅包括论述创新性研究成果的理论性文章或学术专著,也包括某些实验性或观测性的新知识的科学记录,某些科学原理应用于实验取得新进展的科学总结。

学术论文总的特点是学术性。具体表现为创新性(在自己所研究范围内,理论上要有所发展,方法上要有所突破)、科学性(论据确凿,论证清楚,言之有理)和实践性(在各种社会实践中的现实意义和可行性)。学术论文的价值正是教育研究价值的集中体现,它不仅表现在,一些新成果可以开创一门新的科学学科或建立一个新的理论体系,而且表现为在某一学科领域对前人成就的补充、完善和发展,或者是把分散的材料加以综合系统化,用新的观点或新的方法加以论证,得出新的结论。

学术论文有不同的基本类型。由于学科特点不同,学术论文的写法多种多样,彼此无严格界限。但从总体上看,任何形式的学术论文总要遵循科学研究的发展方向和途径对研究课题加以论证分析并得出结论。

学术论文按研究目的可分为三种基本类型:

(1)理论探讨性、论证性论文

对教育发展及学科建设需要提出的重要研究课题,运用有关原理,或以大量的观察实验结果为依据,或以丰富的文献资料、现实材料作为基础,通过分析综合,剖析现象与本质,推理论证,从而提出新理论、新看法,或论述自己的研究成果,证明自己的研究论点。

(2)综合论述性论文

针对现实中或学术界提出的问题,围绕某一主题进行研究的课题,从纵向(历史发展)和横向(目前现状)两方面加以系统和综合概括,说明来龙去脉及前人研究情况,分析症结所在,指明进一步探索的方向。此类论文同样具有重要的学术价值。

综合论述性论文也包括评论商榷性论文,研究者就某一问题、某一著作提出自己的见解,以自己的研究成果支持或批评某一种看法,有针对性地据理阐述自己的论点。

(3)预测性论文

研究者通过调查研究,根据科学和事实,对某一教育现象进行分析,指出发展的趋势以及预测今后发展的可能。

无论哪一类学术论文,形式规格基本上要遵循"绪论—本论—结论"的逻辑顺序。规范性学术论文的框架结构,一般包括六个主要部分:

1.标题

标题是论文内容的高度概括,向读者说明研究的问题及意义。标题形式可以多种多样,可以是明确点明题意,也可以不点明题意,仅指出研究的问题范围,也可用提出问题的方式。

一个好的学术论文题目,一般应符合三个方面要求。一是准确概括论文内容,能反映研究方向、范围和深度;二是文字简练,具有新颖性;三是便于分类,也就是说,不仅使人从题目上能判断研究属于什么学科范畴,而且能抓住该研究课题在这一领域有关问题研究发展过程中的位置及特点。因为,只有把自己的研究放在一定的背景上,纳入一个系统,才能显示出研究课题的重要性。

2.内容摘要

正式发表的学术论文,一般应写出论文的摘要(提要)。摘要是研究的主要内容与结构的简介,并略加评论。它不是整个论文的段落大意。其作用在于使读者通过这段概括简洁的文字,了解全文主题及主要内容,从而决定是否值得读全文。为期刊文章或研究报告写的简短摘要,字数一般为二百字左右。学术论文的长摘要,往往在五六百字至一千字之间为宜,独立成篇,要求准确简练,结构严谨,逻辑性强。

有些学术专著,往往有总目录,反映全文的主要部分要点,各部分之间的关系和顺序,以及从属的层次。有的将此内容放入绪论中说明。

3.序言

序言(引言、前言、绪论)写在正文之前,用于说明写作的目的、意图及研究方法。序言的具体内容一般包括三个方面:一是阐明研究的背景和动机,提出自己所要研究的问题。对该研究课题已有研究理论的完备性及研究方法科学性的评判分析,指出已取得的研究成果和尚待进一步研究的问题,说明自己选择该课题研究的目的、实际原因以及探讨研究的重点,预计将会取得哪方面新进展。二是简介研究方法和有关研究手段。三是概述研究成果的理论意义和现实意义。

序言部分的写作要求开宗明义,条理清楚,据理分析。切忌空泛、含糊其词或言过其实。

4.正文(本论)

正文是学术论文的主体部分,包括论点、论据、论证,是作者研究成果的表现,因此在整个论文中占极重要地位。

自然科学研究论文与社会科学研究论文,基础性研究论文与应用性研究论文,正文部分的表现手法是不同的。自然科学研究论文,主要讨论取得成果所用的研究方法以及严谨的研究过程,以事实材料和数据资料说明研究结果的准确性和可靠性。社会科学研究论文,更着重于讨论取得研究成果所用的论证手段及所建构的理论观点或体系,观点与材料相结合,通过由表及里、由此及彼的推理论证,显示研究结论的正确性。无论哪种类型的论文,都要注意事实材料的可靠以及理论的运用和逻辑推理,论据要丰富充实,论证要遵循一定逻辑思维的要求,注意主次,抓住本质,分出层次,条理清楚,以体现研究的力量。

5.结论与讨论

结论是围绕正文(本论)所作的结语,将研究成果进行更高层次的精确概括。对自然科学研究来说,结论是经过严密的逻辑推理所作出的最后判断;对于社会科学研究来说,结论是论题被充分证明后得出的结果,作者将自己的观点鲜明地铺垫出来,并引出新的思考。因此,结论的措辞要严谨,逻辑要严密。

讨论,往往用于自然科学的学术论文。讨论是从理论上对研究结果的含义和意义进行分析解释和评价。讨论的内容一般包含以下几个方面:阐明结果是否支持了研究的假设,讨论研究结果的有效度和理论意义、实际意义,指明该研究的局限以及进一步需要继续探讨的问题。

6.引文注释与参考文献

科学研究总是在前人或他人已有研究成果的基础上进行的,或理论观点的启迪,或研究方法的借鉴。论文中应列出直接提到的或利用的资料的来源。一是帮助读者了解有关本课题的研究历史和已有成就,作为进一步研究的依据;二是尊重他人的研究成果,同时体现作者治学的严谨;三是为别人提供查证的线索,避免由于马虎,转引他人研究观点而产生的误解或不同的理解。注释与参考文献,不仅便于读者了解该领域的研究情况,而且参考文献的多少与质量,反映了作者对本课题的历史和现实研究水平以及作者的科学态度和求实精神。

引文注释分为页末注(脚注),文末注(段落或篇后注),文内注(行内夹注)以及书后注。无论采用哪种类型注释,引用文字一定要注明出处,包括作者姓名、书刊名称、文献篇名、卷数、期数、页码、出版单位和时间等。如果是转引,一定要说明是"转引自"或"参见",要说明是采用了别人的某个理论观点或事实材料。

文后所列的参考文献,应有完整准确的出处,以便于读者查找。参考文献的呈现应按规范的格式要求。一般是作者姓名,文献标题(加书名号),书刊名称或出版单位,卷数、册数或期数,出版版本年代日期,页码。参考文献可按时间顺序,或按内容重要程度,或作者姓名标以序号。未公开发表的资料不要直接引用。

在较大型的研究论文中常有"附录"。附录一般包括详细的原始数据、实验观察记录、图表、问卷、测试题或其他不宜放入正文中的资料,以资查证。

学位论文(*Degree Paper*):是规范性的学术论文,体制规格上要求严格,符合学术论文的基本要求,但论文内容上主要反映高校本科生、研究生经过几年的系统的专业学习,进行某方面研究的结果。

学士学位论文(毕业论文:*Diploma Work*):是大学本科学业期满考核学生学业水平的一次总结性独立作业。目的在于总结学生在校学习期间的某一研究的结果,培养他们具有综合性、创造性地运用所学的全部专业知识和技能解决较为复杂问题的能力,培养学生的科研意识,帮助学生掌握写作程序和方法,使他们受到科学研究的基本训练。学士学位论文的撰写,带有基础性,要求学生综合运用所学专业知识理论,系统阐述某方面具有一定理论意义和现实意义的具体问题。学术性、创造性方面不作过高要求,但论点要鲜明,有自己的独到见解,论据充足,论文体制要完整。

研究生学位论文,是研究生在导师指导下独立完成的总结性作业,分硕士学位论文和博士学位论文。要求选题有相当的理论意义和实践意义,论文涉及的问题应具有坚实宽广的基础理论和系统深入的专门知识。学位论文的撰写过程实际是在导师指导下进行系统科研的过程。

硕士学位论文:对所研究的课题应有一定学术见解,表明作者具有从事科学研究工作或独立担负专门技术工作的能力。这里应指出的是,硕士阶段,主要进行专题研究、专著研究、实验调查研究、论文和读书报告撰写等训练,学会研究,重在方法,具有专业研究性质。与学士论文相比较,篇幅长一些,讨论深入一些。

博士学位论文:对某一研究课题做出比较全面、透彻和系统的分析,表明作者具有独立从事科学研究的能力,并在科学或专门技术的某个领域做出创造性的成果。博士阶段,是在学有专长、有权威的教授指导下,进行难度很大的专题学术课题研究。与硕士论文相比,范围更广泛专深。

学位论文是科研成果的直接表达,有较高的学术价值。内容一般包括:标题、摘要、引言和评述、主要内容(理论分析或实验成果)、结果的讨论(总结)、参考文献。学位论文的摘要应是中英文对照。

三、教育研究成果表述的要求

(一)对教育研究成果质量的判断

一般来说,一个高质量的教育研究成果,应具有以下几个基本特点。

1.理论构建的完备；
2.对实践的指导作用；
3.鲜明的创新性；
4.切合实际，针对性强；
5.研究方法科学规范；
6.对研究结果的解释合理；
7.结构严谨、完整，论证深刻有力；
8.文字精练，简洁流畅，具有可读性。

这里需要指出的是，研究报告作为教育研究成果表述的主要形式，其质量高低固然首先取决于研究工作本身的质量，取决于研究课题的价值效益、理论基础的科学性、研究过程的规范性以及结果解释的合理性，但同时也取决于研究者的分析综合能力、专业知识基础以及写作能力。原因在于，研究报告的形成本身是一个非常复杂的理论思维过程，决不是简单的对研究过程镜子式的反映实录。如何从纷繁复杂的事实材料中提炼出科学观点，以论点、论据形式形成有内在逻辑的研究报告体系，并以抽象的文字符号表达出来，需要正确处理形成研究报告过程中的一系列内在关系，遵循若干基本要求。否则，很好的研究结果将会因得不到充分总结而影响效益，甚至写出低劣的研究报告而歪曲了研究的实质。

(二)撰写研究报告和论文的基本要求

1.在科学性的基础上创新

学术论文的中心是创新，能反映作者在研究探索中获得的新见解、新理论，从而区别于教科书。教科书是系统论述已确定了的科研成果的理论观点，全面叙述该学科的一般基础知识。而研究论文阐述的内容是"前人所没有研究过""前人所未知的"，或者在前人研究基础上，以新的材料、从新的理论高度进行探索，从而提出自己的真知灼见。要独立探讨，不能人云亦云，重复别人的工作。当然，所谓创新，不是说一篇论文从头到尾都要新。但要有一些新的开拓,要在原有研究基础上发掘出一些新的研究成果。

创新,必须以科学性为基础。研究报告和学术论文的科学性主要表现在:(1)要用充分的论据和严密的论证,或精确可靠的实验观察数据资料来证明科研成果;(2)论文内容要实事求是,从实际出发,无论是立论还是分析、论断,都要恰如其分,正确反映客观规律;(3)理论观点表述要准确、系统和完整。尤其是学术论文,是规范性的理论文章,区别于新闻报道、小说、散文及政论文,必须强调科学性、严谨性。

2.观点和材料的一致性

要从客观存在的事实中引出正确的结论,就必须对研究中获得的大量的材料进行提炼、取舍,精选出最有价值、最典型的事实材料作为论据。如果不重视事实材料的论证作用,东拼西凑,空洞说教,铺陈现象,不加选择鉴别,集纳式的举例,同样是写不好研究报告和论文的。因此,如何处理观点和材料的关系,是写好研究报告和论文的关键问题。

观点和材料的统一,主要问题在于如何选材。选材不是按研究者主观愿望任意"剪裁"取舍,而应符合以下要求:(1)要紧紧围绕研究的主要问题选材,分清主次;(2)选取典型的、具有广泛代表性和说服力的材料,使材料的量与质把握得当;(3)选取真实准确、符合客观实际的材料,也就是说,要鉴别材料的真伪和价值程度;(4)要尽可能选取新颖生动、反映时代感的材料。在此基础上,经过研究者对材料的正确、深刻、集中的分析、归纳和综合,提取论点,选择论据,概括出结论。

3.在独立思考的基础上借鉴吸收

教育研究是一个复杂的系统工程,需要若干代人的不懈努力。每一代人总是在前人或他人研究基础上往前推进,哪怕是很小的一步。因此,在研究报告和论文的撰写中,必须正确处理借鉴吸收别人研究成果与自己的独立思考的关系。一方面,不能自恃高傲,故步自封,无视前人与他人研究成果(这一点在第五章关于文献检索重要性中已阐述过)。另一方面,那种为介绍而介绍,对所引用的观点及文献只述不评或者任意引申发挥的做法也是欠妥的。

对引用的观点和文献,首先要搞清作者的原意,文献的内容的价值,从中挖掘实质性问题,从而加强论证的针对性。其次,要善于从众多的研究成果和文献中选择最典型的、富有说服力的材料。那种简单列举和大量堆砌的做法反而会降低引用材料的论证作用,并使文章臃肿拖沓。

4.语言文字精炼简洁,表达要准确完整

研究报告和论文的语言文字要准确、鲜明、生动。所谓准确,是指忠实客观地反映现实,切忌浮华夸张。既不可以日常生活用语代替科学术语,也不可生造词语以免造成理解上的歧义。鲜明,是无论要点、要义或要据,要清楚明白。生动,则要求语言要讲求文采,不要生硬地宣布真理。我们要在忠诚准确基础上讲文采,以最少的文字表达更多的内容。我们应有好的文风,那种强词夺理、盛气凌人,或闪烁其词、言不达义,或人云亦云、言无新意以及言过其实和言不由衷,都是应该反对的。

文字上要做到"信、达、雅",就需要对论文进行反复推敲修改。通过删芜去繁,字斟句酌,精雕细刻,使论点更加突出,论述更加严谨,文字更为简练。

第二节 教育科学研究的质量评价

教育科学研究是一个系统的探索活动过程,评价处于整个系统的逻辑终点上,是教育研究过程的一个重要环节。通过评价促进教育科学研究的发展,提高教育科研的质量,使研究成果得到社会承认并被采用。

我国在20世纪80年代开始重视和研究教育评价问题,范围广泛涉及学校教育体制、教育教学质量、课程与教材、学生学习水平、教育管理等领域。但对教育科学研究的质量评价,这方面的研究至今仍很薄弱。应该看到,评价在很大程度上影响着我国教育科研发展的水平和速度。因此,在本节中,我们将从研究的角度对教育科学研究质量评价的几个主要问题展开讨论。

一、教育科学研究质量评价的功能

评价,指的是检查、分析和评定。教育科学研究的质量评价,既要对教育科学研究过程的科学性程度作出估价,同时也要对教育科研的成果,即对研究目标的实际实现程度作出价值判断。

为什么要对教育科研的质量进行评价,如果用一句话加以概括,那就是:目的在于"诊断"(prove)和"改进"(improve)。教育科研并非一做就会有成效。如果对若干教育研究项目进行认真分析,就会发现,实际上存在无效、负效、低效、高效几种不同情况。但长期以来,我们很少去计较教育研究取得成效的大小,也很少去计算教育研究投入和产出的效益高低问题。近年来,随着教育改革深入发展,教育研究发展很快,但由于有关的评价未能及时跟上,在实际操作中存在不少问题。表现在:对教育研究目的、过程的结构认识不全面,在评价目标、内容及方法上带有很大的随意性,指标体系交叉、重复或遗漏。目前仅停留于列出评价特质细目,尚未达到可操作程度,因此评价标准缺乏全面性和稳定性,从而影响了评价的信度和效度。评价缺乏项目的标准化程序,项目没有经过严格的分析,评价中的影响因素没得到合理控制,另外评价量化方式还存在问题。不少好的教育研究成果不能得到及时总结推广从而发挥应有的价值效益,教育研究与教育实践存在一定程度的脱节,其中一个重要原因正是在于我们还没有掌握评价这个重要工具。

评价是手段、措施,不是目的。它对教育研究起着导向、鉴定、激励、调节和促进的作用。具体表现为以下几方面。

1.通过评价做出价值判断,将教育科学研究蕴含的丰富的内容价值外化,通过社会化实践活动充分发挥教育研究在提高教育质量和制定教育决策方面的价值效益(学术理论的或应用的效益,或二者兼有)。

2.通过评价得到反馈信息,使研究者按照一个好的教育研究应有的基本标准,对研究目标、过程和方法,进行及时调整,总结成绩,提出问题,更好地把握方向,以保证研究目的的实现。在可能的情况下,通过相近研究的对比评价,了解各自的特色、水平,认识自己的现状、优势和差距,在相互学习中共同提高。因此,评价过程正是一个不断提高研究的科学水平、使研究者实现自我完善的过程。

3.通过评价搜集有关资料,使行政领导部门加强对本地区、本单位教育科研的宏观调控和指导。尤其是在我国群众性科研广泛开展的情况下,更需要在科研选题的计划性、实施过程和方法及效果检验的科学性等方面给予具体指导,以避免盲目性。

4.通过评价确立进行教育研究的基本要求,科学的指导教育研究逐步达到高质量、高水平,在总结和改进教育科学研究方法基础上,建立具有中国特色的研究方法论体系。

当然,以上作用的发挥以及作用的大小,取决于我们是否能科学合理地运用评价手段。

二、教育科学研究质量评价的内容

教育科研质量评价的内容取决于对教育科学研究活动过程的系统分析。为了较清楚地说明问题,可参见图14-1:

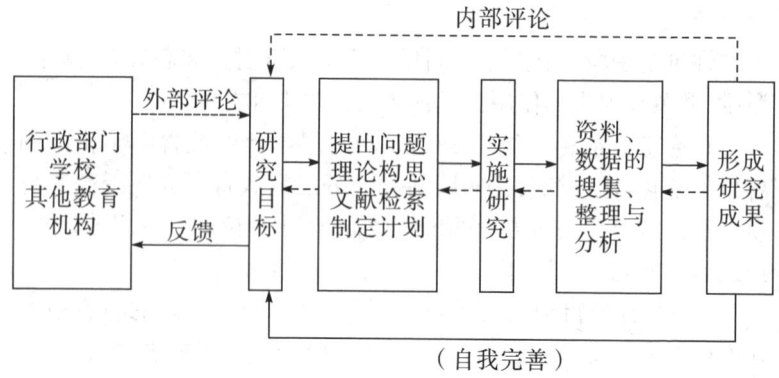

图 14-1 教育科学研究质量评价过程系统图示

说明：------→ 表明评价过程
　　　　——→ 教育研究的过程

教育科学研究的复杂过程决定了教育研究质量评价的基本范围以及评价系统具有的系统性、连续性特点。这一过程，包括不同的阶段，每个阶段都有自己的要求和标准，从而形成了评价内容的多层次结构。

总体上分析，教育研究质量评价主要包括四方面内容，这就是目标、过程、结果和条件。

1. 教育研究的目标评价

教育研究的目标集中体现在研究所追求的理论建树上，因此，目标评价实质上是对教育研究理论思路和构建的理论体系的评价。因为教育研究的探索活动总是在一定"新"观点指导下并对这个"新"观点进行检验，或者是在若干经验基础上归纳出一个"新"观点。与之相应则是要构建一定的理论模型。我们在评价目标时要重点考虑：(1)研究课题的价值效益以及选题的基础性、创新性；(2)所构建的理论体系，概念系统的完备性、可靠性及内在的逻辑性。

2.教育研究的过程评价

研究过程评价全面涉及研究的准备—研究的实施—研究的总结各阶段,即从研究问题的确定、进行研究设计到搜集整理分析资料数据、形成科学事实和确立新的科学理论的每个环节的评价。过程评价包括两类,一类是整个研究结束后对研究过程进行全面系统的反思,另一类则是在研究过程中随时的审视考察,以便及时发现并预测实施过程中潜在的问题。

本书第11章关于教育实验的评价,实际是以上两方面内容的具体表现,基本观点对整个教育研究是适合的,在此不再赘述。

3.教育研究成果评价

这是对教育研究取得的总体效益的评价。一般认为,教育研究成果表现为两种基本类型,一种是理论性研究成果,另一种是应用性研究成果。在实际的教育研究中,多数研究两种成果兼而有之。

对教育研究成果的评价,首先要鉴定其资格,是不是教育研究的成果,作为研究成果,应具有理论性、学术性、创造性、实践性以及培养目标实现后的效益。

其次,不同类型的研究成果评价侧重点是不同的。理论性研究成果,包括对教育科学新思想的解释论证,提出新的教育科学概念,补充和发展新的教育理论、新的思想,提出有生命力的研究课题以及在教育研究方法论上的创新等。应用性研究成果,包括学生素质的培养,改进教育教学工作的新措施的提出,以及教师教育观念的更新,研究能力的提高,等等。

4.教育研究条件的评价

条件评价的实质是效益评价。条件,包括人力、物力状况,如教师水平、学生来源、学校设备等。不同的教育研究,常常条件悬殊较大,进行研究的起点存在差异。因此,在评价时不仅应使指标体系有一定弹性,看到事实存在的不平衡,更重要的是应将教育研究投入的人力、物力进行综合比较。

以上四方面评价内容应作为整体加以考虑。有的实验,取得了较好成效,可是过程不十分清楚,特别是教育研究的迟效性,短时间内往往很难做出明确的界定,因此,绝不可以某次考评分数来定成败论功过。

三、教育科学研究质量评价的指标体系

教育研究的质量评价,基本过程是:确定总目标—判定评价的指标体系—选择或制作评价工具—实施评价—收集评价信息—分析处理信息资料并得出结论。在这个过程中,确定评价指标体系处于十分重要的地位。如何根据总目标制定评价指标体系是影响评价有效或无效的关键因素。不同的评价目标决定不同的评价指标体系、方式、方法和组织实施。如何建立一个客观的、合理可行的评价指标体系,是所有研究者共同关心的问题,并且为此作了许多努力。我们认为,面对众多层次、众多类型的教育研究,目前要找出一把尺子能对所有教育研究质量进行评价,基本是不可能的。这就需要研究者掌握建立评价指标体系的过程的方法,根据研究课题特点,确定切实可行且行之有效的评价指标体系,在实践过程中反复修改,不断提高概括程度,进而建立某一方面类型教育研究质量评价标准。当前教育测量领域对各种测量工具的研究为我们提供了评价研究的有利条件。

建立评价指标体系应遵循以下要求:

1.客观性

指标体系必须反映目标总体,与目标是一致的。人们对教育目标的认识将凝集在指标体系中,决定评什么,不评什么,重视什么,忽略什么。如果研究目标是青少年主体性发展,那么主体性发展目标就决定了评价指标体系的方向和内容。

2.可测性

也叫有效性。指确定的每个指标都是可以进行实际测量或观察的,同一层次的指标,不应相互重叠,不存在因果关系,是相互独立的。

3.简易可行

在确保指标体系科学完整的前提下力求简化指标体系。也就是说,指标体系不宜庞杂,应剔除那些信息量少、区分度和效度不高、操作困难的指标,并不断改善指标体系的品质。

如何将概括的、抽象的总体目标,转化为具体的、可测量的行为目标,使之具有可操作性,这个过程本身就是一个研究过程。为保证指标体系的科学性,应采取一定措施加以论证。

四、教育科学研究质量评价的方法

教育研究质量评价的方式是多种多样的,大致可概括为三种类型:(1)研究者自我评定;(2)同行专家论证;(3)行政部门评审。无论哪一种类型的评价方式,都必须掌握科学的评价方法。如果方法不对,就不可能采集到基本所需的资料数据,也不可能对评价结果做出合理的解释。

对教育科学研究质量评价的方法,不是某一项具体技术,而是一个方法系统。主要应包括以下方面:(1)评价指标体系的设计方法;(2)选择或制作评价工具的方法;(3)采集和分析评价数据资料的方法;(4)对评价结果的解释与检验方法;(5)对评价误差客观原因和心理原因的分析与矫正;(6)计算机技术与方法在评价中的应用。教育科学研究工作者要努力学习和掌握以上方法,并结合教育研究质量评价不同内容、不同方面的特点,灵活地、创造性地加以应用。

如何选择和应用评价方法,还必须处理好以下关系:

1.科学性和可行性的关系

科学性是基础,片面强调实用、可行,而缺乏科学性的评价,评价结果是不可能客观正确的,因而,这种评价也是无效的。评价方法的科学性,主要表现在评价过程的四个环节上,这就是:评价指标体系的建立,评价工具手段的合理运用,评价信息的系统、准确收集以及对评价结果的定性与定量相结合的判断分析。这些需要我们紧紧把握住。

但是,只强调科学性而不考虑可行性也是不行的。如近年来搞出来的若干评价数学模型,多数是束之高阁,原因之一正是在于缺乏可行性,不具有可操作性。

在保证科学性基础上,使观察、访谈、测验、问卷调查、个案分析、专家意见征询等多种方法结合,并严格操作规程,力求建立程序化的工作步骤。

2.定性评价与定量评价的关系

在教育研究的评价中同样要处理好定性评价与定量评价的关系,抓住本质特征,既给出定性结论,同时给出量化信息,从而使评价尽可能客观公正。

3.自评与他评的关系

教育研究评价应以自评为主,在自评的基础上结合专家同行和行政部门的评审。通过被评者的积极主动的参与,对自己进行的研究有明确、中肯的分析,使评价过程成为研究者自我认识、自我分析、自我完善的教育过程。

强调教育研究的每一个研究者都应了解评价过程和手段,强调每一个研究者积极参与评价的全过程,这正是在教育研究质量评价中主体性的重要表现,也是现代教育评价的基本精神。我们应该站在这一高度正确处理自评与他评的关系,在评价中做到:使被评团体和个人参加评价并成为评价的主体;积极协调各方面的意见,在评价指标体系的确定上取得一致的共识;应全面考察社会、心理、文化等外在因素以及内在具体条件,认真倾听被评者的意见和要求;正确看待实践过程和理论探讨所遇到的困难和波折、成功与失败,尊重被评者的改革精神和创新努力;建立咨询沟通方式,提供研究者清楚而富于建设性的意见,使被评者充分使用评价结果。

第十五章 教育科学研究的组织及其效能

教育发展的根本出路在于改革,通过教育科研提高教育质量和办学效益,通过教育科研促进教育改革的深入发展。正是基于这一共同认识,我国的广大教育工作者积极投身于科研,各级教育领导部门将抓好教育科研作为重要的决策,群众性的教育科学研究的广泛开展成为中国教育发展的重要特色。与此同时,也存在一些问题。如教育科研的主攻方向不十分明确,存在一定的盲目性;由于缺乏宏观调控以及教育科研情报搜集、交流载体落后,科研课题分散、重复或选题不平衡,造成人力、物力的浪费和低效。这些问题涉及教育科研力量的组织问题。在我国目前各方面条件有限的情况下,如何提高教育科研的质量和效益,如何充分挖掘科研群体及每个研究者的潜在能力,已成为影响教育研究科学化的一个因素,我们对此必须有充分的认识并认真加以研究解决。这正是本章要讨论的内容。

第一节 科研群体的类型及其优化组合的原则

一、优势互补、群体攻关,是现代教育研究发展的要求

科研群体,是指将相同专长或不同专长的人组织成课题组进行科研的一种形式。其特点是:(1)在同一群体中,有共同的研究方向和共同研究的课题。(2)群体内组成人员在知识、技术、能力、专业等方面具有不同的特质,各有专长。不同的知识能力结构,不同的思维方式,不同的研究风格,从而形成异质互补的趋势。(3)群体不是单个人的简单集合体,而是有一定组织结构及行为规则,以约束和规范每个成员的行动,从而在组织体制上保证科研群体的正常运转。(4)群体由理论基础宽厚扎实,有丰富经验,作风正派,具有组织能力的人担任课题负责人,并在群体内形成一支积极主动、认真负责的骨干研究力量。

群体科学研究,由于人员结构合理,通过协作提高了个人的科研能力,发挥出群体的整体效应,因此具有很强的灵活性和适应性。既能承担难度大的理论性课题,又能承担针对性强的应用性研究课题和决策性研究课题,并且能从一个研究方向迅速转到相关的另一研究方向,高质量地完成科研任务并尽快地出成果。群体科研,有利于建设、发展学术梯队,培养学术研究的骨干,尤其是使中青年研究人员,通过课题研究迅速增长经验和才干。近年来,群体科研促使理论工作者面向实际,同时培养了一批学者型的教育实践工作者,从整体上提高了研究队伍的素质。群体科研还有利于从多种渠道争取经费,保证有较足够的经费投入和提供较好的设备条件。正因为如此,群体科研成为现代教育科学研究的主要形式并发挥着越来越重要的作用。

二、群体科研的基本类型

我国目前已形成各具特色的群体科研类型模式,大致可概括为以下几种。

1.以专业为基础的学科科研课题组结构模式

这种类型多半建立在高等学校以专业为基础的系、所以及专门的教育研究机构,既有校内相同专业或不同专业的协作研究,也有学校间、国家间跨学科的研究。它任务明确,目标单一集中,承担有一定难度的较大型研究课题,研究性质侧重于系统理论性研究以及决策性研究。科研群体组织较严密、系统,追求研究的质量。

2.以教育实际问题为中心,在基层教育组织建立的三级教育科研课题组结构模式

这里所说的"三级",指市、区教育机构(如教科所、教育学院、教研室等)和中、小学学校教研室。课题组一般由三部分人组成,即行政领导干部、有某方面专长的教育研究人员以及有丰富教育实践经验的教师。参加人数多,课题范围广,覆盖面大,针对性强,侧重于应用性的研究课题,强调科学的理论指导与研以致用的实效性相结合,为提高教育质量、发展教育事业服务。

3.以教育实验研究为基础,理论研究工作者与教育实践工作者相结合的科研课题组结构模式

这种类型的科研群体,一般由三部分人组成,既有在高校或专门研究所工作的理论研究工作者,又有各级教育行政干部,还有在第一线工作的教师。理论与实际结合进行有一定深度和难度的教育实验研究,侧重于探索性的研究课题。其研究成果既有很强的理论性,又有很强的实践性。

以上三种群体科研形式相得益彰,形成我国多种层次类型的科研格局,从组织形式上保证了教育科研的蓬勃发展。

三、科研群体优化组合的基本原则

科研群体是一个有一定结构的具有特定功能和运动规律的整体系统,要最大限度地发挥科研群体的整体性的功能,就应遵循以下基本原则。

1.增强科研群体的聚合力

所谓聚合力,是一种群体成员的凝聚力、向心力。群体内的每

个成员都应自觉地服从于同一活动目标,形成浓厚的团结协作气氛,树立集体主义精神,也就是说要形成合力。缺乏凝聚力的科研群体是很难胜任高难度、高质量的科研工作的。

要使科研群体有强的聚合力,关键在于需要有良好的科研氛围,表现在群体成员对研究目标有共同的思想基础,对所研究的课题的重要意义有清楚的认识,并决心为完成这一研究课题而不懈奋斗;表现在群体成员对集体荣誉的自觉维护,严肃认真完成所承担的任务并能很好地相互协调合作。而每一个成员主体性的充分发挥,又取决于要有一个有威信的、作风民主的领导核心。

2.科研群体要有合理的层次结构

按系统科学方法论观点,任何系统都具有多层次的结构,系统功能取决于系统内部各要素结构的程序。科研群体的层次结构是否合理,同样关系到群体研究潜能的发挥。

合理的科研群体层次结构应全面考虑以下几方面:

一是专业结构。教育研究对象的复杂性决定了多学科的参与,需要有懂得教育学、心理学、生理学、脑科学、教育统计学、教育社会学等各领域的专门人才。尤其是带有综合性或边缘性质的研究课题,更需要各专业人才的优化组合。

二是智能结构。据大量研究说明,不同人有不同的智能特长,有人擅长于抽象逻辑思维和推导演绎,而有的人却擅长于具体形象思维;有的人善于观察实验和操作,有强的动手能力,有的人则具有出众的理解力和很强的分析整理、综合归纳能力。因此,需要根据课题的性质,恰当地选择和搭配人才结构。

三是年龄结构。不同年龄的人具有不同的经验,要尽可能老、中、青结合。老一代研究者理论功底雄厚,学识渊博,经验丰富,考虑问题辩证而全面,但体力和精力有限。中年研究人员年富力强,有一定的实际工作经验和独立工作能力。青年研究人员朝气蓬勃,知识结构较新,思维敏捷,不拘泥于陈规,易于接受新事物,但缺乏经验,阅历较浅。三部分人结合,将发挥出结合的研究效益。

综上所述,如果用图表示,合理的结构应是层次式的金字塔形状,见图15-1。

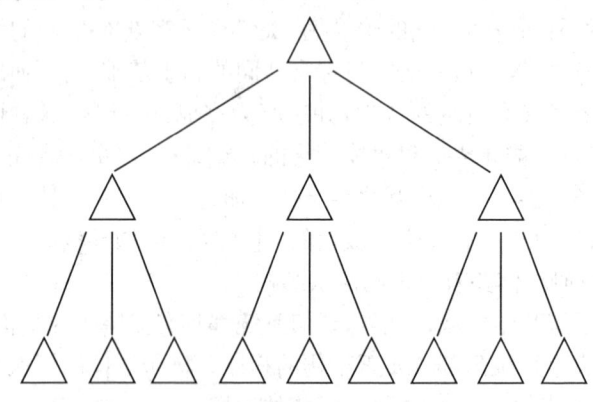

图15-1 科研群体的人员组织结构示意图

3.科研课题管理制度化、规范化

第一,要制定科研工作条例,作为科研工作的行动指南和活动依据。按照国家教育发展的阶段计划进行统一规划,分级管理,并明确确定本地区、本单位一定时期内科研的主攻方向和研究重点,避免选题重复。

第二,加强对课题研究过程管理。即做好课题立项、论证、阶段检查工作。具体内容包括:负责任务的组织落实,了解检查和督促课题进展情况并进行必要的指导;组织好初期的课题论证、中期课题检查和后期的成果评价与鉴定。要将学术研究、行政管理与经济管理有机结合起来。

第三,要建立科学研究资料情报网络和信息库,加强教育信息的收集、整理与交流。另外,在有条件的地区和单位,可拨专款设立教育科研基金,尤其是对刚刚起步的有发展前景的富于生命力的新学科领域研究课题,以及青年研究工作者,给予重点扶持。

第二节 研究者个体科研能力结构及其培养

一、教育研究能力的基本结构

进行教育科学研究是一个复杂的认识过程,了解一些科研知识,掌握一些具体研究方法,只是为进行科学研究提供了基础。从学习教育研究知识到形成科研能力,中间经过了两个转化:一是在初步实践基础上将科研知识转化为教育研究操作技能;二是通过参与实际课题的研究,将科研技能转化为研究能力。这里所说的教育科研操作技能包括确定论文题目、制订研究计划、进行课题论证、观察与访谈、设计调查表、使用测验法进行调查、教育统计分析、撰写以及评价分析研究报告等基本技能。

我们提倡研究者应结合研究实践,不断提高自己的科研能力。那么,什么是教育科学研究的能力结构呢?

教育研究能力是一个综合的能力结构,它具体包括以下能力(见图15-2)。

1. 定向能力

研究者应具有在大量教育问题中准确地抓住今后有发展前途的两三个研究方向的胆识,不仅能准确判断某个课题该不该做、值不值得做,而且也能把握住自己最突出的兴趣和特长,明确自己能不能做。这种科学的预见,即人们常说的"远见卓识"。

2. 理论思维能力

能在纷繁复杂的教育现象中,把某个教育现象的本质提炼出来并准确地把握问题的实质,同时善于从一个基本思想导出一系列新的见解,善于从理论上思考教育问题。

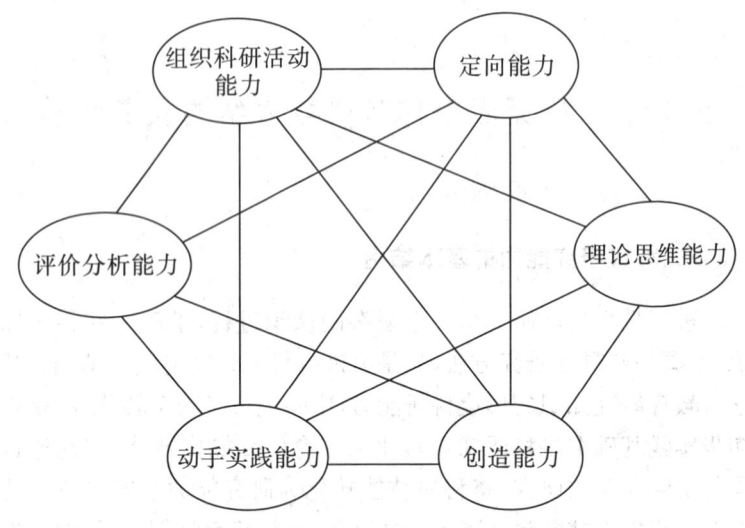

图 15-2 教育科研能力综合结构示意图

3.创造能力

即产生新思想、发现和创造新事物的能力。研究者要善于借助直觉、联想和想象以发现问题和解决问题,富于开拓创新,敢于突破原有理论框架,从新的角度和高度分析研究教育问题。

4.动手实践能力

是研究者运用一定的方法手段,进行有意识、有目的地变革教育现象的物质活动能力。

5.评价分析能力

即综合力和判断力。包括客观公正地对自己和他人所进行的科研过程、科研成果的评价分析。

6.组织科研活动能力

应该看到,组成教育科研能力结构的六种能力,每个人发展的水平是不平衡的,从而形成了每个人不同的研究风格。有的人可能擅长于教育的理论研究,而有的人则可能在进行教育实验操作性研究方面更具有特长。比如著名的理论物理学家杨振宁,曾花了18个月时间埋头实验,试图写一篇实验论文。未获成功的事实使他发现自己的短长,因而及时转入理论物理研究,结果做出了成效。如何从教育科研能力结构中推论出教育科学研究的风格类型,是一个有待研究的十分有意思的课题。

二、研究者教育科研能力的发展

教育科学研究能力的发展、水平的高低受多方面因素的影响,从内在因素分析,直接与研究者个人的思想素养、基本能力以及科研操作技能水平有关(见图15-3)。

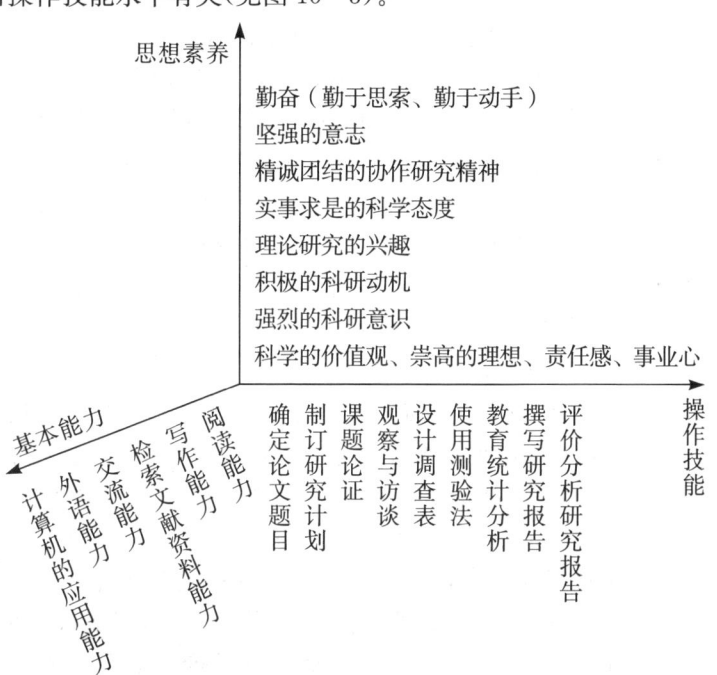

图15-3 **教育研究能力发展的内在因素**

以上几方面也正是从事教育研究应具备的基本因素。研究者要使自己的研究能力尽快提高,就要做到:

1. 坚持学习科学理论

科学理论,包括马克思主义世界观和方法论,教育科学的基本理论以及相关学科理论。学习理论的目的,首先在于确立科学的价值观和掌握科学的方法论,同时提高自己对教育问题的洞察力。

研究者要有对科学真理执着的追求,绝不可将科研、学术研究作为一种追求名利的敲门砖。做不到这一点,就不可能在教育研究中集中精力,做到超脱和专一。

学习理论,培养理论思维的头脑,才能使自己有"一眼看穿"的洞察力,迅速透过现象抓住本质,抓住彼此间的联系。

诗人陆游在谈如何学习做诗时指出,"工夫在诗外"。学习教育科研方法,必须把工夫放在认认真真读书,学习和掌握教育科学理论,提高自己的专业知识水平,在一个或几个相关科学领域下苦功夫精读若干有代表性的著作,同时广泛涉猎。特别是需要结合自己确立的研究方向,有意识地形成自己合理的知识结构。那种从文献到文献,东拼西凑,将现成理论加以修补延伸,作点逻辑推论,写的文章必然浅薄,不得要领。

2. 扎根于教育实践

实践出真知,教育实践是教育科学发展的基础和源泉。只有亲自参加实践,勤于观察,勤于思索,才能发现该时代重大意义的科研课题,而不会把主要精力耗费在无现实意义的琐碎问题中。也只有满腔热忱地投身于教育实践,研究实际问题,才能找到解决问题的真正答案。狄德罗将观察、思考和实验列为研究自然科学的三种主要方法,认为观察搜集事实,思考把它们组合起来,而实验则是证实组合的结果。教育科学研究也同样。观察、思考和实验应该立足于教育实践的基础上,越是抽象的原理,越要努力从实际中汲取营养和力量。

3.要有良好的学风

进行教育科研的目的在于发展中国的教育事业,因此要有责任感,对人民、对科学、对历史负责。要扎扎实实、一丝不苟,要实事求是、坚持真理、修正错误,要有严谨、严肃和严格的治学作风。

4.在博采众长基础上形成自己的研究风格

研究风格体现在独特的研究方向和研究方法中,研究风格的形成是一个研究者在研究能力方面达到成熟的标志。对刚刚步入科研的年轻人来说,要形成自己的研究风格,首先要虚心地向各位大师学习不同的研究风格。杨振宁博士的成长过程为我们提供了极好的范例。早在西南联大学习时,他不仅在吴大猷和王竹溪两位先生引导和帮助下掌握了对称原理和统计力学的主要研究方向,而且学习了吴大猷先生的推演法。后来在美国,他又学习了爱因斯坦、费米和狄拉克三位大师不同的研究风格和泰勒的归纳法,同时还接触了一些最有可能发展的研究方向。正如他自己所说的,"不仅是一般书本上的知识,尤其重要的是方法和方向"①。从学生时代起,就要注意学习不同学者的治学和研究风格,抓准本学科领域最有发展前途的方向,尽快形成自己的研究方法与风格,这是提高科研能力的有效之路。

---

① 见杨振宁:《读书教学四十年》,三联书店香港分店,1985年版。

教育研究的基础术语

Essential Terms of Educational Research

Accessible population	可抽样的总体
Accuracy	可靠性
Achievement test	成就测验
Action research	行动研究
Adaptive testing	适应性测验
Additivity	可加性
Adjusted treatment means	调整处理平均数
Alpha Level	α 水平
Alternative hypothesis	备择假设
Analysis of covariance	协方差分析
Analysis of variance	方差分析、变异数分析
Analytic research	分析研究
Applied research	应用研究
Aptitude Tests	能力倾向测验
Assumption	假设
Attitude test	态度测验
Attribute Variable	属性变量
Authenticity	真实性
Balance	平衡
Baseline	起始点，基准线
Basic research	基础研究
Between-group design	组间设计
Bias	偏见、偏性

Block design	区组设计
Blocking	区组化、划分区组
Canonical correlation analysis	典型相关分析
Carry-over effect	库存效应
Case study design	个案研究设计
Categorical Variable	类别变量
Causal-comparative research	原因比较研究
Causation	原因
Ceiling effect	顶层效应
Character and personality test	个性人格测验
Chi-square	x 卡方
Classification factor	分类因子
Classical test theory	经典测验理论
Closed form questionnaire	封闭式问卷
Cluster Sampling	群集取样
Cluster analysis	群集分析
Coefficient of determination	确定性系数
Coefficient of Variation	变异系数
Comparative experiment	比较实验
Comparative study/research	比较研究
Compensatory equalization of treatments	处理均衡补偿
Compensatory rivalry	补偿性对抗
Completely randomized design	完全随机化设计
Comprehensive test of basic skills, CTBS	基本技能综合测验
Concept	概念
Concomitant variable	伴随变量
Concurrent Validity	并存效度
Conduct	实施、处理

Confidence interval	置信区间
Confounding	混淆
Consistent estimate	一致估计量
Constancy of treatment effects	处理效应的一致
Construct Validity	构想效度
Construct validity, putative cause/effect	结构效度
Content validity	内容效度
Content analysis	内容分析法
Contingency table	列联表
Continuous variable	连续变量
Contrast	对比
Control or Comparison group	控制组或对照组
Controlled variable	控制变量
Convenient sample	方便样本
Correlation coefficient	相关系数
Correlational research	相关研究
Counterbalancing	平衡,均衡化
Covariance	共变数、协方差
Criterion	效标
Criterion referenced test	目标参照性测验
Criterion variable	标准变量
Critical discrepancy	临界差异
Critical value	临界值
Cross-cultural method	泛文化比较研究
Cross-sectional approach	横向研究方法
Cross-sectional study	横切面研究
Crossed treatment	交叉处理

Data	资料、数据
Deductive hypothesis	演绎假设
Deductive reasoning	演绎推理
Degree of falsity	错误程度
Degree of freedom	自由度
Dependent variable	因变量
Descriptive research	描述研究
Descriptive statistics	描述统计
Development research	发展研究
Diagnosis test	诊断性测验
Difference significance	差异显著性
Difficulty	难易度
Directional hypothesis	方向性假设
Discrimination	鉴别度
Documentary research	文件分析研究
Double-blind technique	双盲技术
Ecological validity	生态效度
Effect	效应
Efficiency of design	设计效率
Efficient estimator	有效估计量
Empirical method	实证的方法
Empiricism	经验论
Equivalent—form	等用信度、平行效度
Error term	误差项
Error of Variance	误差变异
Error of sampling	取样误差
Estimator	估计量

Estimation	估计
Ethnographic research	人种学研究
Evaluation research	评价研究
Expectancy effects	期望效应
Expected value	期望值
Experimental design	实验设计
Experimental error	实验误差
Experimental research	实验研究
Experimental treatment	实验处理
Experimental or treatment group	实验组或处理组
Experimental unit	实验单位
Experimental validity	实验效度
Experimental variable	实验变量
Experimental bias	实验者偏差
Explanatory observation	解释观察值
External criticism	外在鉴定
External reliability	外在信度
External validity	外在效度
Extraneous variable	无关变量,干扰变量
Factor	因子、因素
Factor analysis	因素分析
Factor level	因子水平
Factor loading	因素负荷
Factorial design	因素设计
Field study	现场研究、实地研究
Fixed effect model	固定效应模型
Floor effect	底层效应

Follow-up study	追踪研究
Formative evaluation	形成性评价
Formative test	形成性测验
Frequency distribution	次数分配、频数分配
Frequency polygon	次数多边形
F-test	F检验
Gain score	增加分数
Generalizability	类推性
Genetic study	发生研究
Group interview	团体访谈
Group test	团体测验
Halo effect	成见效应
Handy sampling	方便取样
Hawthorne effect	霍桑效应
Hierarchical cluster analysis	系统聚类分析
High-order interaction	高秩序的内部作用
Histogram	直方图
Historical research	历史研究
History	历史
Homogeneity	同质性
Hypothesis	假设
Hypothesis testing	假设检验
Hypothetical population	假设总体
Incomplete block	不完全区组
Independence	独立

Independent variable	自变量
Index of response	反应指数
Individual interview	个别访谈
Individual test	个别测验
Inductive hypothesis	归纳假设
Inductive reasoning	归纳推理
Inferential statistics	推论统计
Instrumentation	测量工具
Intact group	原始组
Intelligence test	智力测验
Interaction[disordered]	交互作用[无序的]
Interaction[ordinal]	交互作用[有序的]
Intervene between units	组间干扰
Internal consistency	内部一致性
Internal validity	内在效度
Internal critism	内部评论
Interrupted time series design	间歇时间序列设计
Interval scales	等距量表
Intervening variable	中介变量
Interview schedule standardized	访谈程序标准化
Irrelevant variable	无关变量
Item analysis	项目分析
Item response theory, IRT	项目反应理论
John Henry effect	约翰·亨利效应
Justification	证明
Latin-square design	拉丁方设计

Level of significance	显著性水平
Linear relation	线性关系
Longitudinal study	纵向研究
Main effect	主效应
Manipulated variable	操作变量
Manipulation	操作
Matching	配
Matched-group	匹配组
Matched-pair	配对
Maturation	成熟
Mean	平均数
Mean square between	组间均方
Mean square within	组内均方
Measurement scales	测验量表
Measures of central tendency	集中量数
Measures of variability	差异量数、变异量数
Median	中数
Meta-analysis	总分析，元分析
Method of constancy	恒定法
method of removal	排除法
Missing value	遗漏价值
Mixed effect model	混合效应模型
Moderator variable	中介变量
Mode	众数
Monte Cario method	蒙特卡罗法
Mortality	样本缺失
Multiple baseline design	多基准线设计

Multiple correlation	复相关，多重相关
Multiple regression	多元回归
Multiple time-series design	多重时间序列设计
Multiple-treatment interference	多重处理干扰
Multivariate analysis	多元方差分析
Multivariate statistics	多元统计
Natural experiment	自然实验法
Natural observation	自然观察法
Negative relationship	负相关
Negatively skewed	负偏态
Nested treatment	嵌套处理
Nominal scales	称名量表
Nondirectional hypothesis	非方向性假设
Nonequivalent control group design	不等控制组设计
Non-experimental design	非实验设计
Nonparametric statistics	非参数统计
Nonproportional sampling	非比例取样
Nonrandom sampling	非随机取样
Nonreaction	无反作用
Normal distribution	常态（正态）分布
Norm-referenced test	常模参照性测验
Novelty effect	奇异效应
Nonreferenced test	非参照测验
Null-hypothesis	零假设
Null results	虚无结果
Objectivity	客观性

Oblique rotation	斜交旋转
Observation method	观察法
Observation schedule, structured	观测量表,结构
One-shot case study	单组后测研究
One-group posttest-only design	单组后测设计
One-group pretest-posttest design	单组前后测设计
One-tailed test	单测检验
Open form questionnaire	开放式问卷
Operational definition	操作定义
Ordinal scales	顺序量表
Order effect	顺序效应
Orthogonal rotation	正交旋转
Parameter	参数
Parameter estimation	参数估计
Parametric statistics	参数统计
Percentile	百分位
Percentile rank	百分等级
Performance test	操作测验
Pilot study	试探性研究
Placebo effect	安慰剂效应
Plausible rival hypothesis	似真假设
Plot	图表、标图
Population	总体
Population validity	总体效度
positive relationship	正相关
Positively skewed, positive skewness	正偏态
Post-hoc blocking	事后区组化

Post-hoc or multiple comparisons	事后或多重比较
Posttest-only control group design	控制组后测设计
Power analysis	功效分析
Precision	准确度
Predefined range blocking	区组范围预测
Predefined value blocking	区组值预测
Prediction research	预测研究
Predictive validity	预测效度
Predictor variable	预测变量
Pre-exprimental design	前实验设计
Pretest	前测
Pretest-posttest control group design	前后测控制组设计
Primary observation	原始观察
Probability	概率
Probability sampling	概率抽样
Problem statement	问题表述
Proportional sampling	比例抽样
Qualitative analysis	定性分析
Quantitative analysis	定量分析
Quasi-experimental design	准实验设计
Questionnaire	问卷
Random assignment	随机分配
Random effect model	随机效应模型
Random error	随机误差
Random-number table	随机数字表
Random permutation	随机排列

Random sample	随机取样
Random selection	随机选择
Random variable	随机变量
Randomization	随机化
Randomization test	随机化测验
Randomized block	随机化区组
Range	全距、广度
Ranking	等第评定
Ratio scales	比率量表
Reactive arrangement	反应顺序
Reactive effect of testing	测验的反应效应
Regression coefficient	回归系数
Relative efficiency of a statistic	统计的相对效率
Reliability	信度
Replication	复制,重复
Representativeness	代表性
Research	研究
Research design	研究设计
Research evaluation	研究评价
Research hypothesis	研究假设
Research method	研究方法
Research problem	研究问题
Residual standard deviation	残余标准差
Response bias	反应偏差
Restricted randomization	有限随机化
Reversal design	侧返设计
Robustness	强度

Sample	样本
Sample size	样本容量
Sample space	样本空间
Sample statistic	样本统计量
Sample survey	样本调查
Sampling bias	样本偏差
Sampling distribution	取样分布
Sampling error	抽样误差
Sampling fraction	抽样比率
Sampling methods	抽样方法
Sampling replacement	取样置换
Scatter plot	散点
Science	科学
Scientific method	科学方法
Self-developed test	自我发展测验
Self-report research	自我报告研究
Self-selection	自我选择
Selection bias	选择偏见
Sequence effect	序列效应
Sequential method	顺序法
Significance	显著性
Simple effect	简单效应
Simple random sampling	简单随机抽样
Single—subject design	单项设计
Skewed	偏态
Slope	斜率
Slope-treatment interaction	斜率处理的交互作用
Social survey	社会调查

Solomon four-group design	所罗门四组设计
Split-half rehability	分半信度
SPSS-statistical package for the social science	社会科学统计软件
Spurious correlation	假相关
Standard deviation	标准差(SD)
Standard error of a statistic	统计的标准误
Standard Latin square design	标准拉丁方设计
Standard score	标准分数
Statement	陈述
Static-group comparison	固定组比较
Statistic	统计
Statistic control	统计控制
Statistical—conclusion validity	统计结论效度
Statistical hypothesis	统计假设
Statistical regression	统计回归
Statistical significant	统计意义
Stratified random sampling	分层随机取样
Subject	受试者
Substitute primary observation	原始观察的替代
Summative test	总结概括性测验
Sum of square between	组间平方和
Sum of square total	总平方和
Sum of square within	组内平方和
Supplementary observation for	附加观察
Survey research	调查研究
Symbolic notation	符号标志
Systematic design	系统设计
Systematic error	系统误差

Systematic sampling	系统抽样
Systems analysis	系统分析法
Target population	总体目标
Task analysis	任务分析
Test, testng	测验,测试
Theory	理论
Theoretical research	理论研究
Threat to validity	对效度的威胁
Time-series design	时间序列设计
Transformation	转化
Treatment	处理
Trend analysis	趋势分析
Trend study	趋势研究
True-experimental deign	真实验设计
T-scores	T分数
T-test	T检验
Two-tailed test	双侧检验
Type I error	第一类型错误
Type II error	第二类型错误
Unbiased estimator	不偏估计
Validity	效度
Value judgement	价值判断
Variable	变量
Variability	变异度,离势
Variance	方差

Variance-covariance matrix	方差—协方差矩阵
Variance ratio	方差比率
Variation between classes	组间变异
Variation within class	组内变异
Verification	验证
Vertical comparison	纵向比较
Weight	权数
Within-group design	组内设计
Z-score	Z分数
Zero correlation	零相关
Z-test	Z检验

主要参考书目

一

1. (美)吉特(Charles H. Judd)著:《教育之科学的研究》,郑宗海译,上海商务印书馆,1924年。
2. 梁启超:《中国历史研究法》,上海商务印书馆,1924年,1935年。
3. 蔡毓骢:《社会调查之原理及方法》,北京北新书局,1927年。
4. 樊弘:《社会调查方法》,上海商务印书馆,1927年。
5. 刘万镒编述:《教育调查统计法》,中国统计学会,1930年。
6. 罗廷光:《教育科学研究大纲》,上海中华书局,再版一册,1932年。
7. 言心哲:《社会调查大纲》,上海中华书局,1933年。
8. 汤鸿鸾:《教育测验》,大华书局,1933年。
9. 朱智贤著,汪懋祖校:《教育研究法》,南京正中书局,1934年。
10. 邰爽秋编著:《教育调查应用表格》,教育印书合作社,1931年。
11. 钟鲁斋:《教育之科学研究法》,上海商务印书馆,1935年。
12. 陈选善:《教育测验》,上海商务印书馆,1935年。
13. 王书林编:《教育测验与统计》,南京正中书局,1935年。
14. 浦漪人、黄明宗合编:《教育测验及统计》,上海黎明书局,1935年。
15. (美)麦柯(Mc Call, M.A)著,薛鸿志译:《教育实验法》,北京师范大学编译部,1936年,1946年。
16. (美)古德(Good,C.V)著,李相勋、陈启肃译:《教育研究法》,上海商务印书馆,1939年。
17. 朱君毅编:《教育测验与统计》,上海商务印书馆,1946年。
18. 陈选善:《教育研究法》,上海世界书局,1947年。
19. 陈毅夫:《社会调查与统计学》,商务印书馆,1947年。
20. (美)克罗福德(Crowford,C.C)著,钟鲁斋、吴江霖译:《教育研究法及其原理》,世界书局,1947年。

21.李象伟编:《教育测验与统计》,上海中华书局,1948年。

二

1.孙邦正编著:《教育研究法》,台湾商务印书馆,1978年第3版。
2.陈震东:《教育科学研究方法》,人民教育出版社,1980年。
3.李秉德:《教育科学研究方法》,人民教育出版社,1986年。
4.王文科:《教育研究法》,台湾五南图书出版公司,1986年。
5.黄希庭主编:《心理学实验指导》,人民教育出版社,1987年。
6.陈伯璋:《教育思想和教育研究》,台湾师大书苑公司,1987年。
7.中国教学学会主编:《教育研究方法论》,台湾师大书苑公司,1987年。
8.瞿葆奎主编:《教育学文集·教育研究法》,人民教育出版社,1988年。
9.瞿葆奎主编:《教育学文集·教育评价》,人民教育出版社,1988年。
10.孙瑞清等编著:《数学教育实验与教育评价概论》,北京师范大学出版社,1988年。
11.陈伯璋:《教育研究方法的新取向——质的研究方法》,台湾南宏图书公司,1988年。
12.盛世兆、解守宗编著:《教育科学研究方法基础》,上海科学普及出版社,1989年。
13.蔡保田等著:《教育研究法》,台湾复文图书出版社,1989年。
14.叶澜:《教育研究及其方法》,中国科学技术出版社,1990年。
15.杭州市教科所:《教育科学研究基本方法》,杭州大学出版社,1990年。
16.王重鸣:《心理学研究方法》,人民教育出版社,1990年。
17.郝德元、周谦编译:《教育科学研究法》,教育科学出版社,1990年。
18.朱智贤等:《发展心理学研究方法》,北京师范大学出版社,1991年。
19.陈杜育、柳夕浪编著:《教学实验方法》,浙江教育出版社,1991年。
20.王坚红:《学前儿童发展与教育科学研究方法》,人民教育出版社,1991年。
21.董奇:《心理与教育研究方法》,广东教育出版社,1992年。
22.戴汝潜、宛士奇:《实用教育实验法》,教育科学出版社,1992年。
23.王汉澜主编:《教育测量学》,河南大学出版社,1987年。

24.张厚粲主编:《心理与教育统计学》,北京师范大学出版社,1988年。
25.彭凯平编著:《心理测验——原理与实践》,华夏出版社,1989年。
26.林清山:《心理与教育统计学》(修正版),台湾东华书局,1989年。
27.戴忠恒:《教育统计、测量与评价》,中国科学技术出版社,1990年。
28.《教育大辞典》编纂委员会编:《教育大辞典》第7卷,《教育统计与测量》,上海教育出版社,1990年。
29.包昌火主编:《情报研究方法论》,科学技术文献出版社,1990年。
30.侯光文:《教育测量与教育评价》,明天出版社,1991年。
31.许祖慰:《项目反应理论及其在测验中的应用》,华东师范大学出版社,1992年。
32.许择基、刘长萱:《试题作答理论简介》,台湾中国行为科学社发行,1992年。

三

1.陈昌曙:《自然科学的发展与认识论》,人民出版社,1983年。
2.周昌忠:《科学研究方法》,福建人民出版社,1983年。
3.张巨青主编:《自然科学认识论问题》,湖南人民出版社,1984年。
4.魏宏森等:《现代科学技术的发展与科学方法》,清华大学出版社,1985年。
5.林定夷:《科学研究方法概论》,浙江人民出版社,1986年。
6.栾玉广编著:《自然科学研究方法》,中国科学技术大学出版社,1986年。
7.周昌忠:《西方科学方法论史》,上海人民出版社,1986年。
8.夏甄陶:《认识论引论》,人民出版社,1986年。
9.吴岱明:《科学研究方法学》,湖南人民出版社,1987年。
10.秦宗熙、谢圣明等:《人类社会研究法》,武汉大学出版社,1987年。
11.杨国枢等:《社会及行为科学研究法》,第10版,台湾东华书局,1987年。
12.刘元亮等:《科学认识论与方法论》,清华大学出版社,1987年。
13.袁运开主编:《自然科学方法研究》(Ⅰ),(Ⅱ),华东师范大学出版社,1988年,1990年。
14.孙世雄:《科学方法论的理论和历史》,科学出版社,1989年。

15.袁运开等编:《方法科学手册》,上海科学技术出版社,1989年。
16.王崇德编著:《社会科学研究方法要论》,学林出版社,1990年。
17.苏越主编:《科学发现中的逻辑方法》,北京师范大学出版社,1990年。
18.《中国哲学年鉴(1982—1990年)》,中国大百科全书出版社。
19.吴元梁:《科学方法论基础》,中国社会科学出版社,1984年。

四

1. Anastasi, A. (1982) Psychological Testing (5th. ed) New York: Macmillan.
2. Bloom, B, S, Hastings, J. T. & Madus, G. F. (1971) Handbook on Formative and Summative Evaluation of Student Learning, New Yorks: McGraw-Hill.
3. Bogdan, R. C. & Biklen, S. K. (1982): Qualitative Research for Education, Boston: Allyn and Baeon.
4. Burgess, R. G(1985): Issues in Educational Research—Qualitative Methods. (ed) London: The Falmer Press.
5. Campbell, D. T. & Seanley, J. C, Experimental and Quasi-Experimental Designs for Research, Rand-McNally, Chicago, 1966.
6. Chiristensen, L. B, Experimental Methodology, Boston: Allyn and Bacon (LBC), 1991.
7. Conrad, E and Maul, T., Introduction to Experimental Psychology, Wiley, New York, 1981.
8. Cook, T. D & Campbell, D. T (1979) Quasi-Experimentation Design & Analysis Issues for Field Settings.
9. Egon G. Guba & Yvonna S. Lincoln (1989) Fourth Generation Evaluation, SAGE Publications.
10. Gay, I. R. (1987) Educational Research (3rd. ed). Gay, I. R. (1987) Student Quide for Educational Research.
11. Jerome Kirk & Marc L. Miller (1986): Reliability and Validity in Qualitative Research, Sage Publications, Inc.
12. Nitko, A. J. (1983) Educational Tests and Measurement: An Introduction.

13. NitkO, A. J. & Mulgrave. N. (1983), Study Quide for Educational Tests and Measurement.
14. Plutchik. R, Foundations of Experimental Research, 2nd ed, Harper and Row, New York, 1974.
15. Trochim, W. M. K. (Ed) (1986). Advances in Quasi-Experimental Design And Analysis. San Francisco: Josseg-Bass Iuc.
16. Worthen, B. & Seaders, J. (1987) Educational Evaluation: Alternative Approaches and Practical Guidelines Longman.